درویشوں کا ڈیرا

خواب نامے

2018

ڈاکٹر خالد سہیل

رابعہ الرّباء

Green Zone Publishing

Darveshon Ka Dera

March 2019

Published by
Green Zone Publishing
213 Byron Street South
Whitby, Ontario Canada L1N4P7

سچ کی تلاش میں نکلے ہوئے مسافروں کے نام

خواب اور تعبیر

"درویشوں کا ڈیرا" ایک خواب تھا جس کو پہلی تعبیر وجاہت مسعود نے "ہم سب" کے پلیٹ فارم پہ دی۔ شکریہ کے الفاظ ادا کرکے اس تعبیر کے رنگ ہم کم نہیں کریں گے بلکہ خواہش کریں گے کہ ان کے ہر خواب کو بھی یونہی بہت خوبصورت تعبیر ملے۔

دروازہ

اے درویش! یہ تم اپنے شاگردوں سے کیا کہتے رہتے ہو۔ ہمت مت ہارو۔ دروازہ کھٹکھٹاتے رہو۔ ایک دن دروازہ کھل جائے گا۔ دروازہ بند کب تھا؟

رابعہ بصری

دہریہ درویش

جو سائنسدان سچ کی تلاش میں سنجیدہ ہوتے ہیں وہ روایتی مذہب اور خدا سے بہت آگے نکل جاتے ہیں۔ بعض روایتی لوگ انہیں دہریہ سمجھتے ہیں اور بعض درویش۔ وہ نہیں جانتے کہ ایسے سچے سائنسدان بیک وقت دہریہ بھی ہوتے ہیں اور درویش بھی۔

البرٹ آئن سٹائن

درویشوں کا ڈیرا

خواب نامے 2018

پہلا خواب نامہ

دوستی کی طرف پہلا قدم

۳۰ اپریل ۲۰۱۸

محترمہ و مکرمہ و معظمہ جنابہ رابعہ صاحبہ

سب سے پہلے تو میں آپ کا تہہِ دل سے شکریہ ادا کرنا چاہتا ہوں کہ آپ نے 'ہم سب' پر میری تخلیقات پڑھ کر مجھے فیس بک فرینڈ کی ریکویسٹ بھیجی، پھر اپنی افسانوں کی اینتھالوجی کے لیے میرا افسانہ اور تصویر مانگی اور پھر اپنے چند افسانے بھیجے۔

اب میں آپ سے ایک ادبی confession کرنا چاہتا ہوں۔

جب میں اپنے ماضی پر نگاہ ڈالتا ہوں تو مجھے احساس ہوتا ہے کہ اپنے ادبی سفر میں میری دو طرح کے ادیبوں، شاعروں اور دانشوروں سے ملاقات ہوئی ہے۔ پہلا گروہ وہ ہے جن سے میرا مکالمہ ہو سکتا ہے اور اگر مکالمہ ہو سکتا ہے تو دوستی بھی ہو سکتی ہے۔

دوسرا گروہ وہ ہے جن سے میرا مکالمہ نہیں ہو سکتا اور اگر مکالمہ نہیں ہو سکتا تو دوستی بھی نہیں ہو سکتی۔ ان کے ساتھ گفتگو دو مونولاگ پر مشتمل ہوتی ہے ڈائلاگ نہیں ہو پاتا۔ وہ دو مونولاگ دریا کے دو کناروں کی طرح ہوتے ہیں جن پر ابلاغ کا پل تعمیر نہیں ہو پاتا اور برسوں کی ملاقاتوں کے بعد بھی اجنبیت برقرار رہتی ہے۔

آپ کے افسانے پڑھنے کے بعد مجھے یہ احساس ہوا کہ آپ سے مکالمہ ہو سکتا ہے اور اگر مکالمہ ہو سکتا ہے تو امید ہے کہ آپ سے دوستی بھی ہو سکتی ہے۔ اسی لیے آپ کے افسانوں نے مجھے یہ خط لکھنے کی تحریک دی تا کہ مکالمے کا اور دوستی کے ہوم ورک کا آغاز کر سکوں۔ اگر آپ ٹورانٹو میں ہوتیں تو میں آپ کو ڈنر اور ڈائلاگ کے لیے بلاتا جیسا کہ میں بہت سے دیسی اور پردیسی ادبی دوستوں کو بلاتا رہا ہوں۔ میرے دوست مجھے بہت عزیز ہیں۔ وہ میری زندگی کا قیمتی سرمایہ ہیں کیونکہ وہ مجھے انسپائر کرتے ہیں۔ مجھے ان کی دوستی پر بڑا فخر ہے۔

آپ کے افسانے پڑھ کر میرا پہلا تاثر یہ ہے کہ آپ جدید انسان کی، جس میں جدید عورت بھی شامل ہے اور جدید مرد بھی، نفسیات سے بخوبی واقف ہیں۔ اسی لیے آپ جدید مرد اور عورت کے گنجلک اور گھمبیر رشتوں کے تخلیقی اظہار پر بھی قدرت رکھتی ہیں۔ آپ ان رشتوں کے فنی اظہار میں نیکی بدی اور گناہ و ثواب کے جھگڑوں میں نہیں الجھتیں۔ میرے لیے آپ کے افسانے پڑھنا ایک خوشگوار حیرت کی کیفیت لیے ہوئے تھا۔ اب میں سوچ رہا ہوں کہ آپ کو وہ آگہی، وہ شعور اور وہ بصیرت کیسے حاصل ہوئے؟ میں تو ایک طویل عرصے سے کینیڈا میں رہ رہا ہوں۔ میں نے اپنی محبتوں، رقابتوں، رفاقتوں اور اپنے مریضوں کی کہانیوں سے انسانی رشتوں کی اذیتوں اور راحتوں کے بہت سے راز سیکھے ہیں لیکن آپ نے وہ راز کیسے اور کہاں سے سیکھ لیے؟

جدید مرد اور عورت کے رومانوی رشتوں کے نفسیاتی راز اور ان کا تخلیقی اظہار آپ کے افسانوں 'سویٹ ہارٹ' اور 'کیموفلاج' میں نمایاں ہے۔ ان دونوں افسانوں میں آپ نے نہ صرف مرد اور عورت کے رشتوں کو مختلف شوخ رنگوں سے پینٹ کیا ہے بلکہ ان رومانوی رشتوں کے سماجی رشتوں سے تعلق کو بھی ہائی لائٹ کیا ہے۔ یہ فن کسی ادبی کرامت سے کم نہیں جس سے میں بہت متاثر ہوا ہوں اور آپ کو ایسے افسانے لکھنے پر مبارک باد پیش کرتا ہوں۔ آپ بخوبی جانتی ہیں کہ اردو کے اکثر قاری، ادیب اور نقاد تنقید میں سخاوت اور تحسین میں بخل سے کام لیتے ہیں۔ وہ ادبی شہ پاروں کو بھی مذہبی اور اخلاقی کسوٹی پر رکھتے ہیں۔ وہ نہیں جانتے کہ فنونِ لطیفہ کی اپنی کسوٹی ہوتی ہے۔

آپ کے افسانوں میں مرد اور عورت کے رشتوں کی نفسیات کی عکاسی ہی نہیں، خاندانی رشتوں کی محبت ، معصومیت اور معنویت کی عکاسی بھی ہے جس کی ایک مثال ''درختوں والی گلی'' ہے۔ آپ کا یہ جملہ مجھے بہت پسند آیا

''بیٹا! عورت تھک جاتی ہے ماں نہیں تھکتی''

ڈیر رابعہ! آپ کے افسانوں کے کرداروں سے میں نے relate بھی کیا ہے اور identify بھی۔ میں اپنے تجربات اور مشاہدات کی بنیاد پر ان کی صداقت کی گواہی دے سکتا ہوں۔ اسی لیے میں نے محسوس کیا کہ آپ سے میرا مکالمہ بھی ہو سکتا ہے اور دوستی بھی۔ اور یہ خط اسی مکالمے اور دوستی کی طرف پہلا قدم ہے۔ اگر یہ خط آپ کو بھی خط لکھنے پر انسپائر کرے تو خطوط اور دوستی کا سلسلہ آگے بڑھ سکتا ہے۔ آپ کا اس کے بارے میں کیا خیال ہے؟

آپ کے افسانوں کا مداح

خالد سہیل

دوسرا خواب نامہ

خوش گوار حیرت

یکم مئی ۲۰۱۸

یہ خط میرے لئے خوش گوار حیرت ہے۔ اگرچہ مجھے محسوس ہونے لگا ہے کہ میری ساری حیرتوں کا سفر مجھی پہ ہی ختم ہو چکا ہے۔

اس دور میں کسی کی تحریر کو پڑھنا۔ یعنی اپنا وقت کسی کو دینا بہت اہم بات ہے۔

میں نے خالد سہیل کی تحریریں یونیورسٹی کے قالین پہ بیٹھ کے پڑھی تھیں۔ نام یاد داشت میں موجود تھا۔ سفر اتنا مختصر ہو گا کہ ''ہم سب'' کے پلیٹ فارم پہ دو ادبی مسافریوں مل جائیں گے۔ اندازہ نہیں تھا۔ مگر اتنا ضرور ہے کہ مشاہدۂ زیست نے یہ سمجھا دیا ہے کہ اس کائنات میں کچھ بھی ناممکن نہیں۔

مجھے بھی اچھا لگے گا، اگر دونوں تخلیق کار اس ادبی ڈائلاگ کو جاری رکھ سکے تو۔ کیونکہ وقت کے کچھ اپنے بھی کردار و فیصلے ہوا کرتے ہیں، جہاں وہ بندے کی چلنے نہیں دیتا۔

آپ کے کچھ سوالات ہیں۔ میں ان کا جواب جلد دینے کی کوشش کروں گی۔ ابھی بس اتنا ہی کہ زندگی میرے آس پاس اپنے پورے وجود دو رنگوں سے رقصاں رہی ہے اور میں عمر بھر اک خود ساختہ قید سے تکتی رہی ہوں۔ یوں مشاہدات کا سلسلہ جاری رہا۔ البتہ لفظوں میں یوں اظہار یہ میرے خالق کا تحفہ ہے۔ جو اس نے رابعہ کو خلوت و تنہائی کے عوض دیا۔ یوں لگتا ہے جیسے کردار خود چل کے آتے ہیں اپنا قصہ سناتے

ہیں اور چلے جاتے ہیں، اسی لئے میں شاید امر کے معنی بھی کھو چکی ہوں۔

زندگی کے نظریات و معانی بھی بدل چکے ہیں مروجہ پیمانوں پہ کچھ زندگیاں کبھی پوری نہیں اترتیں۔ جب پوری نہیں اترتیں تو پھر مروجہ پیمانے ان کے لئے سوال بن جاتے ہیں۔ میں بھی بچپن سے ہی ان سوالوں کے جال میں آ گئی تھی۔ قوت گویائی کی کمی تھی سو سب کچھ اندر جمع ہوتا ہوتا آیا وقت آ یا قلم کے ذریعے ڈیلیور ہونے لگا۔ البتہ محبت کی خوشبو کو میں نے بچپن سے ہی بہاروں کی طرح، برسات کی مانند محسوس کیا ہے۔ کیونکہ اکلوتی تھی۔ یوں بھی کچھ لوگوں کے نصیب میں صرف محبت ہوتی ہے۔ زندگی نہیں ہوتی۔

یہ بہت بڑا احساس ہے۔ جو چھپائے نہیں چھپتا۔ گناہ و ثواب کے معنی تو مروجہ زندگی کی پٹری سے اترے لوگوں میں بدل ہی جاتے ہیں۔ زندگی کبھی بذاتِ خود گناہ اور کبھی بذاتِ خود ثواب بن جاتی ہے۔

رابعہ خالد سہیل کے جملوں کی فین تھی کہ ان میں سکوت و سکون کا مشاہدہ ہوتا ہے۔ آپ سے بات کر کے محسوس ہوا کہ آپ سچ میں انسانی نفسیات کے یتلے نم میں پھنسے ہوئے مسافر ہیں۔ یہی آپ کا اپنے شعبے سے خلوص کا ثبوت ہے۔ آپ نے بتایا کہ آپ کو بہت سے لوگوں سے ملنے کا موقع ملا۔ تجربہ و مشاہدہ کیا۔ رابعہ کو بھی زندگی گھیر گھار کے نجانے کیسے اک ان دیکھے سفر پہ لئے پھرتی رہی ہے۔ اب بھی زندگی کا یہی رویہ ہے۔ بس رابعہ کے سفر کی نوعیت الگ ہے۔

جس میں میں صرف ایک نتیجے پہ پہنچی ہوں کہ یہ جو لہریں انسانوں کے ساتھ سفر کرتی ہیں۔ یہ بہت سچی ہوتی ہیں۔ اس کا رزلٹ کبھی غلط نہیں ہوتا۔ جیسا محسوس ہوتا ہے حقیقت بس اتنی سی ہوتی ہے باقی ہم عقل کے پیمانے پہ تو بہت سے فلسفوں کے موجب بن سکتے ہیں مگر ان میں

حقیقت کا خلوص نہیں ہوتا۔ اور جس میں خلوص کا بیج ہی نہ ہو وہ درخت پھل کب دے سکتا ہے؟

بصد خلوص

رابعہ

تیسرا خواب نامہ

رابعہ ۔ اسلامی متھ کا ایک کردار

۳ مئی ۲۰۱۸

ایک درویش کو رابعہ کا سلام

رابعہ کوئی نام نہیں بس اسلامی میتھ کا ایک کردار ہے۔ ایک ان دیکھا جنون ہے۔ ایک کٹھن امتحان ہے۔ اک آزمائش ہے۔ اک سوال ہے۔ اک ناقابل یقین، یقین ہے۔ اک استعارہ ہے بے لوث محبت کا۔ آگ اور پانی کی اک جمالی و جلالی تفسیر ہے۔

رات کے اس پہر یا ولی جاگتا ہے یا گناہ گار

اب اس کا فیصلہ موت اور روز محشر ہی کرتے ہیں۔

یہاں خنک تیز ہوائیں، آسمانی بجلی کی آنکھ مچولی، بادلوں کی بار عب آواز، ایک تخلیق کار کو تحریک دے رہی ہیں کہ کاغذ کا سینہ لمس کا منتظر ہے۔ مگر دن بھر کی حیوانی مشقت کہہ رہی ہے۔ میں اس قابل نہیں کہ تخلیق کے پھول اس سینے پہ سجا سکوں۔ آنکھ عاشق کی آنکھ کی طرح اس جدائی سے تر و خشک ہے کہ کبھی کبھی انسان رونا چاہے تو رو بھی نہیں پاتا اس سے بڑی بے بسی کوئی نہیں ہوتی۔ دل درد سے بھرا ہوا ہے۔ کہ اس کے پاس درد کے سوا کچھ نہیں بچا کیونکہ ایک حساس تخلیق کار کا دل ہے۔ جو دوسروں کے درد کو بھی محسوس کر سکتا ہے۔

انبیاء و ولی اللہ پیدائشی ہوتے ہیں۔ منتخب ہوا کرتے ہیں اس میں کاوش کام نہیں آتی۔ یونہی لکھاری بھی پیدائشی ہوتا ہے۔ درویش کا کیا خیال ہے۔؟

اگر یہ کاوش کا کام ہے تو گھنٹوں کاغذ قلم تھامے بیٹھے رہنے سے کچھ کیوں نہیں لکھا جاتا؟

اور کیوں چند ہی لمحوں میں کاغذ کا سینہ پیارے سے بھر جاتا ہے؟

رابعہ پہ فطرت اپنے پورے رنگوں سے اثر کرتی ہے۔ اسی لئے اس کا دل چاہ رہا ہے۔ آج اس تھکن میں بھی کچھ لکھے کہ تھکا دینے والی زندگی نے پربتوں کے پیچھے سے جھانک کر کہا کہ تخلیق تمہاری زیست ہے، لکھو ورنہ مر جاؤ گی۔

سو اس نے ایک درویش کو خط لکھ دیا کہ وہ انسانیت کی بے ضرر سطح پہ بیٹھا بارش کی دعا کرتا ہے۔ بارش کہ جو ہر کسی پہ برسے گی تو کسی ان دیکھی طاقت کا پتا دے گی۔

اسے درویش کے جواب کا انتظار بھی نہیں کہ اس نے اپنی زندگی سے انتظار کی قلعی کھرچ کر اتار دی ہے۔ انتظار میں امید ہے۔ اور امید میں درد۔ درد رکھنے کی جگہ دل ہے۔ اب اس میں مزید جگہ نہیں بچی۔ یوں لگتا ہے بھر چکا ہے۔ نہیں معلوم سات سمندر پار کے درویش کے شہر کا موسم کیسا ہو گا؟ وہاں دن ہو گا یا رات؟

یہاں صبح کاذب کا سکون و سکوت ہے۔ ابھی کوئی طاقت سلانے آتی ہے۔ کوئی طاقت خوابوں میں بہلانے آتی ہے۔ رابعہ کو اس کے ساتھ جانا ہے۔

اس لئے اور درویش کو فی امان اللہ کہتی ہے۔

اسے یہ بھی معلوم نہیں کہ درویش کا اور اس کا اللہ ایک ہی ہے یا الگ الگ؟ مگر وہ درویش کو اپنے اللہ کے حوالے کر رہی ہے کیونکہ جینے کے لئے کسی ان دیکھی طاقت کا سہارا ضروری ہے۔ اور اللہ سے بڑی طاقت کا رابعہ کو ابھی تک علم نہیں ہوا کیونکہ رابعہ کی دنیا بہت وسیع نہیں ہے۔

چوتھا خواب نامہ

درویش ۔ سچ کی تلاش میں نکلا ہوا مسافر

۷ مئی ۲۰۱۸

رابعہ کو درویش کا آداب

درویش سچ کی تلاش میں نکلا ہوا مسافر بھی ہے اور ایک سوچ، ایک آرزو، ایک آدرش اور ایک خواب بھی۔ آشتی کی سوچ، انسان دوستی کی آرزو، انسانی ارتقا کا آدرش اور پرامن معاشرے کا خواب۔

درویش کو جب رابعہ کا ادبی خط ملا تو شام ہو چکی تھی۔ اس کے دن کی شام ہی نہیں اس کی زندگی کی شام بھی۔ رابعہ کی رہائش مشرق میں ہے اور درویش مغرب میں بستا ہے۔ جب رابعہ کے دیس کا سورج طلوع ہوتا ہے درویش کے دیس کے ایک دن پہلے کا سورج غروب ہو رہا ہوتا ہے۔ رابعہ کا خط وقت کے سمندر میں پیچھے کی طرف سفر کرتا ہے۔ دونوں کو ایک مختصر رات جدا بھی کرتی ہے اور ایک طویل دن ملاتا بھی ہے۔

درویش کے لیے رابعہ کے نام میں ایک جاذبیت ہے، ایک مقناطیسیت ہے، ایک پراسراریت ہے کیونکہ اس کے لیے یہ ایک عورت کا نام ہی نہیں ایک دیومالائی شخصیت اور ایک روایت کا نام بھی ہے جس سے درویش کا تعارف اس کی زندگی کی صبح میں ہوا تھا جب اپنے صوفی والد کی چھوٹی سی لائبریری میں اس نے پہلی بار ''تذکرۃ الاولیا'' کو پڑھا تھا۔ اسے رابعہ بصری کی شخصیت اور فلسفہِ حیات نے اتنا مسحور کیا تھا کہ اس نے بارہ برس کی عمر میں اپنی زندگی کا پہلا مضمون تخلیق کر کے رسالہ ''بچوں کی دنیا'' کو بھیجا تھا اور اس کی مسرت اور حیرت کی انتہا نہ رہی تھی جب رسالے کے مدیر نے وہ مضمون چھاپ بھی دیا تھا۔ درویش کو کچھ اسی طرح کی

حیرت اور مسرت اس وقت ہوئی تھی جب اسے رابعہ کا ادبی خط ملا تھا۔ اسے یوں محسوس ہوا تھا جیسے اس کی زندگی کا ایک دائرہ مکمل ہو گیا ہے۔ دائرہ جس کی نہ کوئی ابتدا ہوتی ہے نہ انتہا۔ اسے لگا جیسے ایک رابعہ میں دوسری رابعہ کی خوشبو رچ بس گئی ہو گھل مل گئی ہو۔

درویش کو اب بھی یاد تھا کہ رابعہ کی کہانی میں وہ ایک غلام تھی جو سارا دن اپنے زمینی مالک کی خدمت اور ساری رات اپنے آسمانی مالک کی عبادت کرتی رہتی اور محبت کے نشے میں مدہوش رہتی۔ آخر ایک رات جب زمینی مالک نے اسے آسمانی مالک کی عبادت کرتے دیکھا تو اسے آزاد کر دیا۔

درویش کو یہ بھی یاد تھا کہ ایک دن رابعہ بصرہ کے بازاروں میں ایک ہاتھ میں آگ اور دوسرے ہاتھ میں پانی لیے بھاگی جا رہی تھی۔ لوگوں کے پوچھنے پر اس نے بتایا تھا کہ وہ جنت کو آگ لگانے اور جہنم کو پانی سے بجھانے جا رہی ہے تا کہ آئندہ کوئی شخص جہنم کے خوف یا جنت کی آرزو میں عبادت نہ کرے اگر کرے تو اپنے خدا کی خالص محبت میں کرے۔

درویش جب بھی رابعہ کے بارے میں سوچتا اس کے دل میں رابعہ کی عزت اور عظمت بڑھ جاتی اسے اپنی زندگی کی صبح کا دور یاد آ جاتا جب رابعہ کے نام سے تقدس کا عکس جھلکتا تھا۔

درویش کو یہ بھی یاد تھا کہ رابعہ بصری ایک درویش کی محفل میں جایا کرتی تھی۔ درویش اپنے شاگردوں سے کہتا تھا کہ ہمت مت ہارو دروازے پر دستک دیتے رہو ایک دن دروازہ کھل جائے گا۔ آخر ایک شام رابعہ نے درویش سے کہا، "یہ تم اپنے شاگردوں کو کیا بتاتے رہتے ہو۔ دروازہ بند کب تھا؟" رابعہ طریقت اور معرفت کی ایسی منزل پر پہنچ چکی تھی جہاں بہت سے مردوں اور عورتوں کا پہنچنا ممکن نہیں تو مشکل ضرور ہوتا ہے۔

درویش نے اپنی تخلیقی زندگی کا آغاز تو تصوف کی گلی سے کیا تھا لیکن پھر وہ ادب کے کوچے اور فلسفے کی سڑک سے گزرتا ہوا نفسیات کی شاہراہ پر آ پہنچا تھا۔ اسے یہ جان کر حیرانی ہوئی تھی کہ لفظ سائیکی psyche جس کا قدیم مذہبی دور میں ترجمہ روح soul کیا جاتا تھا اب سائنس اور نفسیات کے جدید دور میں ذہن

mind ہو گیا تھا۔

رابعہ نے درویش سے پوچھا ہے کہ کیا اولیا اور انبیا کی طرح شاعر اور دانشور بھی منتخب ہوتے ہیں۔ درویش کو یوں لگا جیسے رابعہ کسی آسمانی باپ پر ایمان رکھتی ہے جو اپنے بچوں کی ہدایت کے لیے رہنما بھیجتا ہے۔ درویش کا خیال ہے کہ انسان آسمانی باپ کے نہیں دھرتی ماں کے بچے ہیں۔

درویش یہ سمجھتا ہے کہ ہر بچے میں کچھ تخلیقی صلاحیت ہوتی ہے بعض میں کم بعض میں زیادہ۔ وہ تخلیقی صلاحیت ایک بیج کی طرح ہوتی ہے۔ جس طرح کسی بیج کو ہر ابھر اپودا اور تن آور پھلدار درخت بننے کے لیے مناسب کھاد، تازہ ہوا، سورج کی روشنی اور ایک مالی کی محبت اور محنت کی ضرورت ہوتی ہے اسی طرح بچے کو محبت کرنے والے والدین، شفقت کرنے والے اساتذہ اور ایک آزاد اور پرامن معاشرے کی ضرورت ہوتی ہے تاکہ اس کے اندر کی خفیہ صلاحتیں اجاگر ہو سکیں اور وہ ایک سائنسدان، شاعر یا دانشور بن سکے۔ لیکن اگر بچے کے پر کاٹ دیے جائیں تو ایک شہباز کی پرواز بھی کبوتر سے زیادہ بلند نہیں ہوتی۔ بعض شہروں اور ملکوں میں تو بچوں کے سروں پر فرسودہ روایات کی لوہے کی ٹوپیاں یا پیروں میں لوہے کی جوتیاں پہنا دی جاتی ہیں۔

درویش کا خیال ہے کہ Creativity, Insanity and Spirituality کے رشتے پراسرار رشتے ہیں یہ وہ رشتے ہیں جن میں دیوانے اور صاحبِ دیوان ایک ہی صف میں کھڑے ہو جاتے ہیں اور ”شاعری جزو ایست از پیغمبری“ بھی بن جاتی ہے۔

درویش اپنے شاعر چچا عارف عبدالمتین کے ساتھ مکالمے اور اپنے تجربے، مشاہدے، مطالعے اور تجزیے سے اس نتیجے پر پہنچا ہے کہ سچ تک، حق تک، حقیقت تک، صداقت تک پہنچنے اور دانائی کے راز جاننے کی تین راستے ہیں

پہلا راستہ وجدان intuition کا ہے جسے سنت سادھو اور صوفی استعمال کرتے ہیں

دوسرا راستہ جمالیات aesthetics کا ہے جسے شاعر اور فنکار استعمال کرتے ہیں

تیسرا راستہ منطق logic کا ہے جسے سائنسدان استعمال کرتے ہیں۔

سائنسدان پہلے سچ کو محسوس کرتا ہے پھر اسے الفاظ میں بیان کرتا ہے اور پھر تحقیق سے اسے ثابت کرتا ہے۔ اس طرح وہ ایک وجدانی سچ کو معروضی سچ میں ڈھالنے کی کوشش کرتا ہے کیونکہ وہ جانتا ہے کہ وجدانی سچ کو ماننے کے لیے عقل سے زیادہ ایمان کی ضرورت ہوتی ہے اور بعض سادہ لوح روایتوں پر اندھا ایمان لے آتے ہیں اور بھٹکتے رہتے ہیں۔

ایک مخلص صوفی ایک مخلص شاعر اور ایک مخلص سائنسدان ایک دوسرے کے سچ کا احترام کرتے ہیں۔

درویش زندگی کی صبح کے وقت یہ سمجھتا تھا کہ ساری دنیا میں ایک ہی سچ ہے جو حتمی بھی ہے اور ازلی و ابدی بھی لیکن زندگی کی شام تک پہنچتے پہنچتے اسے احساس ہو گیا ہے کہ دنیا میں اتنے ہی سچ ہیں جتنے انسان۔ اسی لیے وہ رابعہ کے سچ کو جاننے اور سمجھنے کی کوشش کر رہا ہے کیونکہ رابعہ کے سچ کی عمارت اس کے خلوص اور تجربے کی بنیادوں پر تعمیر ہوئی ہے۔ وہ بھی رابعہ بصری کی طرح ساری رات سوچتی اور تخلیقی ریاضت اور عبادت کرتی رہتی ہے۔

درویش ساری عمر سائنسدانوں اور سکالروں، سنتوں اور صوفیوں، شاعروں اور دانشوروں کی سوانح عمریاں پڑھتا رہا ہے۔ اس نے یہ جانا ہے کہ اپنے فن میں کامیابی کے لیے کتنی مشقت اور کتنی ریاضت کی ضرورت ہوتی ہے۔ اسے البرٹ آئن سٹائن کا یہ قول بہت پسند ہے

Creativity is 1% inspiration and 99% perspiration

درویش ایسے کئی فنکاروں کو جانتا ہے جنہوں نے اپنی زندگی کے کئی برس اور کئی دہائیاں اپنے فن کے ریاض کے لیے قربان کر دی ہیں۔ درویش اسے ایک کامیاب شاعر یا دانشور بننے کے لیے ہوم ورک کا نام دیتا ہے۔

درویش جانتا ہے کہ ایک جینون فنکار کے لیے اپنے فن کا اظہار زندگی اور موت کا مسئلہ ہوتا ہے۔ اسے رابعہ کا خط پڑھ کر عباس تابش کا شعر یاد آیا ہے۔

سکوتِ دہر رگوں میں اتر گیا ہوتا

اگر میں شعر نہ کہتا تو مر گیا ہوتا

درویش ساری عمر زندگی کے ، موت کے، محبت کے، نفرت کے، دوستی کے، دشمنی کے، شاعری کے راز جاننے کا خواہشمند رہا ہے۔ اسے رابعہ کے خط سے دوستی کی خوشبو آرہی ہے اور اپنی نانی اماں کا قول یاد آرہا ہے کہ ایک اور ایک دو نہیں گیارہ ہوتے ہیں۔

درویش نے سوچا کہ رابعہ سے پوچھے کہ تخلیقی سفر نے اس کی ذاتی زندگی کو کیسے متاثر کیا ہے؟ اسے ایک ادیبہ بننے کے لیے کیا قربانی دینی پڑی ہے۔؟ اس کا مستقبل کا خواب کیا ہے؟

درویش کو نیند بلا رہی ہے اور وہ نہیں چاہتا کہ نیند اس سے ناراض ہو جائے۔ اس لیے وہ رابعہ سے اگلے خط تک اجازت چاہتا ہے۔

شب بخیر

پانچواں خواب نامہ

جو انسانوں کو پڑھتا ہے درویش بن جاتا ہے

۱۰ مئی ۲۰۱۸

لاہور

درویش کو رابعہ سلام کہتی ہے۔

درویش کی خوش نصیبی پہ رابعہ کو رشک ہے کہ وہ اپنی زندگی خود گزار رہا ہے۔ رابعہ زمینی مالک کی غلام ہے۔ آسمانی خالق نے اس کو اندر سے آزادی کے ایک بے کراں سمندر سے آشنا کیا ہوا ہے مگر یہ وجدانی لمحے فقط رات کے حسن کی قید میں ہیں۔ ابھی تک رابعہ کو اس کے زمینی مالک نے شاید آسمانی خالق سے باتیں کرتے نہیں سنا اس لئے وہ آزاد بھی نہیں ہو سکی۔

اے درویش اس وقت رات کے تین بج رہے ہیں، یہ وہ وقت ہے جب آسمان پہ ستاروں کی چمک زیادہ ہو جاتی ہے، وہ کسی خمار میں جھومتے و ٹمٹماتے محسوس ہوتے ہیں، پھر ایک تہجد کا تارہ نمودار ہوتا ہے۔ یہ بتانے کے لئے کہ دو وقت ملنے کا وقت آرہا ہے، اس کے بعد دو وقتوں کا وصل ہوتا ہے، تو آسمان پہ بھی سرخی چھا جاتی ہے۔ (حیا کی سرخی کا اپنا ہی حسن ہے۔) اس کے بعد دونوں جدا ہو جاتے ہیں۔ گویا وقت ہجر آن پہنچتا ہے۔ گویا خون سفید ہو جاتا ہے۔ جذبے بدل جاتے ہیں۔

یاد رہے سوال کا جواب آپ نے اتنا مفصل اور حسین دیا ہے کہ رابعہ کی حس جمالیات تک کو قرار آگیا۔ اور

درویش نے رابعہ سے ایسا سوال پوچھ لیا ہے کہ وہ سوچنے پہ مجبور ہے کہ جواب میں خط لکھے یا کتابچہ۔ رابعہ جو زمینی مالک کی، ذہنی آزاد غلام ہے، اس کے پاس تو اپنی ذات کے لئے وقت نہیں تو وہ کتابچہ کیسے لکھے ؟

رابعہ نے سوچا ہے وہ پرت پرت ان کلیوں کو لکھے گی، اور اگر وہ چند جملوں میں اس سوال کا جواب دے تو یہی ہو گا کہ ”رابعہ کے وہم و گمان میں بھی نہیں تھا کہ وہ ادیبہ بن جائے گی۔ وہ تو ایک پینٹر بننا چاہتی تھی، اسے تو رنگ ہانٹ کرتے تھے، چاہے وہ کینوس کے ہوں، چاہے زندگی کے،

چاہے فطرت کے، مگر اس کے پاس یہ رنگ نہیں تھے، گویا اس کی قربانی ”زندگی“ کی قربانی تھی، اس کی خواہشات کی قربانی تھی، اس کے جذبات، اس کے خوابوں کی قربانی تھی، اس کی نسائی فطرت کی قربانی تھی، اس نے بہت کوشش کی کہ وہ ایک نارمل سی، عام سی، لڑکی کی زندگی کی شاہراہ پہ ننگے پیر چلے، مگر ایسا نہیں ہوا، اسے اب محسوس ہوتا ہے وہ کسی طاقت کی قید میں تھی اور اب بھی ہے۔ جو اس کی خواہشوں، چاہتوں کے رستے پہ کئی دیواریں بنا دیتا ہے کہ وہ انہیں عبور ہی نہیں کر پاتی تھی، وہ زندگی بھر اپنی چاہت، اپنی محبت، اپنی خواہش ہارتی رہی، اور اس کے بدلے اسے وہ ملتا رہا جس کا وہ تصور بھی نہیں کر سکتی تھی، وہ جو کہا جاتا ہے کہ اللہ اگر آپ سے وہ لے لے جس کا آپ تصور بھی نہیں کر سکتے، تو دیتا بھی وہی ہے جس کا آپ سوچ بھی نہیں سکتے۔ یہی فطرت کا اصول ہے“۔

پھر ایک وقت آیا جب رابعہ کو رابعہ بصری کا قول سمجھ آگیا ”توفیق کے بنا توبہ بھی نہیں ہو سکتی“، پھر اس کو سمجھ آگیا کہ یوسفؑ کو وہ خواب میں سب دکھایا جا سکتا ہے، بھڑیے اس کو کھا سکتے ہیں، کنویں سے اس کو نکال کراس کو فروخت کیا جا سکتا ہے، اور آخر کار اس کے بچاؤ کے لئے، اس کی محل میں پرورش ہو سکتی ہے، تو کوئی تو طاقت ہے جس کے ہاتھ میں ممکن اور ناممکن کی ڈوری ہے۔ پھر اسے سمجھ آیا موسیٰؑ پیدا ہو سکتے ہیں اور پھر دریا میں بہا دیا جانے والا بچہ اپنی ہی ماں کی گود میں پل سکتا ہے اور پھر وہی فرعون کا محل، گویا فرعونیت کی گود میں اینٹی فرعون، بس رابعہ زندگی بھر ممکنات و ناممکنات کی غیر ارادی و جبری مسافر رہی ہے۔

یاد رویش! کچھ دن قبل کی بات ہے، رابعہ کی عرفان الحق صاحب سے تصوف پہ بات ہو رہی تھی، نجانے کہا ں سے درویش کا لفظ گفتگو میں آگیا تو کہنے لگے ”جو کتابیں پڑھتا ہے وہ عالم بن جاتا ہے، جو انسانوں کو پڑھتا

ہے وہ درویش بن جاتا ہے۔"گویا آپ انسانی مطالعہ کے مسافر ہوئے۔درویش نے رابعہ بصریؑ کی بات کی، رابعہ کے لئے بھی ان کی عقیدت بھری محبت ایسی ہی ہے۔عشق کی حد تک۔رابعہ نے رابعہ بصری کو اتنا آئیڈیلائز کیا،اتنا چاہا کہ جوانی کی صبح کے کسی دور میں اس کی خواہش تھی کہ وہ اپنی بیٹی کا نام بھی رابعہ ہی رکھے گی۔

یہ رابعہ جس سے ایک درویش بات کر رہا ہے جب پیدا ہوئی تو دونوں طرف سے خاندان کی پہلی لڑکی تھی، رابعہ کے تایا اس کا نام کسی ایسی خاتون کے نام پہ رکھنا چاہتے تھے۔جس جیسی کوئی عورت دنیا میں نہ ہو۔اور انہوں نے اپنی اکلوتی بھتیجی کا نام "رابعہ" رکھ دیا۔رابعہ کی عمر بڑھنے کے ساتھ ساتھ رابعہ بصریؑ سے محبت بڑھتی ہی گئی۔کہ عشق سا ہو گیا۔پھر رابعہ بصریؑ پہ لکھی کتابوں کی تلاش کا جنون ہوا،ان کی کچھ شاعری ملی اس کا ترجمہ بھی اردو میں کیا۔اور رابعہ بصریؑ کا وہ اوج۔اُف! کہ جب کعبہ کو حکم ہوتا ہے کہ اس بوڑھی عورت کے استقبال کو جاؤ۔

تاریخ میں یہ پہلی بار ہوا کہ رب کے گھر نے اپنی جگہ سے سفر کیا۔اس عظمت کا سوچ کر ہی، رابعہ نہ جانے کس دنیا میں چلی جاتی ہے،کہ یہ مقام و مرتبہ تو کسی نبی،کسی رسول،کسی مرد کے حصے میں بھی نہیں آیا۔گویا اگر عورت کردار کی بلندی پہ آئے تو اس کا درجہ مرد سے بڑھ جاتا ہے۔رابعہ کو محسوس ہوتا ہے،یہ جو مرد پوری دنیا میں عورت کی کمتری کے نعرے لگاتا ہے،اس پہ ذہنی و جسمانی ظلم کرتا ہے،یہ اس کا خوف ہے اس کے لا شعور میں رابعہ بصریؑ کی بلندی کی یہ تصویر موجود ہے۔

یاد رویش! رابعہ نے عورت کی محبت،محبت کی فطرت کو "خلع" سے سمجھا ہے۔کہ جب وہ علیحدہ ہونا چاہے تو اس سے کوئی سوال نہیں پوچھا جاتا،اس سے تحائف واپس لے لئے جاتے ہیں۔اور مرد کی رضا کے بنا،اس کو اس سے الگ کر دیا جاتا۔طلاق میں ایسا نہیں ہوتا۔سوچنے کا،وقت دینے کا،سوال و جواب جواز تک کی بات ہوتی ہے۔گویا فطرت کہہ رہی ہے کہ عورت کے دل سے اگر مرد اتر گیا تو اتر گیا،اب وہ کسی صورت ساتھ نہیں رہ سکتی،رہنے میں خرابی ہے۔اور اگر مرد کے دل سے عورت اتر جائے تو وہ پھر بھی اس کے ساتھ رہ سکتا ہے۔

تخلیق کار نے دیکھئے کیسا نفس بنایا ہے۔ گویا محبت کا سمندر، چٹانوں میں بدل جاتا ہے، گویا ایک زرخیز زمین خشک سالی کا شکار ہو جاتی ہے، یعنی عورت کے اندر کی خشک سالی، اسے اندر باہر سے پتھر بنا دیتی ہے۔ چٹان بنا دیتی ہے جس سے ٹکرا کر سب آوازیں لوٹ آتی ہیں۔ آہ!

رابعہ کے مشاہدہ کے مطابق یہ رویے ہیں جس کے بیج ہیں جس کا اس کے ساتھی کو علم ہی نہیں ہو پاتا کہ وہ کب اور کیسے یہ بیج بوتا رہا۔ کیونکہ کم از کم رابعہ جس معاشرے کی باسی ہے وہاں عورت کی محبت زمین پہ کب معتبر ہوئی ہے، وہاں عورت کی محبت کب تعبیر ہوئی ہے۔ وہ تو صرف کھلی اور بند آنکھوں کا خواب ہے۔

اور دوسری طرف عورت نہ حواؑ ہے، نا مریمؑ ہے، نہ آسیہؑ ہے، نہ خدیجہؓ ہے، نہ عائشہؓ ہے اور رابعہ تو بالکل بھی نہیں ہے۔ وہ بس ''جسم'' ہے۔ اور جسم نے جیب کا فریب سیکھ کر فطرت سے کنارہ کشی کر لی ہے۔ اور سب مرد و زن محبت کی تلاش کی بے سکونی میں ہیں۔

یا درویش! کاش ہم ان دو ٹانگوں کے درمیان سے نکل کر پورے وجود والے انسان بن جائیں تو زمین پہ امن و سکون ہو جائے گا۔

یا درویش! کچھ دن قبل کی بات ہے رابعہ کی ایک اچھے ادبی دوست کرنل نعیم اشرف سے بات ہو رہی تھی، انگریزی کے کہانی کار و فکشن مترجم ہیں۔ بات ایک تصویر سے آگے بڑھی۔ تصویر تھی Fairmont Banf Springs Hotel کی۔ جو Calgary سے دو گھنٹے کی مسافت پہ ہے۔ اس ہوٹل کے حوالے سے تاریخ بتاتی ہے کہ کینیڈا میں اس مقام پہ آج سے سو سال قبل ایک ریلوے لائن بچھائی جا رہی تھی۔ مزدوروں کو منفی درجہ حرارت پہ کام کرنا پڑتا تھا۔ رہائش کی کوئی جگہ نہیں تھی۔ لہذا ''ضرورت ایجاد کی ماں'' کہ انہوں نے یہ آٹھ منزلہ ہوٹل پتھروں سے تعمیر کیا۔ اور عینی شاید کہتے ہیں اس میں ذرہ بھر بھی تبدیلی نہیں آئی۔

یا درویش! دنیا اب ان پتھروں کی تعمیر سے بھی نکل کر چاند سے آگے چلی گئی، اور زمین سے نیچے تہوں میں جھانک رہی ہے، انسان نے اڑنے کی خواہش پوری کر لی۔ اور میرا ایمان ہے کہ ایک دن سائنس اتنی ترقی کر

لے گی کہ ان دیکھے ''اللہ'' کو وجودی طور پہ ثابت کرکے دکھا دے گی۔ بس یہی قیامت ہو گی۔

لیکن کیا رابعہ جہاں کی باسی ہے وہاں کا انسان ذہنی ارتقاء کی منازل طے کرے گا؟ یا پھر آپ کے سماج کی ترقی کے ہی قصوں پہ اکتفا کرے گا؟ کیا رابعہ کے سماج میں بھی انسانیت مسکرائے گی یا وہ پیدائشی مسلم ہونے پہ ہی بخش دی جائے گی؟

رابعہ کے ہاں صبح کاذب کے ستارے کا کسی دوسری زمین کی اور جانے کا وقت ہو گیا ہے، یہاں ابھی دو لمحوں کے میلاپ کی سرخی، سفیدی میں بدل جائے گی۔ ۴۰ سے زیادہ درجہ حرارت جسم کو ہی نہیں، ذہن کو بھی جلا دے گا۔ لیکن ہم شہروں قصبوں سے درخت کاٹ کرا وانچے پلازے اور چوڑی چوڑی سڑکیں بنا کر قیامت تک کی ہی نہیں، دوزخ تک کی آگ اپنے ہاتھوں سے ترقی کے نام پہ لگا کر بہت خوش ہیں۔

رابعہ اجازت چاہتی ہے کیونکہ وہ صبح کی روشنی سے ڈرتی ہے، بے چین ہو جاتی ہے۔ ٹینس ہو جاتی ہے، اس سے آنکھ نہیں ملا سکتی۔

یاد درویش، فی امان اللہ

چھٹا خواب نامہ

چار خواب

۱۱ مئی ۲۰۱۸

درویش رابعہ کی خدمت میں آداب پیش کرتا ہے

درویش رابعہ کا خط پڑھ کر کافی دیر تک اداسی کی دھند میں کھویا رہا۔ اسے ماضی کے وہ دن رات یاد آنے لگے جب وہ مشرق کے روایتی ماحول میں رہتا تھا اور خود بھی اداسی اور تاریکی کا شکار تھا لیکن پھر اس کے دل میں نجانے کہاں سے امید کی ایک کرن آئی اور آہستہ آہستہ اس کے سراپا کو روشن کر گئی۔

درویش ان دنوں پاکستان کے پشاور شہر کے باہر اپنے والدین عائشہ اور باسط اور چھوٹی بہن عنبر کے ساتھ ایک دریا کے پاس رہتا تھا اور دریا کے کنارے دور تک سیر کو جانا اور خود کلامی کرنا اس کا محبوب مشغلہ تھا۔

سولہ برس کی عمر میں درویش ایک شام جب دریا کے کنارے سیر کر رہا تھا تو اسے اچانک احساس ہوا کہ

زندگی ایک قیمتی تحفہ ہے اور اسے اس تحفے کو ضائع نہیں کرنا چاہیے۔ وہ ایک بھرپور زندگی گزارنا چاہتا تھا۔ چنانچہ اس نے سوچا کہ اسے زندگی کو بامعنی بنانے کے لیے چند خواب دیکھنے چاہئیں اور پھر پوری کوشش کرنی چاہیے کہ وہ ان خوابوں کو شرمندۂ تعبیر کر سکے۔ چنانچہ اس نے چار خواب دیکھے۔

درویش کا پہلا خواب ایک ڈاکٹر، ایک ماہرِ نفسیات، ایک مسیحا بننا تھا تا کہ وہ انسانی جسم، انسانی ذہن، انسانی لاشعور اور انسانی ذات کی گتھیاں سلجھا سکے اور دوسرے انسانوں کی اپنے دکھوں کو سکھوں میں بدلنے میں مدد کر سکے۔

درویش کا دوسرا خواب ایک شاعر اور ایک دانشور بننے کا تھا تا کہ وہ ساری دنیا کے ادیبوں، شاعروں اور فلاسفروں کو پڑھ سکے اور پھر علم و ادب کے سمندر میں چند قطروں کا اضافہ کر سکے۔ وہ ایک کتاب نہیں بلکہ بہت سی کتابیں لکھنا چاہتا تھا۔ اس کا خواب تھا کہ جس طرح وہ اپنے پسندیدہ ادیبوں کی کتابیں لینے لائبریری جاتا ہے اور لوگ اس کی کتابیں لینے لائبریری جائیں۔

درویش کا تیسرا خواب ساری دنیا کی سیر کرنا تھا تا کہ وہ مختلف ممالک کے شہروں کو دیکھے اور ان کے شہریوں سے ملے۔ وہ ایک مردِ جہاں دیدہ بننا چاہتا تھا۔

درویش کا چوتھا خواب دنیا کے چاروں کونوں کے مردوں اور عورتوں، شاعروں، ادیبوں اور فنکاروں سے دوستی کرنا، ان کی محبتوں اور نفرتوں، دکھوں اور سکھوں کی کہانیاں سننا اور پھر انہیں رقم کرنا تھا۔

درویش نے یہ خواب زندگی کی صبح میں دیکھے تھے۔ اب جبکہ اس کی زندگی کی شام آئی ہے اور وہ پیچھے مڑ کر دیکھتا ہے تو اسے فیض کا یہ شعر یاد آتا ہے۔

فیض تھی راہ سر بسر منزل

ہم جہاں پہنچے کامیاب آئے

درویش خود کو خوش قسمت محسوس کرتا ہے کہ اس کے نوجوانی کے سارے خواب پورے ہوئے۔ اب وہ

نجانے کب سے جاگتی آنکھوں سے ایک اور نیا خواب دیکھ رہا ہے۔ برسوں پیشتر اس نے اس خواب کا نام
'ادبی محبت نامے'' رکھا تھا۔ وہ خواب ایک ایسی کتاب لکھنے کا تخلیقی خواب تھا جس میں درویش اور رابعہ کے
خطوط شامل ہوں۔ اس کے ذہن میں رابعہ کا کردار ایک فرضی کردار تھا۔ اس کے وہم و گمان میں بھی نہ تھا
کہ اسے زندگی میں ایک زندہ کردار ملے گا جو ادیبہ بھی ہوگی اور اس کا نام بھی رابعہ ہوگا اور وہ مل کر ایک
مشترکہ تخلیقی خواب دیکھیں گے اور پھر اسے مل کر شرمندہِ تعبیر کریں گے۔ اس مشترکہ خواب کی تکمیل
کے لیے وہ رابعہ کا تہِ دل سے مشکور ہے کیونکہ وہ اس خواب کو اکیلا پایہ تکمیل تک نہیں پہنچا سکتا تھا۔ بطور
ایک شاعر اور ادیب کے درویش برسوں سے یہ محسوس کرتا رہا ہے کہ ادب میں خطوط کو بطورِ صنف کے وہ
اہمیت حاصل نہیں ہوئی جتنی کہ شاعری' افسانے اور ناول کو ہوئی۔ اس کی ایک وجہ یہ ہے کہ اس صنف
میں دو اصناف کو مل کر تخلیقی کام کرنا پڑتا ہے۔

درویش کو اندازہ ہے کہ اپنے خوابوں کو شرمندہِ تعبیر کرنے کے لیے اس کا مرد ہونا اور مشرق سے مغرب
ہجرت کرنا اہم تھا۔ ویسے تو ہر فنکار کو اپنے خوابوں اور آدرشوں کے لیے قربانیاں دینی پڑتی ہیں لیکن ان
خوابوں اور آدرشوں کی قیمت ایک عورت اور وہ بھی مشرقی عورت کے ناطے اور بھی بڑھ جاتی ہے۔ اسی
لیے وہ رابعہ کی جدوجہد کا تہِ دل سے احترام کرتا ہے۔

درویش نے مشرق سے مغرب کی طرف اپنی پرواز کا ذکر اپنے شاعری کے دوسرے مجموعے 'آزاد فضائیں'
کے دیباچے میں برسوں پیشتر یوں کیا تھا۔

اپنی پرواز کا اندازہ لگانے کے لیے
اپنے ماحول سے آزاد فضائیں مانگیں

جراتِ پرواز:

ایک پرندے کی خوابِ غفلت سے آنکھ کھلی تو اس نے دیکھا کہ اس کا آشیانہ فرسودہ روایات کی تیلیوں اور

بوسیدہ اقدار کی گھاس پھونس کا مرہونِ منت ایک قفس تھا جسے آشیانے کا نام دے دیا گیا تھا۔ اس کے شام و سحر ایک ایسے درخت پر گزرتے جس پر خاندان کے آسیب سایہ فگن تھے۔ وہ درخت بذاتِ خود ایک ایسے چمن کا حصہ تھا جس میں کسی زنداں کی طرح

کلیوں کو کھلنے کی

بادِ صبا کو گزرنے کی

چاند کو نکلنے کی

اور

موسمِ بہار کو داخل ہونے کی اجازت نہیں تھی۔

چاروں طرف گھٹن، تاریکی اور خزاں کے سائے لہراتے رہتے۔

اس پرندے کا شعور ذرا اور بیدار ہوا تو اسے احساس ہوا کہ اسے

اپنی آنکھوں سے دیکھنے

اپنے کانوں سے سننے

اپنے ذہن سے سوچنے

اپنی زبان سے گیت گانے

اپنے ماحول کو تسخیر کرنے

اور اپنے پروں سے اڑنے کی اجازت نہیں تھی۔

اسے یہ جان کر دکھ ہوا کہ اس سے پہلے چند پرندوں نے اڑ جانے کی کوشش کی تو یا تو ان کے پر کاٹ دیے گئے یا وہ شکاریوں کے تیروں کی زد میں آ کر گر پڑے۔ جن پرندوں میں جراتِ پرواز نہیں تھی ان میں سے چند قفس کی تیلیوں سے ٹکرا کر مر گئے۔

وہ پرندہ عجب کشمکش کا شکار تھا۔ وہ نہ تو ماحول کی دیواروں سے سر ٹکرا کر خود کشی کرنا چاہتا تھا اور نہ ہی شکاریوں کی زد میں آنے کا خواہش مند تھا۔

وہ ایک ایسی فضا میں اڑ جانا چاہتا تھا جہاں وہ

ہواؤں کی تازگی

پھولوں کی خوشبو

بہتی ندی کی موسیقی

چاند کی روشنی

اور

موسمِ بہار سے محظوظ ہو سکے

اسے چند بزرگ پرندوں نے بتایا کہ وہ پرندے جو صیاد کی زد میں آ گئے ان کے ذہنوں میں ماضی کی زنجیروں سے چھٹکارا حاصل کرنے کی خواہش تو تھی لیکن فردا کا کوئی واضح تصور نہ تھا۔ ان کے دل تاریکی سے نالاں تو تھے لیکن روشنی تک پہنچنے کا حوصلہ نہ رکھتے تھے۔ پرواز کی بلندیوں تک پہنچنے کے لیے ذات کی گہرائیوں میں اترنا ضروری تھا جو ان کے بس کی بات نہ تھی

وہ پرندہ ایک طویل عرصے تک اپنی پرواز کی تیاریاں کرتا رہا اور جب وہ اڑا تو خوش قسمتی سے ایک ہی اڑان میں اپنے ماحول سے دور بہت دور چلا آیا۔ وہ مختلف پہاڑوں، دریاؤں، جنگلوں اور وادیوں کے اوپر سے گزرا تو اسے بہت سے شہر نظر آئے اور ہر شہر میں اپنے شہر کی طرح آہ و زاری کرنے والے بھی ملے اور آزادی کے گیت گانے والے بھی۔

اس پرندے کو اس بات کی خوشی ہے کہ وہ جن منزلوں کی طرف پرواز کر رہا ہے ان فضاؤں میں اور بھی پرندے شامل ہو رہے ہیں اور آہستہ آہستہ ایک غول بنتا جا رہا ہے۔ اس کی دلی تمنا ہے کہ وہ اپنی پرواز بلند سے بلند تر کرنے کی سعی کرتا ہے اور ان پرندوں کو دعوتِ پرواز دیتا ہے جو اپنی اڑان کے لیے پر تول رہے ہیں۔

درویش اپنے کلینک میں بیٹھا ربیعہ کو خط لکھ رہا ہے یہ وہ کمرہ ہے جہاں اس کی اپنی میوس Muse سے ملاقات ہوتی ہے جو اس کے لیے ادبی تحفے لاتی ہے اس لیے وہ اسے کریئیٹیو لیبر روم creative

labour room کہتا ہے۔

رابعہ شاید نہیں جانتی کہ درویش کینیڈا میں ماہرِ نفسیات بننے سے پہلے پاکستان کے شہر پشاور کے زنانہ ہسپتال کے لیبر روم میں کام کیا کرتا تھا۔ اس کام کے دوران اسے مشرقی عورتوں کے کرب اور دردِ زہ کی شدت سے آگاہی حاصل ہوئی۔ اس نے لیبر روم میں عورتوں کے بارے میں بہت سی نظمیں لکھی تھیں وہ ان میں سے ایک نظم رابعہ کے ساتھ شیئر کرنا چاہتا ہے تاکہ رابعہ کو درویش کے عورتوں سے تخلیقی اور انسانی رشتے کا اندازہ ہو سکے۔

خون کے آنسو

عورتیں وقت سے ہر آن لڑیں

عورتیں خون کی ہولی کھیلیں

ہر مہینے جو وہ حالات کی زد میں آئیں

اپنے جسموں میں گُھلتا ہوا لاوا پائیں

عورتیں زیست سے ہر ماہ جو نامہ لائیں

اپنی تقدیر کو یوں اس میں نوشتہ پائیں

عورتیں اپنی حقیقت جانیں

عورتیں بچے جنیں مائیں بنیں

اپنی آغوش بھریں

اور اگر اس سے وہ انکار کریں

ایک دو راہے سے آواز سنیں

یا تو وہ بانجھ رہیں

یا ہر اک ماہ وہ سب خون کے آنسو روئیں

اپنے رِستے ہوئے زخموں کی فضا میں سوئیں

عورتیں درد کی تصویریں ہیں

عورتیں کرب کی تفسیریں ہیں

عورتیں خون میں ڈوبی ہوئی تحریریں ہیں

اگرچہ درویش رابعہ کے خط کے بارے میں اور بھی بہت کچھ لکھنا چاہتا ہے لیکن درویش کو کچھ مریض بھی دیکھنے ہیں، کچھ مزدوری بھی کرنی ہے اس لیے وہ رابعہ سے اجازت چاہتا ہے۔ اب وہ رابعہ کے اگلے خط کا انتظار کرے گا۔ درویش کو تجسس ہے کہ رابعہ نے کس قسم کا تخلیقی خواب دیکھا تھا اور جب درویش نے اپنے خواب کا ذکر کیا تھا تو کیا اسے حیرت ہوئی تھی؟

ساتواں خواب نامہ

خواب تعبیر والا

۱۳ مئی ۲۰۱۸

درویش کو رابعہ کا آداب

وہی گرمیوں کی مختصر سی رات، جو آدھی ادھر اور آدھی ادھر ہو چکی ہے۔ رابعہ نجانے کب سے سوچا کرتی ہے کہ وہ کسی ایسے مقام پہ رہے جہاں کم از کم رات بارہ گھنٹے کی تو ہو۔

جوں جوں رات اپنا سفر کرتی ہے رابعہ کو محسوس ہوتا ہے توں توں وہ آزاد ہو رہی ہے۔ اور جوں جوں دن چڑھنے لگتا توں وہ نجانے کن ان دیکھی زنجیروں کی مقید ہوتی چلی جاتی ہے۔ یہاں گرمی کا موسم طویل ہوتا ہے اور راتیں چھوٹی چھوٹی کہ انہیں محسوس کرنے کا وقت آتا ہے تو وہ اپنے فطری نظام میں قید کسی بے وفا محبوب کی طرح بن بتائے رخصت ہو جاتی ہیں۔

درویش نے ذکر کیا دریا کا تو رابعہ کو یاد آ گیا اس کا بچپن جہاں گزرا ہے، وہاں لاہور کی مشہور نہر پاس ہی تھی اور ابھی رابعہ چھوٹی سی ہی تھی چلنا سیکھا ہی تھا تو اس کے بابا روزرات کے کھانے کے بعد اسے اپنے ساتھ لے جایا کرتے اور پورے راستے اس کو تاریخی عمارتوں لاہور کی سڑکوں اور تاریخ کا قصہ سناتے رہتے۔ رابعہ نے اپنے ایک ادبی کالم میں اس حسین دور کا ذکر کیا تھا۔

"مجھے انہی (ابو) سے پہلی مرتبہ معلوم ہوا لاہور لاہور ہے۔ انہی نے بتایا کہ مال روڈ ٹھنڈی سڑک کہلاتی

تھی۔اور یہاں تانگہ بڑی شان سے چلا کرتا تھا۔اُنہی سے پتا چلا کہ کنال روڈ اس بھری راتوں میں سانس لیتی تھی اور گرمیوں کی دوپہروں میں مسافروں کی پناہ گاہ بھی تھی۔

وہ نہر کنارے مجھے لیے چلتے رہتے، تب گرین بیلٹ بہت چھوٹی نہیں ہوا کرتی تھی، ابھی یہاں ٹریفک کا مو جیں مار تا سمندر نہیں تھا، جو درختوں کی شاہ رگ پہ نظریہ ضرورت کے تحت چھٹری چلانے کا مطالبہ کرتا۔ ہم فیروز پور روڈ پار کرتے تو بھی یہ انڈیا تک جاتی سڑک پر اکا دُکا گاڑیاں رینگا کرتی تھیں، وہاں سے شاہ جمال تک جاتے، راستے میں پی۔سی۔ آئی۔آر، جامع اشرفیہ، ایف سی کالج آتے۔ اور ابو مجھے اِن جگہوں کی تا ریخ بتاتے جاتے۔

سب کچھ دھند لا دھند لا یادوں کے نقشے پر رقص کرتا ہے۔ اگرچہ یہ سب اب بھی موجود ہے۔ مگر اس سب کے باہر اور اندر بہت کچھ بدل چکا ہے۔ تب نہر کنارے یوں گرلز نہیں ہوا کرتی تھیں۔ نہر آزادی سے اور اپنی مرضی سے بہا کرتی تھی۔ تیز بارش میں بوندوں کی آواز فطری موسیقی کی طرح دور تک سنائی دیتی تھی۔

اس کے بعد آج سے کچھ عشرے قبل بھی لاہور، لاہور ہی تھا۔ لاہور شہر کے بیچ سے گزرتی نہر اور اس کے دونوں اطراف خاموش lavish and sensual green سڑکیں۔ مال روڈ کا رومان ایک طر ف اور کنال روڈ کا رومان دوسری طرف۔ مال روڈ کے درخت بلندیوں پر سر جوڑے باتیں کرتے تھے اور کنال روڈ کے درخت نہر کے اوپر، آسمانوں کے نیچے سر جوڑے سرگوشیوں میں مصروف ہوتے تھے۔ تبھی تو شاید ایک تخیل تخلیق میں ڈھلا اور جا بجا گونج اٹھا

سانوں نیر والے پل تے بلا کے
تے خورے ماہی، کتھے رہ گیا

لاہوریوں کے لیے یہ نہر ''ریورٹیمز'' سے کم نہیں۔ خصوصاً جنہوں نے اس کے کنارے اپنا بچپن اور نوجوا نی گزاری ہو۔ اب بھی (جبکہ ٹریفک کا ایک سونامی یہاں بپار ہتا ہے) صبح کا ذب کے بعد یہاں کا رومان اپنے عروج پر ہوتا ہے۔ نیم روشنی نیم اندھیرے میں ایک خوبصورت نظارہ اکثر صبح کو چہل قدمی کرنے والوں کو

مل جاتا ہے، ٹیالی نہر کے سینے پہ سفید کاغذوں پہ گلاب کی سرخ پتیاں ایک قطار میں نہر کے سینے پہ مسکراتی سفر کر رہی ہوتی ہیں۔ کوئی شخص کسی کنار پہ بیٹھا کاغذوں پہ پھول ڈال کر پانی کے حوالے کرتا جاتا ہے۔ اور یہ پھول قطار در قطار کاغذوں کی کشتیوں میں سفر کرتے نجانے کہاں تک دعوت نظارہ دیتے ہیں۔ آنکھوں میں حسن اور لبوں پر مسکان بکھیرتے چلتے چلے جاتے ہیں۔ کچھ ڈوب جاتے ہوں گے، کچھ کو منزل مل جاتی ہو گی، کچھ کسی کی منزل بن جاتے ہوں گے۔

نہر کا وہ حصہ جہاں سے ایک طرف مسلم ٹاؤن دوسری طرف گارڈن ٹاؤن شروع ہوتا ہے۔ اور نہر کنال ویو کی طرف سفر جاری رکھتی ہے، وہاں ہُو کا عالم ہوا کرتا تھا۔ صبح روشن میں بھی سناٹے کا راج تھا۔ مگر آج کنال روڈ پر رواں ٹریفک کی صورت حال سے سڑکوں کے دل کانپ اٹھتے ہیں حالانکہ وہاں سے درختوں کو کاٹنے والی حماقت کر کے سڑکوں کو کشادہ بھی کیا گیا ہے مگر بڑھتی آبادی کی بڑھتی ضروریات کے لیے اب بھی شاید یہ سب ناکافی ہے۔

۱۴ اکتوبر ۲۰۱۵

"روزنامہ جناح"

تب یہ نہر اور یہ لاہور ایسا نہیں تھا جیسا اب ہے۔ اب ترقی نے مادیت پرستی کی صورت اختیار کر لی ہے۔ انسان چرند پرند جانور تک مادہ پرست ہو گئے ہیں۔ پیزا، شوارما، ڈونٹ، چائنز، جپنیز، رشین، شوق سے کھا لیتے ہیں فریش پھل، سبزی، دیسی گھی سے انہیں سمیل آتی ہے۔ مادہ پرستی نے زندگی بہت مشکل بنا دی ہے کہ مرنا آسان لگتا ہے۔

رابعہ کسی ایسی جگہ رہنا چاہتی ہے جہاں اس کو منرل نامی پانی نا پینا پڑے۔ "ٹیپ واٹر" ہو۔

درویش نے اپنے خواب بتائے اور ایک خطوط کا خواب بتایا۔

رابعہ کی بھی ایسی ہی ملتی جلتی ایک ادبی تمنا تھی کہ ایک بھرپور مکالمہ تحریری صورت میں ہونا چاہئے مگر ایسی

کوئی صورت نظر نہیں آتی تھی۔ کیونکہ فطرت کے قانون کے مطابق تخلیق مرد اور عورت مل کر کرتے ہیں تو کائنات کا نظام جاری رہتا ہے۔اور یہ ایک ایسا آئیڈیا تھا جس کے لئے اسے ایک بہت وسیع قلب وذہین انسان کے ساتھ کام کرنا تھااور جس معاشرے کی وہ باسی ہے وہاں افسوس کے ساتھ وسیع ذہن کے انسان نہیں ہوتے، مرد ہوتے ہیں (یہ ان کا اپنا مفروضہ ہے)۔عورت کو وہ صرف جسم کے مقام پہ رکھتے ہیں۔ یہاں تو مرد کا بس نہیں چلتا کہ وہ جب دفن کیا جائے تو دلی وصیت کے مطابق قبر کشادہ کر کے فلاں فلاں عورت کو اس کے ساتھ زندہ دفن کر دیا جائے۔

رابعہ ایک ایسے معاشرے میں رہتی ہے جہاں اس کو سب کے سامنے ایک منافق زندگی کے رنگین کپڑے ہر وقت ذہنی طور پہ پہنے رکھنے ہوتے ہیں۔وہ کسی سے علمی گفتگو نہیں کر سکتی، کرے گی،اور کسی کو سمجھ آئی تو وہ اس کے خلاف ایک ان دیکھا ایسا جال بچھا دے گا جہاں وہ عورت ہی عورت ہو گی، جسم ہی جسم ہو گی۔

عورت جانتی ہے اسے دانائی کی بات نہیں کرنی۔اگر انہی لوگوں میں عزت کے ساتھ رہنا ہے۔ہاں اگر عزت کے ساتھ رہنا نہیں رہنا تو یہاں دانائی ذہنی فحاشی ہے ،ادب ذہنی عیاشی ہے ،اب عیاش وفحاش عورت کی کیا جگہ ہے ؟. وہ درویش بھی جانتا ہے ،رابعہ بھی رابعہ کو ہمیشہ حسن بصریؒ اور رابعہ بصریؒ کی روحانی دوستی ہانٹ کرتی تھی، وہ سوچا کرتی تھی کیا اب بھی مرد وعورت کی اتنی علمی ورحانی دوستی ممکن ہے۔

رابعہ کو درویش کے خواب پڑھ کر اچھا لگا اس سے زیادہ یہ اچھا لگا کہ درویش کے خواب تعبیر ہو گئے۔

درویش نے بات کی پرواز کی۔۔۔اس سارے فلسفے میں رابعہ کا فلسفہ ،اس کا تجربہ ہے۔وہ بھی اڑنا چاہتی تھی،اس نے بھی کوششیں کیں مگر اسے عمر بھر یوں محسوس ہوا کوئی ان دیکھی طاقت ہے جو اسے کبھی کبھی لوہے کا بنا دیتی ہے ،کبھی پانی ،کبھی ہوااور کبھی بادل مگر وہ خود کچھ بھی۔اس کی کوئی خواہش ویسے تعبیر نہیں ہوئی جیسے اس نے چاہا تھا۔زندگی کی اس مسلسل جنگ نے آخر کار اس کو اس طاقت کے سامنے سر تسلیم کرنے پہ مجبور کر دیا کیونکہ عمر گذشتہ کی لاحاصل جنگ نے اسکے نظریات بدل دیئے اور اس نے خود کو موسیٰؑ کی کشتی میں ڈال کر تقدیر کے دریا کے حوالے کر دیا۔

رابعہ اگر ان حقائق کی بات کرتی ہے تو اس کا ہر گز یہ مطلب نہیں کہ یہ زندگی کی سفاکی کا گلہ ہے۔ نہیں ایسا نہیں ہے۔ رابعہ جو کھونے کا سوچ نہیں سکتی تھی اگر اس کو وہ سب نہیں ملا تو جو پانے کا بھی وہ سوچ نہیں سکتی تھی، دینے والے نے اسے وہ دیا بھی ہے۔ جس کا رابعہ جیسی بہت سی لڑکیاں صرف خواب ہی دیکھ سکتی ہیں۔

اور یہ سب کیسے ملا ہے اس سب پہ جب وہ غور کرتی ہے ان رازوں پہ سے جب اس کے اندر پردے اٹھتے ہیں تو اتنی روشنی ہو جاتی ہے کہ رابعہ کو یوسف اور رابعہ بصریؒ یاد آنے لگتے ہیں۔

رابعہ کو محسوس ہوتا ہے۔ آزمائش لینے والا آپ سے آپ کی محبت کی آزمائش لیتا ہے۔ آزمائش لینے والا آپ سے آپ کی آئیڈیل کی سی آزمائش لیتا ہے. یہ دونوں محبت کی سچائی کی کسوٹی ہوتی ہیں۔ یا ان کو محبت و آئیڈیل اسی لئے بنا لیا جاتا ہے کہ آنے والا وقت آزمائش آسان و واضح ہو جائے۔

رابعہ کو لگتا ہے جسے آپ آئیڈیل بنانے لگتے ہیں اس کی سی مشترک خصلتیں لاشعوری طور پہ آپ میں در آتی ہیں۔

رابعہ درویش سے اجازت چاہتے ہوئے پوچھتی ہے کیا ایسا ہی ہے؟

یا درویش! یہاں تہجد کا تارا چمکنے والا ہے. رابعہ اس طویل اور بے کار کاموں والی زندگی سے تھک گئی ہے۔ سونا چاہتی ہے کہ شاید کوئی خواب تعبیر والا، اس کا بھی منتظر ہو۔

فی امان اللہ

آٹھواں خواب نامہ

ہیلو، آداب، سلام

۱۴ مئی ۲۰۱۸

درویش رابعہ کی خدمت میں دوستانہ سلام پیش کرتا ہے۔

درویش نے جب سے رابعہ سے ادبی خط و کتابت کا سلسلہ شروع کیا ہے وہ لفظوں کی شخصیت اور اہمیت کے بارے میں غور و فکر کر رہا ہے۔ وہ سوچ رہا ہے کہ اگر وہ کنیڈین دوستوں کو 'ہیلو' اور ہندوستانی دوستوں کو 'آداب' کہتا ہے تو پاکستانی دوستوں کو 'سلام' کہنے میں کیا حرج ہے۔ رابعہ نے بھی تو اپنے خط کا آغاز 'آداب' اور اختتام 'فی امان اللہ' سے کیا ہے۔ رابعہ کا "فی امان اللہ" پڑھ کر درویش کو یاد آیا کہ ایک دفعہ اس نے اپنی ایک بزرگ کنیڈین مریضہ کو، جو لسانیات میں تخصص رکھتی تھی اور انگریزی الفاظ کی تاریخ اور مزاج سے واقف تھی، پہلے یہ بتایا تھا کہ جب دو دوست ایک دوسرے سے جدا ہوتے ہیں تو

پنجابی میں ۔۔۔۔رب راکھا

اردو میں ۔۔۔اللہ حافظ

فارسی میں ۔۔۔۔خدا حافظِ شما

کہتے ہیں۔ اور پھر یہ پوچھا تھا کہ انگریزی میں کیوں Good Bye کہا جاتا ہے۔ یہ بات سن کر اس ماہر لسانیات مریضہ نے مسکرا کر کہا تھا کہ Good Bye بھی ایک زمانے میں God Be With

You ہوا کرتا تھا جو کثرتِ استعمال اور سیکولر مزاج سے Good Bye بن گیا ہے۔ درویش کو اندازہ ہوا کہ اس کے بہت سے سیکولر دوست جو کسی آسمانی یا زمینی خدا پر ایمان نہیں رکھتے وہ بھی روایت کی وجہ سے ''خدا حافظ'' کہہ دیتے ہیں۔ اسی لیے اس نے اس حوالے سے ایک شعر لکھا تھا

سمجھ نہ لینا کہ مجھ کو بہت عقیدت ہے وہ عادتاً تھا جو نام خدا لیا میں نے

درویش رابعہ کے خطوط پڑھ کر حیران ہوتا ہے اور سوچتا ہے کہ جوانی میں ہی رابعہ کی شخصیت میں اتنی دانائی اور گہرائی کہاں سے آئی ہے۔ شاید یہ اسکا رابعہ بصری کی طرح رتجگا کرنا اور راتوں کی تاریکی اور تنہائی میں زندگی کے رازوں کے بارے میں غور و خوض کرنے کا ماحصل ہے۔ آخر وہ راتوں کو جاگنے والی فنکارہ ہے جسے زندگی نے بصیرتوں کے تحفے دیے ہیں۔ اب وہ اندھیرے میں بھی دیکھ سکتی ہے۔ یہی دانائی کی نشانی ہے۔ درویش نے ایک دفعہ کہا تھا

Wisdom is the inner light that helps people see in the dark

درویش کو یہ جان کر بہت مسرت ہوئی کہ رابعہ کو اس پر اعتماد بھی ہے اور اعتبار بھی کیونکہ ان ہی بنیادوں پر دوستی کی عمارت تعمیر ہوتی ہے۔ درویش رابعہ کے خطوط پڑھ کر سوچتا ہے

ایسا کیوں ہے کہ

درویش نجانے کتنے لوگوں سے اکثر ملتا ہے

لیکن پھر بھی ان کو نہیں جانتا

ان کو نہیں پہچانتا

وہ اس کے لیے اجنبی ہیں

لیکن رابعہ

جس سے وہ کبھی نہیں ملا

لیکن یوں محسوس کرتا ہے

جیسے وہ اسے مدتوں سے جانتا ہے
پہچانتا ہے
اسے اس تعلق سے دوستی کی خوشبو آتی ہے
درویش رابعہ سے پوچھنا چاہتا ہے
اس دوستی کا راز کیا ہے؟

درویش رابعہ کے اس خیال سے متفق ہے کہ جب لوگ اپنا ایک آئیڈیل چنتے ہیں تو اس کے روپ میں ڈھلنے لگتے ہیں۔ رابعہ کا خط پڑھ کر درویش کو ٹورنٹو یونیورسٹی کا ایک پروفیسر یاد آیا تھا جس نے درویش کو بتایا تھا کہ جب طلبا اپنے پسندیدہ ادیب شاعر یا دانشور پر تحقیق کر رہے ہوتے ہیں اس کی تخلیقات اور سوانح عمری پڑھ رہے ہوتے ہیں تو خود بھی دھیرے دھیرے اس کے قالب میں ڈھل رہے ہوتے ہیں اور اس کا فلسفہ اور طرزِ زندگی اپنا رہے ہوتے ہیں۔ یہ تبدیلیاں اتنی غیر ارادی اور لاشعوری طور پر ہو رہی ہوتی ہیں کہ انہیں خود بھی اس کا اندازہ نہیں ہوتا۔

درویش رابعہ کی تخلیقی زندگی کے بارے میں متجسس ہے۔ اس نے رابعہ کے جتنے افسانے پڑھے ہیں وہ ان سے بہت متاثر ہوا ہے۔ اسے یوں لگتا ہے جیسے رابعہ افسانہ نگار کا ایک قدم شعور اور دوسرا لاشعور میں ہوتا ہے۔ وہ جاننا چاہتا ہے کہ رابعہ کو کب اندازہ ہوا کہ اس کے اندر ایک فنکار ایک افسانہ نگار چھپا بیٹھا ہے۔ اس نے جب افسانے لکھنے اور چھپوانے شروع کیے تو اس کے دوستوں اور رشتہ داروں ادیبوں اور نقادوں کا کیا ردِ عمل تھا؟

درویش جب غمِ روزگار سے فارغ ہو جاتا ہے تو شام کو کبھی درویشوں کے ڈیرے پر چلا جاتا ہے جہاں اس کی شہر کے دیگر درویشوں سے ملاقات ہوتی ہے اور کبھی وہ فیملی آف دی ہارٹ کے سیمیناروں کا اہتمام کرتا ہے تاکہ دوسرے شہروں اور ملکوں سے آئے ادیبوں شاعروں اور دانشوروں کی پزیرائی کر سکے۔ درویش سمجھتا ہے کہ ان شاعروں ادیبوں فنکاروں اور دانشوروں کو، جو اقلیت میں ہوتے ہیں اور انہوں نے روایت کی شاہراہ چھوڑ کر اپنے من کی پگڈنڈی پر سفر کرنا شروع کیا ہوتا ہے، تخلیقی اقلیت کے باقی شاعروں اور

دانشوروں کی دوستی اور تعاون کی ضرورت ہوتی ہے تاکہ وہ روایتی اکثریت کے دباؤ میں کہیں میر تقی میر کی طرح ذہنی توازن نہ کھو بیٹھیں اور سلویا پلیتھ، ارنسٹ ہیمنگوے اور ونسنٹ وین گو کی طرح خودکشی نہ کر لیں۔ تخلیقی اقلیت کی آزمائشوں اور قربانیوں سے بہت کم لوگ واقف ہوتے ہیں۔ تخلیقی عمل دو دھاری تلوار پر چلنے کی طرح ہے۔ عارف عبدالمتین فرماتے ہیں

میری عظمت کا نشاں، میری تباہی کی دلیل میں نے حالات کے ڈھانچوں میں نہ ڈھالا خود کو

درویش کھڑکی سے باہر دیکھ رہا ہے۔ خوشگوار موسم اسے دعوت دے رہا ہے۔ درویش کی خواہش ہے کہ وہ ایک لمبی سیر کے لیے چلا جائے۔ ان لمبی سیروں کے دوران درویش کے ذہن میں تازہ خیالات بھی دبے پاؤں در آتے ہیں۔ اس لیے رابعہ سے اجازت چاہتا ہے۔

نواں خواب نامہ

دوستی کی خوشبو

۱۵ مئی ۲۰۱۸

درویش کو رابعہ کا سلام

رابعہ درویش سے معذرت چاہتی ہے کہ تاخیر سے جواب دے رہی ہے۔ رابعہ بے معنی ولا حاصل اخلاقی مصروفیات میں پھنسی ہوئی تھی۔ جن کا ناتو زندگی سے کوئی گہرا تعلق ہے ناموت سے ...

درویش کے ''دانائی،، والے سوال سے رابعہ پہلے تو مسکرائی۔ پھر اس کو سقراط کے حوالے سے پڑھا ایک واقعہ یاد آگیا۔ نہیں معلوم مصدقہ بھی ہے یا نہیں۔ مگر دلچسپ ہے۔ سقراط سے کسی نے پوچھا کہ آپ کی دانائی کا راز کیا ہے؟ اس نے اس شخص سے گھر آنے کو کہہ دیا۔ جب وہ شخص سقراط کے گھر پہنچا تو گھر سے گالیوں و بدزبانی کی آوازیں آرہی تھیں۔ وہ شخص پلٹ گیا۔ اور جا کر سقراط کو تلاش کرنے لگا۔ سقراط کہیں بیٹھا اپنے شاگردوں کو لیکچر دے رہا تھا۔ اس شخص نے بتایا کہ وہ اس کے گھر سے آرہا ہے، جہاں سے بدزبانی و گالیوں کی آوازیں آرہی تھیں۔ سقراط نے کہا وہ میری بیوی ہے اور یہی میری دانائی کا سبب ہے۔ تو رابعہ بھی یہی کہتی ہے کہ اگر درویش کو لگتا ہے کہ کوئی دانائی کی تتلی ادھر اڑتی پھر رہی ہے تو یقیناً اس کے اسباب بھی آس پاس ہی ہوں گے۔

رابعہ درویش کو بتانا چاہتی ہے کہ وہ روحوں کے قبیلے والی میتھ پہ یقین رکھتی ہے۔ اس کے مطابق یقیناً رابعہ

کی پہلی ملاقات عالم ارواح میں درویش سے ہوئی ہو گی۔ اسی لیے زمین پہ ہونے والی ملاقات میں اجنبیت نہیں ہے. اور ان کی روحیں ایک ہی قبیلے سے تعلق رکھتی ہونگی اس لئے دوستی کی خوشبو محسوس ہوتی ہے۔ تخلیق کا قبیلہ زمین پہ بھی ایک جیسا ہی ہوتا ہے۔

یوں بھی رابعہ کو محسوس ہوتا ہے اس کی روح عالم ارواح میں بہت آوارہ روح تھی، اسی لئے اسے زمین پہ اکثر لوگوں سے ملتے ہوئے اجنبیت کا احساس نہیں ہوتا۔

یہ بھی حقیقت ہے کہ رابعہ کا دل ہمیشہ سے چاہتا تھا کہ وہ دنیا ہی نہیں کائناتوں کا سفر کرے۔ ہر وقت سفر میں رہے، وجودی طور پہ تو ایسا نہیں ہو سکا۔ مگر ذہنی طور پہ وہ مسلسل سفر پہ ہوتی ہے۔ گھر کے کام کرتے ہوئے۔ چائے، کافی پیتے ہوئے۔ درختوں کو پیار سے دیکھتے ہوئے اور یہ سفر بچپن سے ہے جب وہ شام ہوتے ہی جگنوؤں اور تتلیوں کو گھر میں لگے پودوں پہ سے پکڑ کر خوش ہوتی تھی اور پھر رات کو گھر کے صحن یا چھت کو جاتی کسی سیڑھی پہ بیٹھ کر گھنٹوں آسمان کے تاروں اور چاند کو دیکھتی رہتی تھی۔ ان میں جھرمٹ کو تلاشتی تھی تو کبھی ان تین روشن ستاروں کو، جو ایک قطار سے کبھی نہیں ہٹے تھے۔ وہ سوچا کرتی تھی سورج اس وقت کہاں ہو گا؟ کہیں بادل بھی تو ہونگے؟ یہ سوچیں وقت کے ساتھ ہر پل ساتھ سفر کرنے لگیں۔

رابعہ بچپن سے ہی کم گو تھی کہ اس کے اندر ایک اپنی کائنات سفر میں رہی۔ وہ تنہا نہیں تھی۔ اسے تنہائی کا احساس کبھی نہیں ہوا حالانکہ اس کی نہ تو کوئی بہن تھی اور نا ہی کوئی ہم عمر فی میل FEMALE کزن، اگر کوئی اس کی کائنات میں مداخلت کی کوشش کرتا تو وہ الجھ جاتی تھی۔ اگرچہ اب وہ اس کیفیت پہ شعوری طور پہ قابو پانے کے قابل ہو گئی ہے۔

پھر جب وہ ذرا سی بڑی ہوئی تو بچوں کی کہانیوں کی کتابیں پڑھنے لگی۔ آٹھ سال کی تھی اس کے والد کو ملک سے باہر جانا پڑا. تو وہ بیمار ہو گئی اسے ہر وقت سینے میں شدت کا درد محسوس ہوتا۔ بہت لا حاصل علاج ہوئے۔ لیکن کوئی صورت صحت کی نظر نہیں آتی تھی۔

ڈاکٹرز تبدیل ہوتے رہے، آخر ایک چیسٹ سپشلسٹ نے مرض کی جڑ پکڑ لی۔ اس کی والدہ سے پوچھا کہ اس کے والد کہاں ہیں؟ انہوں نے بتایا کہ وہ بیرون ملک ہیں۔ اس نے کہا تو بس اس کا مسئلہ یہی ہے، یہ ان کو مس کرتی ہے۔ آپ اس کو کہیں روزانہ خط لکھا کرے۔

یوں رابعہ روز سکول ہوم ورک کے بعد بابا کو خط لکھتی۔ یوں وہ آہستہ آہستہ بہتر ہونے لگی اور جب تک اس کے والد بیرون ملک رہے وہ خط لکھتی رہی اور امی جمع کر کے پوسٹ کر دیا کرتیں۔

رابعہ کو امی نے ہی بتایا کہ جب وہ دو ماہ کی تھی تو بستر پہ لیٹی رات بھر جاگتی رہتی۔ اس کے والد کی جاب ایسی تھی کہ وہ آدھی رات کے بعد گھر آتے تھے اور جب دو اڑھائی بجے آتے، کمرے کے باہر سے ہی آواز دیتے "گڑیا" اور رابعہ آواز سنتے ہی سو جاتی تھی۔

اس کے والد جب وطن واپس آئے تب تک اس کو خط لکھنے کی عادت ہو گئی تھی اس نے ڈائری لکھنا شروع کر دی۔ پہلے تو وہ ڈائری میں دن بھر کے محسوسات لکھتی مگر پھر اس نے راتوں کے دیکھے خواب لکھنے شروع کر دیئے۔ وہ اپنی اس ڈائری کو چھپا چھپا کر رکھتی شاید وہ عمر ایسی تھی۔

پھر اس نے پینٹنگ شروع کر دی۔ واٹر پینٹ کرنے لگی کیونکہ اس کے والد پینٹنگ کیا کرتے تھے، یہ اسے وراثت میں ملا تھا۔ اس لئے سکول کالج کے سب پینٹنگ کے مقابلے امتیازی طور پہ جیتتی۔ وہ آرٹسٹ بننا چاہتی تھی۔ نیشنل کالج آف آرٹس سے پڑھنا چاہتی تھی۔ مگر اس کو آرٹس کالج میں پڑھنے کی اجازت نہیں دی گئی۔

وہ اتنا ہرٹ (hurt) ہوئی کہ اس نے نا پڑھنے کا فیصلہ کر لیا، مگر جو ہونا ہوتا ہے انسان اس کو کب اپنے فیصلوں سے ٹال سکتا ہے۔ اس نے کیلی گرافی سیکھی اور مونٹیسری کو کیلی گرافی پڑھانے لگی ساتھ ساتھ اپنی تعلیم بھی جاری رکھی اور قسمت اسے ایشین آکسفورڈ یعنی گورنمنٹ کالج لے گئی جہاں اردو ادبیات پڑھا۔ اس وقت وہ ہلکی پھلکی شاعری کرتی تھی اور اخبارات میں مضامین لکھتی تھی کوئی باقاعدہ پلیٹ فارم نہیں تھا۔ نا ہی باقاعدہ تخلیق تھی۔

یونیورسٹی میں ہی "راوی" کی کو ایڈیٹر اور تخلیق مکرر کی ایڈیٹر ہوگئی۔ اس سفر نے ادب کے اور قریب کر دیا۔

پھر تھیس کا وقت آیا تو اصغر ندیم سید اسکے مقالہ انچارج تھے۔ رابعہ کی خواہش تھی وہ مردانہ کرداروں پہ تھیس کرے مگر جب وہ یہ بات کرنے اپنے صدر شعبہ ڈاکٹر سہیل احمد خاں کے پاس گئی تو انہوں نے کہا پہلے تو تمہیں یہ کردار تخلیق کرنے ہونگے تو ہی مقالہ لکھ سکو گی، اس نے بھی ابھی تک جو لٹریچر پڑھا تھا اس میں ثانوی نوعیت کے مردانہ کردار تھے۔

بہرحال اس نے احمد ندیم قاسمی کے افسانوں کا نسائی تجزیہ کیا۔ ابھی قاسمی صاحب کا انتقال ہوا ہی تھا فون نکل رہا تھا۔ فنون کی حاکمیت کے جھگڑے چل پڑے۔ یہ اس وقت کی سب سے بڑی ادبی لابی تھی۔

اب مقالہ لکھنا تھا تو اس لابی کے سب ادیبوں سے ملاقاتوں کا سلسلہ شروع ہو گیا منصورہ احمد سے تو دوستی ہو گئی وہ رابعہ کو پہلے دن سے ہی کہہ رہی تھیں "گڑیا میں تم میں کہانی کار دیکھ رہی ہوں" اور میں ہر بار ٹال جاتی۔ "آپاں کہاں کہانی کہاں میں؟" پھر امجد اسلام امجد صاحب نے وہ ٹوٹی پھوٹی شاعری پڑھی تو کہا۔ "تم میں نثر کے اہلیت ہے۔ اچھی نثر لکھ سکتی ہو نثر لکھو "

مقالہ جاری تھا کہ ایک روز منصورہ احمد نے بہت مان سے کہا بس مجھے ایک ہفتے میں کہانی چاہئے. یوں رابعہ نے پہلی کہانی لکھ کر بھیجی جو قدرے مزاحیہ تھی۔ کہانی بھی کیا تھی، آنکھوں دیکھا ایک واقعہ تھا۔ جس کو زیب داستاں کیا تھا۔ منصورہ احمد نے اس کا آخری جملہ بدل کر باقی ساری کی ساری کہانی یونہی شائع کر دی۔ رابعہ کے لکھے میں جدائی پہ اختتام تھا۔ جو منصورہ احمد نے ایک جملے سے وصل میں بدل دیا. اور کہنے لگیں

"گڑیا شادی کر لینا۔ یہ دنیا بہت بے رحم ہے۔ "

رابعہ نے اس وقت تو بات مذاق میں اڑا دی مگر بعد میں اندازہ ہوا کہ زندگی میں سب سے بڑی ڈگری تجربے کی ہی ہے۔ مگر یہ حادثہ (شادی) بھی بندے کے اختیار میں نہیں ہوتا۔ یہ حادثہ ہوتا ہے۔ جو اپنے وقت پہ ہی ہوتا ہے۔ اور کبھی نہیں بھی ہوتا۔

ایم اے ہو گیا. رابعہ ایشین آکسفورڈ سے آکسفورڈ کے خواب دیکھ رہی تھی۔ مگر اس کے سب خواب انار کلی کے وجود کی طرح چنوا دیئے گئے. تب اسے وہ دن یاد آیا جب وہ یونیورسٹی کے سالانہ میوزک پروگرام کی کمپیئرنگ کرنے سٹیج پہ آئی، اس نے سکن چوڑی دار پاجامہ سرخ کرتا اور دوپٹہ لیا ہوا تھا. جب وہ سٹیج سے اتری تو اسے سب نے جی سی کی انار کلی کا خطاب دیا۔ اس لمحے اسے اندازہ ہی نہیں تھا کہ اسے بھی کسی محل کی دیواروں میں چنوا یا دیا جائے گا۔

اس کے مشفق استاد اصغر ندیم سید اپنی طالبہ کو شاید لکچرار کے روپ میں دیکھنا چاہتے تھے۔ رابعہ بھی یہی چاہتی تھی۔ مگر اب چاروں اور دیواریں بہت بلند ہو گئی تھیں، اس پہ صلیب بھی رکھی جا چکی تھی. وہ روپڑی تب اصغر ندیم سید نے بہت جلال اور قوت سے کہا "اب تمہارے پاس بس ایک ہی رستہ بچا ہے لکھو اور اتنا لکھو کہ تمہارے لفظ بولنے لگیں"

اب کبھی محسوس ہوتا ہے کہ ان کی دعا تھی، اس لمحے کی قوت تھی یا شاید بابا کی خواہش بھی کیونکہ رابعہ کو بچپن سے ہی وہ ادیب خواتین کی حالات زندگی مختصراً بتایا کرتے تھے۔ مطالعہ ان کا بھی بہت تھا۔ رابعہ نے بابا ہی کی لائبریری سے کتابیں چرا کر چھپا چھپا کر پڑھنا شروع کی تھیں اور حسن اتفاق کہ بارہ تیرہ برس میں جو پہلی کتاب ہاتھ لگی وہ خلیل جبران کی تھی۔

اسے کچھ سمجھ نہیں آیا اس نے کیا پڑھا مگر جو پڑھا اس کا لطف بہت آیا۔ اس کے فوراً بعد یوسف زلیخاں پڑھ لی تو یوسف کے عشق میں ایسا مبتلا ہوئی کہ اس وقت تو وہ انہیں چاند میں بھی محسوس ہوتے ستاروں میں بھی دکھائی دیتے۔ وہی کیفیت تھی جو جوانی کے عشق کی ہوتی ہے۔

یہ عشق کم نہیں ہوا نوبت یہاں تک آئی کہ چار کتابیں چاروں یوسف کے نام کیں۔

یوسف کو ایک خاص طبقے نے بزدل کہا۔ رابعہ کے مطابق ان سے بڑا بہادر کوئی نہیں تھا.

زلیخاں کو عورت کا پاگل پن و جنون کہا مگر اس کے لیے بھی مدمقابل یوسف ہونا ضروری تھا.

تاریخ کے ان دو کرداروں کی بنیاد پہ مرد و عورت کی نفسیات نہیں ہے۔ یہ نفس الگ تھے۔ ان کی نفسیات علیحدہ ہے۔

عشق یوسف کا سبب بتانے کے لئے بھی کم از کم ایک اور خط لکھنا پڑے گا۔

ابھی یہاں صبح کاذب بھی گزر چکی۔ بھیگی رات بھی سونے کو ہے۔ ستارے آج نکلے نہیں سو آرام سے ہیں۔ بادل بھی کسی کی یاد میں رو کر سسکیاں بھر کر خاموش ہو گئے ہیں۔

رابعہ کو بھی خالق سے کچھ باتیں کرنی ہیں۔ اس سے قبل کہ آسمان بھی مطلب پرستوں کی مانند سفید ہو جائے

رابعہ اجازت چاہتی ہے

فی امان اللہ

دسواں خواب نامہ

آسمانی باپ کی بیٹی، دھرتی ماں کا بیٹا

۱۵ مئی ۲۰۱۸

درویش رابعہ کی خدمت میں آداب عرض کرتا ہے۔

درویش نے رابعہ کے خط میں عالمِ ارواح کی باتیں پڑھیں تو اسے یوں لگا جیسے رابعہ آسمانی باپ کی بیٹی ہو اور درویش دھرتی ماں کا بیٹا۔ درویش کو محسوس ہوا جیسے رابعہ کا اپنے آسمانی باپ کے علاوہ اپنے زمینی باپ سے بھی رشتہ بہت قربی، گنجلک اور گھمبیر ہو شاید اسی لیے جب بچپن میں اس کا زمینی باپ کام کے سلسلے میں ملک سے باہر گیا تھا تو وہ separation anxiety کا شکار ہو گئی تھی۔ یہ تو اچھا ہوا کسی مسیحا نے مشورہ دیا کہ وہ اپنے زمینی باپ کو ہر روز خط لکھے۔ ان خطوط نے نہ صرف نفسیاتی مسئلہ حل کیا بلکہ رابعہ کو لکھنے کی ترغیب بھی دی۔ رابعہ کے خطے نے پہلے ڈائری اور پھر افسانے کا روپ دھارا۔ رابعہ کی کہانی پڑھ کر درویش کا رابعہ کی تخلیقی شخصیت سے بھرپور تعارف ہوا۔

درویش کو یہ جان کر بہت دکھ ہوا کہ رابعہ کو اس کے خوابوں کو شر مندہِ تعبیر کرنے کی اجازت نہ دی گئی اور اسے اپنا ایک شعر یاد آیا

اس درجہ روایات کی دیواریں اٹھائیں نسلوں سے کسی شخص نے باہر نہیں دیکھا

یہ تو رابعہ کی خوش قسمتی تھی کہ اسے اصغر ندیم سید، امجد اسلام امجد، منصورہ احمد اور احمد ندیم قاسمی جیسے

ادیب اور اساتذہ ملے جنہوں نے اس کے اندر چھپے لکھاری کی حوصلہ افزائی کی۔

درویش کو رابعہ کا خط پڑھ کر وہ واقعہ یاد آیا جب وہ خیبر میڈیکل کالج کا طالب علم تھا اور اس نے طلباء کے مشاعرے میں پہلی بار حصہ لیا تھا۔ اس مشاعرے میں احمد ندیم قاسمی، احمد فراز اور محسن احسان جج تھے۔ جب درویش کو سٹیج پر بلایا گیا تو ہال خاموش تھا اس نے نظم پڑھی ہال خاموش رہا وہ نظم پڑھ کر واپس آ گیا ہال پھر بھی خاموش رہا لیکن جب اسے اول انعام میں وینس کا مجسمہ دیا گیا تو ہال تالیوں سے گونج اٹھا۔

درویش کی اس پہلی نظم کا نام ''سرخ دائرہ'' تھا۔ جو وہ رابعہ کو سنانا چاہتا ہے

آج سترہ ہوئی

اور میں سوچ میں پڑ گئی

سینکڑوں وسوسے سانپ بن کر مرے ذہن کو آج ڈستے رہے

میں پریشان و حیران تھی

کیا میں مانوں اسے

یا نہ مانوں اسے

صبح سے کچھ عجب سی تذبذب کی تھی کیفیت

اور میں بہکی بہکی سی سوچوں میں گم

اپنے گھر سارا دن

سخت جھنجھلائی پھرتی رہی

اور پھر

تیسرے پہر کمرے میں داخل ہوئی

کانپتے ہاتھ سے

سالِ نو کے کلنڈر کا جب اک ورق

میں نے الٹا تو دیکھا

گزشتہ مہینے کی تیرہ ہی تاریخ کو

سرخ اک دائرہ تھا احاطہ کیے

لیکن اس مرتبہ

جانے کیا ہو گیا

اک عجب سی خلش

اور اک کپکپی خوف کی

میرے سارے بدن میں سرایت ہوئی

اور پھر میں نے تو سوچا ہی کی

آج سترہ ہوئی

نظم لکھنے کے بعد درویش کو احساس ہوا کہ وہ نظم ایک عورت کی لکھی ہوئی تھی۔ اسے اس دن احساس ہوا کہ اس کے اندر بھی ایک عورت چھپی ہوئی ہے۔ شاید اسی لیے اسکی عورتوں سے دوستی آسانی سے ہو جاتی ہے۔ بعض دوست تو اسے سہیل کہنے کی بجائے سہیلی کہتی ہیں۔

رابعہ کا خط پڑھ کر درویش کو ''سنگِ میل'' کے دفتر میں اصغر ندیم سید سے ملاقات بھی یاد آ گئی جس میں اصغر ندیم سید نے درویش کو گورنمنٹ کالج میں نفسیات کے موضوع پر لیکچر دینے کے لیے دعوت دی تھی۔ درویش جب لیکچر دینے گیا تھا تو اسے یہ دیکھ کر حیرانی ہوئی تھی کہ کلاس میں لڑکوں سے لڑکیوں کی تعداد کہیں زیادہ تھی۔ درویش کے ذہن میں لاہور کی اصغر ندیم سید، کشور ناہید، زاہد ڈار اور منیر نیازی سے بہت سی ملاقاتوں کی بہت سی حسین یادیں محفوظ ہیں۔

درویش نے جب رابعہ کا یہ خیال پڑھا کہ شادی ایک ''حادثہ'' ہے تو اس نے سوچا کہ رابعہ سے پوچھے کہ اس کا محبت اور شادی کے بارے میں کیا نقطہِ نظر ہے۔ کیا رابعہ کو کسی سے یا کسی کو رابعہ سے محبت ہوئی تھی؟ کیا کبھی رابعہ کے دل میں شادی کرنے اور ماں بننے کی خواہش نے انگڑائی لی تھی؟

درویش نے تو کبھی بھی باپ بننے یا خاندان بنانے کا خواب نہیں دیکھا۔ اس نے ہمیشہ اپنے ادبی اور تخلیقی

دوستوں کو ہی Family of The Heart سمجھا جس میں ہر سال ایک دوست کا اضافہ ہو جاتا ہے۔ درویش کے دوستوں کے اس خاندان میں سالِ نو کا اضافہ رابعہ ہے جس سے وہ بہت خوش ہے۔

درویش کو ایک سیمینار میں جانے کی تیاری کرنی ہے اس لیے وہ رابعہ سے اجازت چاہتا ہے۔

گیارہواں خواب نامہ

خواب اور محبت تھکنے نہیں دیتے

۸ مئی ۲۰۱۸

ایک درویش کو رابعہ سات سمندر پار سے آداب بھیجتی ہے۔

بہت مصروفیات کے دن ہیں۔ ماہ صیام اپنی پوری آب و تاب کے ساتھ پوری دنیا میں مسکرا رہا ہے۔ یہ مسلمانوں کے ساتھ ہی منسلک مہینہ نہیں ہے۔ جب سے زمین بسی ہے. ہر مذہب میں کسی نہ کسی طرح بھوک پیاس سے کنٹرول کے کچھ ایام مخصوص ہیں۔ مگر پھر بھی ہم انسان اس کھانے پینے کے لئے مسلسل کمانے میں اپنی تمام تر توانائیاں ضائع کرنے میں بخوشی مصروف و فاخر ہیں۔

رابعہ درویش کے گزشتہ خط میں موجود سوال کا جواب بعد میں کسی خط میں تفصیل سے لکھے گی کیونکہ ابھی ذہنی یکسوئی سے قاصر ہے۔ زندگی بہت سے خانوں میں بٹی ہوئی ہے. جس میں اس کی اپنی ذات کا خانہ اتنا تنگ ہے. جتنا غالب کے لئے غزل کا تھا۔

کل جمعہ تھا سحری کے بعد رابعہ سوگئی. رات کی یکسانیت سے اس کو کسی طور نجات چاہئے تھی اس کے خالق نے اس کو خواب میں اتنی حسین جگہوں کی سیر کروائی کہ وہ جب اٹھی تو خود کو بہت فریش محسوس کر رہی تھی. یہ خواب اور محبت انسان کو تھکنے نہیں دیتے۔ اگر رابعہ کے پاس اتنے سارے سوتی دنیا کے خواب نا ہوتے تو شاید اس کا جینا دشوار تر ہو جاتا۔

رابعہ کو خواب کے آخر میں گذشتہ رمضان کی ایک تلخ یاد بھی یاد دلائی گئی۔ گزشتہ رمضان میں وہ جس کرب سے گزری تھی وہ منظر اور اس ماہ صیام میں اس کا نتیجہ بھی دکھایا گیا۔ جب کسی ادبی فرعون نے اس کو اپنی فرعونیت کے باعث زیر کرنے کی کوشش کی تھی۔ مگر یہ تکبر و فرعونیت کا جادو خالی برتن کی کہانی ہے۔ فرعونیت اصل میں خود فنا ہے۔ اگرچہ سب فنا ہے۔ مگر فرعونیت موجود و وجود میں ہی فنا ہے۔ جس کو یہ سمجھ آ جاتی ہے اس کو صبر بھی نصیب ہو جاتا ہے۔

رابعہ بصریؒ سے کسی نے پوچھا تھا کہ وہ جس کی عبادت کرتی ہیں کیا وہ نظر بھی آتا ہے؟ تو ان کا جواب تھا کہ نظر نہ آتا تو عبادت کیوں کرتی۔

اب اس مقام بصیرت کو بصارت سے کیسے دیکھا جائے؟

زندگی بہت حسین ہے اور سکون کائنات کی سب سے بڑی دولت ہے کہ جس کو مادیت خرید سکتی تو دنیا کا رنگ ڈھنگ ہی بدل جاتا۔

رابعہ سے جو سوال درویش نے کیا اور ساتھ ہی یہ بھی بتایا کہ وہ اس خیال و سوچ سے ماورا تھا تو رابعہ تب سے یہ سوچ رہی ہے کہ ”اے درویش ایسا کیوں ہے اور کیوں ہوا؟ درویش کو کب یہ سب محسوس ہوا؟ درویش کے نزدیک مرد و زن کی محبت کی کیا معراج ہے؟ محبت کچھ ہے بھی یا نہیں؟“

رابعہ تو بس اتنا سمجھ سکی مرد کے لئے محبت جسمانی لذت کے سوا کچھ نہیں۔ اس کو رومانس اور سیکس کا فرق بھی معلوم نہیں۔ وہ صرف محبت کے نام پہ سیکس پاٹنرز چاہتا ہے۔ رابعہ کے لئے محبت دکھ اور سکھ کا ایک مکمل پیکج ہے۔ سارے موسموں کی مشترکہ کہانی ہے۔ اس لئے وہ مرد کی محبت پہ اعتبار کرنے کے قابل نہیں رہی۔ رابعہ اعتراف کرتی ہے کہ درویش کے سوال نے اسے اداس کر دیا۔ لیکن اس میں درویش کا کوئی قصور نہیں۔

دعا کیجیے رابعہ سونا چاہتی ہے۔ کبھی کبھی نیند بھی دعا چاہتی ہے۔

یاد رویش! یہاں مئی کا مہینہ ہے اور فروری کی خنک ہوائیں اس لمحے مہک چہک رہی ہیں جن کے سنگ درخت دور دور تک محو رقص ہیں۔ رابعہ جہاں رہتی ہے نہر پاس ہی ہے اور اس گلی کو درختوں والی گلی کہتے تھے۔ گرچہ اب یہاں درخت پہلے جتنے نہیں رہے۔ مگر پھر بھی بہت ہیں کہ موسم کو اپنی باہوں میں لے لیتے ہیں۔ نہر پہ اس وقت اتنا حسین نظارہ ہوتا ہے کہ دل چاہتا ہے وقت تھم سا جائے۔

اب یہاں نہر پہ کچھ فاصلوں سے خوبصورت پل بن گئے ہیں۔ اگر پل کے وسط میں کھڑے ہو جائیں تو دونوں کناروں کے قدیم درخت سر جوڑے باتیں کرتے صاف دکھائی دیتے ہیں انہیں بھی دکھ ہے کہ سڑکیں چوڑی کرنے کے باعث انہیں ان کے ساتھیوں سے جدا کر دیا گیا۔ وہ بھی رابعہ کی طرح ہجر میں رو پڑتے ہیں کیونکہ رابعہ ان کناروں پہ بابا کے ساتھ واک کرتے بڑی ہوئی ہے اس نے ان کناروں کے آس پاس سڑکوں کی ویران تنہائی و خلوت کا حسن دیکھا ہے جو فطرت کے حسن کا منہ بولتا ثبوت تھا اس کے بعد اس نے ان کناروں پہ مادیت کا رقص بھی دیکھا ہے۔ اس نے ان کناروں پہ چلتے لوگوں کی آنکھوں میں محبت بھی دیکھی ہے۔ اور اس نے اب ان کناروں پہ علم کے فرعونوں کا کاروبار بھی دیکھا ہے جن کی آنکھیں پتھر کی ہیں، دل پتھر کے ہیں، دماغ سونے چاندی کے اور زبان سچ کے رنگ میں جھوٹ بولتی ہے۔ رابعہ ایک فرعون علم کا قصہ سنانا چاہتی ہے مگر ہمت کا جواب نفی میں ہے۔

رابعہ درویش سے اجازت چاہتی ہے۔

رب راکھا

بارہواں خواب نامہ

دوستی کو اپنے ہی تاریک پہلوؤں سے بھی بچانا ہوتا ہے

۱۹ مئی ۲۰۱۸ء

درویش رابعہ کی خدمت میں نیک خواہشات کا تحفہ پیش کرتا ہے

درویش رابعہ کی ہمت اور صبر کی داد دیتا ہے کہ وہ پندرہ سولہ گھنٹے کے روزے رکھتی ہے۔ رابعہ کا خط پڑھتے ہوئے درویش چشمِ تصور سے دیکھ رہا تھا کہ رابعہ کے گھر کے پاس درخت ہیں' نہریں ہیں' راہداریاں ہیں اور پگڈنڈیاں ہیں جہاں لوگ سیر کے لیے جاتے ہیں۔ وہ سوچ رہا تھا کہ سڑکوں کے اوپر درختوں کا آپس میں سرگوشیاں کرنا کتنا سندر منظر ہے۔

درویش کینیڈا کے شہر ٹورانٹو سے پچاس کلو میٹر دور ایک چھوٹے سے شہر میں رہتا ہے جس کا نام وھٹبی Whitby ہے۔ یہ شہر ایک جھیل Lake Ontario کے کنارے واقع ہے۔ درویش کو وہ جھیل کچھ زیادہ پسند نہیں کیونکہ وہ اتنی بڑی اور پھیلی ہوئی ہے کہ اس پر سمندر کا گماں ہوتا ہے۔ درویش کو ایک جھیل Lake Scugog سکو گوگ زیادہ پسند ہے جو وھٹبی سے بیس منٹ کی ڈرائیو پر شہر پورٹ پیری Port Perry میں بہتی ہے۔ پچھلے چند سالوں میں درویش نے اس جھیل کے کنارے ایک درخت کے نیچے بیٹھ کر گرمیوں کی ان گنت سہ پہریں اور شامیں گزاری ہیں ہکتابیں پڑھی ہیں اور غزلیں اور نظمیں تخلیق کی ہیں۔ درویش سے جب کوئی دوست ملنے آتا ہے یا آتی ہے تو وہ اسے لیک سکو گوگ سے ملوانے لے جاتا ہے اور اس کی خدمت میں اس کی پسندیدہ آئس کریم پیش کرتا ہے۔ اگر کبھی رابعہ اس سے ملنے آئی تو وہ

بھی اپنی پسندیدہ آئس کریم کھا سکے گی۔ درویش کو تو مینگو اور سٹرابیری کی آئس کریمز بہت پسند ہیں۔ درویش کو وہ جھیل اس لیے زیادہ پسند ہے کیونکہ اس کے ایک کنارے سے دوسرا کنارہ اور جھیل میں تیرتی کشتیاں نظر آتی ہیں۔ اپنی پسندیدہ جھیل کی باتیں کرتے ہوئے اسے اپنی ایک پرانی نظم یاد آ رہی ہے جو وہ رابعہ کو سنانا چاہتا ہے۔

کشتیاں
سمندر کے کنارے
ان گنت رنگوں کی سندر کشتیاں
اس سوچ میں ڈوبی ہوئی رہتی ہیں کب
ان کا مقدر جاگ جائے گا
وہ کب اتریں گی گہرے پانیوں میں
اور پہنچیں گی جزیروں تک
جزیرے
جن پہ خوابوں کی حسیں شہزادیاں صدیوں سے بستی ہیں

اس جھیل کے کنارے ایک پارک ہے اور اس میں جوزف پامر Joseph Palmer کا مجسمہ ہے۔ بہت کم لوگ جانتے ہیں کہ کائروپریکٹر chiropracter کے علاج کا بانی جوزف پامر تھا جو پورٹ پیری کا باشندہ تھا۔

جوزف پامر کے مجسمے پر اس کا مشہور قول بھی درج ہے جو کچھ یوں ہے

I never considered it beneath my dignity to do anything to relieve human suffering

درویش جب کسی کائروپریکٹر (chiropractor) سے ملتا ہے جو مریضوں کے پٹھوں اور جوڑوں کا

علاج کرتا ہے تو اسے پاکستان کے پہلوان یاد آ جاتے ہیں جو اکھاڑے میں پہلوانی کرنے کے ساتھ ساتھ لوگوں کے جوڑوں کا علاج بھی کرتے ہیں۔

رابعہ نے درویش سے اس کی رومانوی محبت کے تجربے اور فلسفے کے بارے میں پوچھا ہے۔ درویش اپنے آپ کو خوش قسمت سمجھتا ہے کہ اس نے زندگی میں ایک بار نہیں کئی بار محبت کی ہے۔ درویش کا عورت سے رشتہ بنیادی طور پر دوستی کا رہا ہے۔ درویش نے عورتوں کی دوستی اور محبت سے بہت کچھ سیکھا ہے۔ ان رشتوں نے اسے ایک بہتر دوست، تھیریپسٹ، ادیب اور انسان بنایا ہے۔

درویش رابعہ کو اپنی محبت کے بارے میں بتانا چاہتا ہے تاکہ اپنے موقف کی وضاحت کر سکے۔ درویش کی بے ٹی ڈیوس Bette Davis سے ملاقات میموریل یونیورسٹی کے طالب علمی کے زمانے میں ہوئی تھی بے ٹی نرس تھی اور وہ ڈاکٹر۔ دونوں کو سائیکو تھیریپسٹ بننے کا شوق تھا۔ کام کرنے کے دوران وہ دوست بن گئے۔ جب درویش شہر چھوڑ کر چلا بھی گیا تب بھی ان کا خط و کتابت کا سلسلہ جاری رہا۔

بے ٹی کو ماں بننے کا بہت شوق تھا۔ تین دفعہ اسقاط کے بعد وہ رومینیا گئی اور اس نے دو ہفتے کی ایک بچی adopt کر لی جس کا نام ایڈرینا Adriana تھا۔ درویش اور بے ٹی کی دوستی جب محبت میں بدلی تو بے ٹی اپنی بیٹی لو لے کر وہٹبی آ گئی۔ پہلے بے ٹی اور درویش کلینک میں اکٹھے کام کرتے تھے پھر وہ اکٹھے رہنے بھی لگے۔

تیرہ سال ساتھ رہنے کے بعد ان کے راستے جدا ہو گئے۔ جدا ہوتے وقت درویش نے ایڈرینا سے پوچھا 'بٹیا اب آپ کی امی اور میں اکٹھے نہیں رہیں گے۔ آپ کس کے ساتھ رہنا چاہیں گی؟' ایڈرینا نے کہا ''آپ کے ساتھ''۔ درویش نے بے ٹی کی طرف دیکھا تو اسے کوئی اعتراض نہ تھا۔

اب درویش اپنی کٹیا میں رہتا ہے جس میں تین بیڈروم ہیں ایک ایڈرینا کا ایک درویش کا اور ایک مہمانوں کا۔

درویش کو اس بات کی خوشی ہے کہ بے ٹی سے جدائی کے باوجود ان کے درمیان کبھی کوئی غصے اور تلخی کی

بات نہیں ہوئی۔ وہ پہلے بھی دوست تھے اور اب بھی دوست ہیں۔ جب درویش اور بے ٹی ڈیوس ایک دوسرے سے جدا ہورہے تھے تو انہوں نے ایک دوسرے پوچھا کہ انہوں نے ایک دوسرے سے کیا سیکھا

درویش نے کہا کہ اس نے بے ٹی ڈیوس سے یہ سیکھا ہے کہ

Friendship is the cake and romance is the icing.

بے ٹی ڈیوس نے کہا کہ درویش نے اسے ایک دفعہ بتایا تھا کہ ہماری دوستی اتنی اہم ہے کہ ہمیں اسے اوروں سے نہیں خود سے بھی بچا کر رکھنا ہے۔ ہر انسان کی شخصیت کا ایک روشن پہلو ہوتا ہے اور ایک تاریک۔ ہمیں اپنی دوستی کو اپنے تاریک پہلو سے بچانا ہے تا کہ وہ وہ ہماری دوستی کو مجروح نہ کردے۔ اسی لیے ہم جدائی کے باوجود ایک دوسرے کی عزت کرتے ہیں احترام کرتے ہیں اور اب ہم عمر بھر کے دوست رہیں گے۔ بے ٹی ڈیوس نے کہا کہ بہت کم جوڑے جدائی کے بعد بھی دوستی نبھانے میں کامیاب ہوتے ہیں۔

درویش بھی رابعہ کی طرح خلیل جبران کو بہت پسند کرتا ہے اور اسے خلیل جبران کا محبت کے بارے میں یہ جملہ بہت پسند ہے۔

Do not ever think you can guide love. If love finds you
worthy she will guide you.

درویش جب محبت کے بارے میں سوچ رہا تھا تو اسے اپنے بچپن کا ایک واقعہ یاد آگیا۔ درویش جب بچہ تھا تو وہ ایک ایسی جگہ رہتا تھا جہاں لوگوں کے گھروں میں پانی نہیں تھا۔ وہ دریا سے پانی لاتے تھے۔ ایک دفعہ درویش نے ہمسایوں کو کنواں کھودتے دیکھا۔ جب لوگوں نے پانچ فٹ زمین کھودلی تو پانی نظر آیا۔ درویش بہت خوش ہوا لیکن اس کے والد نے کہا کہ وہ پانی صاف نہیں ہے اس میں آلا ئشیں ہیں۔ اس پانی سے کپڑے تو دھوئے جا سکتے ہیں لیکن وہ پانی پیا نہیں جا سکتا۔ لوگوں نے زمین اور کھودی تو بیس فٹ کی گہرائی پر پھر پانی نظر آیا۔ درویش کے والد نے کہا کہ وہ پانی صاف تھا اور اسے پیا جا سکتا تھا۔

درویش سمجھتا ہے کہ انسانی دل بھی دو طرح کی محبت کر سکتا ہے۔ سطحی محبت جس میں غصہ، نفرت، تلخی اور حسد کی آلائشیں ہوتی ہیں اور گہری محبت جس میں دوستی، امن، سکون، خلوص اور اپنائیت ہوتی ہے۔ انسانوں کی اکثریت سطحی محبت کر سکتی ہے لیکن گہری محبت صرف ایک اقلیت ہی کر سکتی ہے۔ گہری محبت کرنے والی اقلیت خوش قسمت ہوتی ہے۔

رابعہ کا خط پڑھ کر درویش کو اندازہ ہوا کہ وہ اسے ایک تکلیف دہ کہانی سنانا چاہتی ہے لیکن مناسب وقت اور یکسوئی کا انتظار کر رہی ہے۔ درویش بھی صابر انسان ہے وہ انتظار کر سکتا ہے۔

ہرمن ہیس کے ناول سدھارتھا میں جب شہزادی سدھارتھا سے پوچھتی ہے کہ جنگلوں کی برسوں کی ریاضت اور تپسیا سے تم نے کیا سیکھا ہے تو وہ کہتا ہے۔

”تین چیزیں“

I can think.

I can fast.

I can wait.

رابعہ کا تخلیقی ہمسفر

درویش

تیرہواں خواب نامہ

سیکس اور رومانس میں کیا فرق ہے؟

۱۹ مئی ۲۰۱۸

سلام اے پردیسی درویش

رابعہ نے درویش کا خط پڑھا تو جیسے جھیل کا منظر تصور میں تصویر ہو گیا۔ رابعہ کو یقین ہے کہ انسان کا دانہ پانی اس کو خود ہی لے جاتا ہے۔ تو اگر وہ آئس کریم رابعہ نے تقدیر کے توسط سے کھانی ہے تو وہ پہنچ ہی جائے گی اور اگر نہیں تو وہ لاکھ کوشش و خواہش کر لے کبھی کچھ نہیں ہو گا۔

رابعہ کے عمر بھر کے تجربات نے اس کو ایسا ہی یقین دیا ہے اس نے جو چاہا ہے۔ جس کے لئے کوشش کی ہے وہ خوش نصیبی سے خالق نے اس کی جھولی میں ڈالا ہی نہیں۔

جس کا کبھی سوچا بھی نہیں، تصور بھی نہیں کیا، اس کے خالق نے اس کو یوں نواز دیا کے اسے خود بھی حیرانی ہے۔ مگر اس نے یہیں سے کسی ان دیکھی طاقت کے وجود کو پہچانا ہے۔

رابعہ کو آئس کریم سے زیادہ جھیل کے دیدار کا اشتیاق ہو رہا ہے۔

درویش نے رابعہ سے محبت کے بارے میں پوچھا تھا۔ رابعہ کو درویش کا خواب نامہ پڑھ کے محسوس ہوا کہ جیسے اس سوال کا جواب درویش کے والد نے اس کو بچپن میں ہی دے دیا تھا۔ "پانچ فٹ والی محبت رابعہ کر

نہیں سکتی تھی، بیس فٹ تک کوئی رابعہ کے ساتھ جا نہیں سکتا تھا،،رابعہ کی محبت کا فلسفہ بس اتنا ساتھ۔

رابعہ درویش کو دکھ بھری کہانی نہیں سنانے والی. بلکہ وہ ایک عورت کا تجربہ و تجزیہ پیش کرنے والی ہے۔رابعہ اب اس مقام پہ ہے جہاں دکھ اور سکھ کے معنی بدل جاتے ہیں۔ جہاں ہونی کو بس ہونا ہے۔ جس کا کسی کو دکھ ہوگا تو کسی کو خوشی۔

رابعہ جانتی ہے کہ ہر غم کے بعد ایک خوشی اور ہر خوشی کے ساتھ ایک غم ہے۔ زندگی اسی زنجیر کا نام ہے۔

درویش نے جو کچھ بتایا اس میں اس کا اپنا فلسفہ محبت بس اتنا واضح ہو سکا کہ وہ عورت سے تعلق کو دوستی کے معنی سے تعبیر کرتا ہے. اور خلیل جبران کے فلسفہ محبت کو مانتا ہے مگر اس کا اپنا فلسفہ تجربات و مشاہدات کے بعد کیا ہے؟رابعہ یہ بھی جاننا چاہتی ہے؟

کیونکہ رابعہ محبت، پیار، عشق، درد اور انسان کا بہت عرصہ سے مشاہدہ کر رہی ہے۔ یہ بہت الجھا ہوا پہلو زیست ہے۔ایک کلیہ سب پہ پورا نہیں اترتا۔ایک فارمولے سے سب سوالوں کے جواب بھی نہیں ملتے۔

رابعہ کا مسئلہ یہ ہے کہ وہ جلدی اور منتشر ذہنیت میں پیچیدہ پہلووں پہ بات نہیں کرتی کیونکہ یہ موضوع کی تکریم کے خلاف ہے۔

اس نے زندگی سے سیکھا ہے کہ لفظوں کی، چیزوں کی، جذبوں کی، خیالوں کی، تصور کی، تصویر کی بھی عزت کرو۔ عزت محبت سے بڑی طاقت ہے۔ عزت محبت سے بڑا جادو ہے اور اگر محبت عزت کے ساتھ کی جائے تو اس جادو کا توڑ نہیں ہو سکتا۔ یہی سر چڑھ کر بولتا ہے تو عشق بن جاتا ہے۔اور اگر محبت عزت کے بنا کی جائے تو اسی میں نفرت کا بیج ہوتا ہے. جو کسی وقت بھی پودا بن جاتا ہے پودا پھل پھول بھی دے سکتا ہے۔

رابعہ کا مشاہدہ ہے کہ محبت عاجزی ہے۔

رابعہ کا خیال ہے کہ جس معاشرے کی وہ باسی ہے وہاں عورت کی محبت معتبر نہیں سمجھی جاتی۔ وہاں مرد چاہ لے تو جیت جاتا ہے۔ عورت کا خلوص بھی ہار جاتا ہے. یہاں محبت کا پہیہ ایک طرفہ اور مفادات سے جڑا ہوا

ہے۔دوسرا محبت کا حسن سیکس کی سوچ نے تباہ کر رکھا ہے۔فرینڈ اور گرل فرینڈ کے ایک ہی معنی ہیں۔عورت سے ہر تعلق کا اختتام جسمانی ہوس وایک اور تتلی کا فتح کر لینا ہے۔جو بے تسکین ہے۔کیونکہ سوسائٹی ابھی اس معراج کو ہی نہیں پہنچی کہ اس بات کو سمجھ سکے۔اس کا احترام کر سکے۔ہم ڈگری یافتہ ہو رہے ہیں۔ تعلیم یافتہ نہیں۔ ہمارا مقصد جاب ہے،اصلاح یا علم نہیں۔

رابعہ کا خیال و مشاہدہ ہے کہ محبت کے دو حصے ہیں۔ پہلا رومان دوسرا جنسی فعل۔ عورت رومان کے بنا کبھی بھی دل سے جنسی فعل کے لئے آمادہ نہیں ہوتی۔اگر وہ احسان کرتی محسوس ہو تو یقیناً پہلا حصہ ذات نامکمل ہے۔عورت وقت چاہتی ہے، باتیں کرنا چاہتی ہے، موسموں کو اپنے پارٹنر کے ساتھ انجوائے کرنا چاہتی ہے، اس کے ساتھ چائے کافی پینا چاہتی ہے،اس کے ساتھ سفر کرنا چاہتی ہے،اس کی پسند کے رنگ پہنتی ہے تو تعریف سننا چاہتی ہے،اس سے گلے شکوے کر کے یہ مان رکھتی ہے کہ وہ اسے منائے گا، اگر خاموش ہو جاتی ہے تو چاہتی ہے کہ وہ اس کی خامشی کو محسوس کرے، وہ اس کے ہاتھوں سے کھانا کے چند لقمے کھانا چاہتی ہے،اس کے ساتھ میچ، فلم و ٹی وی دیکھنا چاہتی ہے،یہ سب اس کا رومانس ہے۔افسوس یک طرفہ ادب و نفسیات شناس کی طرح یہاں بھی مرد نے یہ طے کر لیا ہے (اور عورت کو بھی باور کروا دیا ہے) کہ سیکس ہی محبت ہے۔ گویا مرد کی محبت کے معانی سیکس سے تعبیر کیے جاتے ہیں۔ جب کہ عورت براہ راست سیکس سے چڑ جاتی ہے،اسے اس فعل سے گھن آنے لگتی ہے۔ مگر مرد کا خیال ہے کہ سماج نے جو اس کے اندر گناہ و ثواب کا مادہ بھر دیا تھا، یہ اس کا نتیجہ ہے۔ایسا نہیں ہے۔ وہ جنگلی پن اور بنا رومان کے اس عمل سے دور ہوتی چلی جاتی ہے۔اسے اپنا آپ سیکس ٹوائے یار کھیل سا لگنے لگتا ہے، گویا اسے اپنی انسلٹ محسوس ہوتی ہے۔اور عورت بنا محبت کے تورہ لیتی ہے مگر بنا عزت کے رہنا اس کے اختیار میں نہیں۔اس کا ردعمل کسی بھی صورت سامنے آسکتا ہے۔ مگر آتا ضرور ہے۔ اسے رومان عمر بھر چاہئے ہوتا ہے۔ یہی وجہ ہے کہ سوسائٹی میں ہمیں بہت سے ایسے جوڑے بھی مل جاتے ہیں، جہاں مرد جنسی عمل کے قابل نہیں ہوتے، مگر ان کی ازدواجی زندگی دوسروں سے حسین و قابل رشک ہوتی ہے۔ کیونکہ عورت کی فطرت کسی اور چیز کی متقاضی ہے۔

بہر حال رابعہ پھر کبھی اس پہ بات کرے گی۔ یہ وقت طلب اور یکسوئی قلب و ذہن طلب موضوع ہے۔ جس کا تعلق دل سے ہے مگر بات دماغ کے اصولوں کے مطابق کرنے والی ہے۔

رابعہ کو بے ٹی کی بات اچھی لگی کہ ہمیں اپنی دوستی کو اپنی ہی خامیوں سے بچانا ہے۔ رابعہ اس میں یہ اضافہ کرنا چاہتی ہے کہ یہی اصول ہر رشتے میں رکھا جائے تو زندگی کافی حد تک آسان ہو جائے۔

اے درویش رابعہ روزے نہیں رکھتی۔ روزہ داروں و مہمانوں کے لئے افطار بہت اہتمام سے بناتی ہے اور اس کا زیادہ وقت اسی میں گزر جاتا ہے۔ کبھی رابعہ بھی روزے رکھا کرتی تھی۔ اب پیاس کی شدت سے بے ہوش ہو جاتی ہے اور خالق بھی جبر و ظلم کو پسند نہیں کرتا۔ سو وہ روزے داروں کا احترام کرتے ہوئے، ان کے لئے اہتمام کرنے کی کوشش کرتی ہے۔

یاد رویش رابعہ اجازت چاہتی ہے

فی امان اللہ

چودہواں خواب نامہ

محبت، جنس، شادی

۲۱ مئی ۲۰۱۸

درویش رابعہ کی خدمت میں دوستانہ سلام پیش کرتا ہے

درویش نے رابعہ کا خط پڑھا تو کافی دیر تک مسکراتا رہا۔ اسے یوں محسوس ہوا جیسے رابعہ انسانی رشتوں کے گہرے پانیوں میں اتر گئی ہے اور اس گہرائی سے محبت، پیار، جنس اور دوستی کے ایسے موتی اٹھالائی ہے جن کو جاننا، پہچاننا اور پرکھنا ہر کسی کے بس کی بات نہیں۔ یہ وہ مقام ہے جہاں الفاظ انسانی جذبوں کا ساتھ دینا چھوڑ دیتے ہیں۔

یہ جو ٹھہرا ہوا سا پانی ہے اس کی تہہ میں عجب روانی ہے
ایک چاہت جو عارضی سی لگے اس کی تاثیر جاودانی ہے

درویش نے اپنی پیشہ ورانہ اور سماجی زندگی میں جن جوڑوں سے جنس کے موضوع پر تبادلۂ خیال کیا ہے انہیں وہ تین گروہوں میں تقسیم کر سکتا ہے۔ ان کے لیے اس نے انگریزی کے RS3 کا انتخاب کیا ہے۔

پہلا R...Reproduction کا ہے۔ یہ وہ روایتی جوڑے ہیں جو ماں باپ بننا چاہتے ہیں۔ اس لیے وہ جنس کو بچے پیدا کرنے کے لیے استعمال کرتے ہیں۔

دوسرا R133Relationship کا ہے۔ یہ وہ جوڑے ہیں جو بچے پیدا کرنا نہیں چاہتے صرف محبت کرنا چاہتے ہیں اور ان کے لیے جنسی تعلقات ان کی محبت کے آئینہ دار ہیں۔

تیسرا R133Recreation کا ہے۔ یہ مغرب کے وہ نوجوان جوڑے ہیں جن کے لیے جنس تفریح کے علاوہ کچھ نہیں۔ ان کے لیے سیکس کوئی نئی فلم یا ہمبر گر کھانے کی طرح ہے۔

درویش ایسے جوڑوں سے بھی ملا ہے جو زندگی کے مختلف ادوار میں جنس کے مختلف تجربات کرتے رہے ہیں۔ زندگی کے مختلف ادوار میں ان کے لیے محبت جنس اور دوستی کی اقدار اور ترجیحات بدلتی رہی ہیں۔ درویش کی نگاہ میں دو عاقل و بالغ انسانوں کو، چاہے وہ ایک مرد اور ایک عورت ہو، دو مرد ہوں یا دو عورتیں، پورا حق ہے کہ وہ باہمی رضامندی سے کس طرح کے رومانوی تعلقات قائم کرنا چاہتے ہیں۔

درویش کا ذاتی سفر کافی پیچیدہ اور گھمبیر ہے جنہیں چند الفاظ میں بیان کرنا مشکل ہے۔ درویش چونکہ مشرق میں پلا بڑھا تھا اس لیے اس کی پرورش بھی مذہب اور اخلاقیات کے سائے میں ہوئی تھی لیکن جب وہ مغرب میں آ بسا تو اس نے انسانی تعلقات کو اخلاقیات کی بجائے نفسیات کے حوالے سے سمجھنے کی کوشش کی۔ درویش نے پوری کوشش کی کہ وہ عورتوں کی عزت اور احترام کرے۔ اس کی کئی خواتین دوست ہیں جو ساری عمر اس کی دوست رہیں۔ چند ماہ پیشتر اسے ایک پرانی دوست کا میسج آیا کہ وہ اس سے بات کرنا چاہتی ہے۔ درویش نے اسے فون کیا تو پرانی دوست نے کہا کہ اسے کینسر ہو گیا ہے اور اس دنیا میں چند ماہ کی مہمان ہے اور وہ مرنے سے پہلے جن لوگوں سے ملنا چاہتی ہے اس میں درویش بھی شامل ہے۔ درویش اس سے ملا تو اسے بہت خوشی ہوئی کہ اس دوست نے اسے یاد رکھا تھا۔ وہ درویش سے کئی سالوں کے بعد بھی بڑی اپنائیت سے ملی۔

درویش اپنے پیشہ ورانہ اور رومانوی تجربات کی بنیاد پر اس نتیجے پر پہنچا ہے کہ مرد اور عورت کی نفسیات بہت مختلف ہے۔ بہت سی عورتیں محبت کی گلی سے ہو کر جنس تک جب کہ بہت سے مرد جنس کی گلی سے ہو کر محبت تک پہنچتے ہیں۔

درویش جب مغرب میں آبسا تو اس نے دیکھا کہ مغرب نے ڈیٹنگ کو قبول کر لیا ہے۔ ماں باپ کی خواہش ہوتی ہے کہ ان کے جوان بچے شادی سے پہلے ایک کے بعد ایک کئی لوگوں کو مل لیں تا کہ وہ اپنی پسند اور ناپسند کو بہتر طور پر جانیں اور شریکِ حیات چننے کے بارے میں دانشمندانہ فیصلے کریں۔ وہ نہیں چاہتے کہ ان کے جوان بچے جس پہلے انسان کو ملیں اسی سے شادی کر لیں۔ مشرق میں بسنے والے ابھی تک فراز کے اس مصرعے پر عمل کرتے ہیں۔

ہم محبت میں بھی توحید کے قائل ہیں فرازؔ

چونکہ مشرق نے ڈیٹنگ کو قبول نہیں کیا اس لیے بہت سے مشرق کے باسی رومانوی تعلقات کی قوسِ قزح کے مختلف رنگوں سے نا واقف رہتے ہیں۔ مشرق میں محبت، جنس، شادی اور بچے ایک ہی پیکیج کا حصہ ہیں جبکہ مغرب میں لوگ علیحدہ علیحدہ بھی ان کا تجربہ کر سکتے ہیں۔ درویش کو مغرب میں کئی

ایسے محبت کرنے والے جوڑے ملے جنہوں نے شادی نہیں کی

ایسے شادی شدہ جوڑے ملے جنہوں نے بچے پیدا نہیں کئے

ایسی عورتیں ملیں جو ماں بنیں لیکن شادی نہیں کی۔

ایسے مرد اور عورتیں ملے جنہوں نے طلاق کے بعد دوسری شادی کی اور ان کی دوسری شادی پہلی شادی سے زیادہ خوشحال تھی۔

درویش کے لیے یہ خوشگوار حیرت کی بات رہی ہے کہ لوگوں کے فیصلوں کا دوسرے لوگ احترام کرتے ہیں اور اکثر لوگ اس بات کی پروا نہیں کرتے کہ 'اور لوگ کیا کہیں گے'۔ لوگ اپنی عقل سمجھ بوجھ اور ضمیر کی روشنی میں فیصلے کرتے ہیں اور پھر ان کے نتائج کی ذمہ داری لیتے ہیں۔ وہ اپنے مسائل کا رشتہ داروں یا خدا کو ذمہ دار نہیں ٹھہراتے۔

درویش کو احساس ہو رہا ہے کہ طویل خط لکھنے کے باوجود وہ اپنے موقف کی پوری طرح وضاحت نہیں کر پایا

لیکن بہر حال یہ اس کی پہلی کوشش ہے۔

درویش کے من کے آنگن میں جوں جوں زندگی کی شام اتر رہی ہے اسے زندگی کے رشتوں کے عارضی ہونے کا احساس ہو رہا ہے۔ اسی لیے اس نے لکھا تھا

کبھی ہر عارضی کو دائمی میں سمجھا کرتا تھا
اور اب ہر دائمی کو عارضی محسوس کرتا ہوں

آج کل رشتوں کا یہ عالم ہے
جو بھی نبھ جائے بھلا لگتا ہے

رابعہ کا سات سمندر پار درویش دوست اب اجازت چاہتا ہے۔

پندرہواں خواب نامہ

ڈیٹ بھی بس جسمانی تبادلہِ لطف و اضطراب ہے

۲۱ مئی ۲۰۱۸

یادرویش لاہور سے سلام قبول کیجئے

رابعہ کو درویش کے مشاہدات جان کر اچھا لگا اور یوں لگا جیسے سمندر پار درویش اور دو بڑی خلیجوں کے درمیان بسنے والے دو تخلیق کاروں کے مشاہدات ایک سے ہیں۔

اگر درویش کو لگتا ہے کہ خط کی طوالت کے باعث اس کی بات ابھی مکمل نہیں ہوئی تو رابعہ چاہے گی درویش اپنی بات مکمل کرلے

درویش کو یہ جان کر حیرت ہو گی کہ وہ جو سوسائٹی چھوڑ کے گیا تھا اب وہ بہت بدل چکی ہے۔ یہاں ڈیٹ ہونے لگی ہے۔ پسند تو خیر نہیں کی جاتی مگر فیشن و مجبوری بننے لگی ہے۔ اس لئے کچھ خاص طبقات میں قبول بھی کی جانے لگی ہے۔ لیکن اس میں ہم یہ پسند نہیں کرتے کہ ہماری بہن، بیٹی کسی کے ساتھ مل لیں، لیکن اگر کسی کی بہن اور بیٹی ہم سے مل لے تو کوئی حرج نہیں۔ قابل فخر بھی ہو سکتا ہے۔ کہ ہم کسی کی مجبوری کا ٹھٹھہ عمر بھر یاد کے طور پہ اڑا سکتے ہیں۔

یہاں ویلنٹائن ڈے مغرب سے زیادہ جوش و خروش سے منایا جاتا ہے۔ اور اتنے جوش و خروش سے منایا جاتا ہے کہ ایک دن میں ایک ہی شخص کئی خواتین سے محبت کے ہر طرح کے تحائف کا تبادلہ خوش اسلوبی سے

کر لیتا ہے،اور ایک ہی دن میں عورت بھی یہی تحائف نامہ محبتی تبادلہ احسن طور انجام دے لیتی ہے۔ لیکن ہم یہ سب فخریہ اعمال بہت چوری چھپے کرتے ہیں۔ اتنا خفیہ کہ ہمیں خود کو بھی علم نا ہو۔

یہاں ملنے کو بے بسی کی آخری سیڑھی پہ قبول کر لیا گیا ہے۔ جس سے نقصانات زیادہ ہو رہے ہی۔ کیونکہ سوسائٹی اتنی سویلائزڈ نہیں ہوئی۔ یہ ملاقات بھی محض جسمانی تبادلہ لطف واضطراب ہے جس میں شریک حیات کا چناؤ منفی ہے۔ تبدیلی و لطف جسمانی مقصد حاصل ہے۔ ذہن اور روح سے کسی کو غرض بھی نہیں۔ اس جسمانی تبادلہ میں ایک اور چیز کا حسن ہے، وہ ہے مادہ پرستی کیونکہ اس کے بنا پیٹ نہیں بھرتا۔ بہت تلخ جملہ ہے، رابعہ بہت دکھ سے لکھ رہی ہے ''اگر مرد کو عورت کا جسم محبت کے نام پہ استعمال کرنا آ گیا ہے تو عورت نے بھی مرد کی کمزوری کو استعمال کرنا سیکھ لیا ہے،،''جس سکون کی تلاش میں ملنے والے جسمانی تبادلہ کرتے ہیں، اس کے بدلے مزید بے چینی و اضطراب لے کر لوٹتے ہیں۔،،یوں سکون در سکون کے سفر میں اضطراب در اضطراب، ہیجان در ہیجان کے مسافر بن کر سوال بن جاتے ہیں،،

رابعہ کا خیال ہے کہ جس طرح انسانی جسم سے لہریں خارج ہوتی ہیں، یونہی انسانی نیتوں اور اعمال و رویوں سے بھی ان دیکھی لہریں خارج ہوتی ہیں۔ جس کی تاثیر غیر محسوس طور چاروں اور پھیل جاتی ہے۔ یوں یہ ایک سوسائٹی کی تاثیر بن جاتی ہے۔ یہی وجہ ہے کہ مختلف علاقوں میں جانے سے انسان پہ مختلف قسم کے ذہنی و جسمانی اثرات مرتب ہوتے ہیں۔ اسی کو شاید مزید ترقی یافتہ لفظ میں زمان و مکاں کا سفر بھی کہہ سکتے ہیں۔

Soul Mateوالا اوج اور خوبصورتی قصے کہانیوں کی باتیں رہ گئی ہیں۔ سوسائٹی نے مرد و زن کے اذہان میں فرسودہ غبار جنس بھر دیا ہے۔ جو بادل گہرے ہوتے جا رہے ہیں۔ جنسی فلموں کے مناظر کو ہم حقیقت دینے میں کوشاں ہیں۔ اس سے کیا جسمانی و ذہنی بیماریاں پھیل رہی ہیں اس سے بے خبر جسموں کی مشقت کو ہم سچی محبت کہتے ہیں۔ اگر آزادی کا تصور ہے تو انتہا پسندی اگر حدود و قیود کی بات ہے تو انتہا پسندی۔

ابھی اس معاشرے نے بہت سے تہذیبی زلزلوں سے گزرنا ہے۔ جس میں کئی نسلوں کو اپنا وجود دینا ہے۔

رابعہ یہاں بھی ایسے بہت سے لوگوں سے ملی ہے جنہوں نے بہت سے لوگوں سے بہت سی ملاقاتیں کی ہیں۔ جس میں خواتین و مرد دونوں شامل ہیں اور رابعہ کو حیرانی ہے ان سب کی زندگی میں جتنے بھی لوگ آئے سب سے یکساں محبت کے دعوے دار ہیں۔ ان میں بہت سے شادی شدہ افراد بھی شامل تھے۔ بہت سے غیر شادی شدہ بھی۔

ابھی یہاں مکمل سچ نہیں بولا جاتا۔ ہر مرد زن اپنی ساری کی ساری جسمانی مشقت فخریہ بتا کر، خود کو فخر سے یوسفِ ثانی پیش کرتا ہے اور خصوصاً مرد زیادہ سے زیادہ خواتین سے تعلقات کا ذکر اتنے فخر سے کرتے ہیں کہ گھن آتی ہے۔ کہ انسان نہ ہو گیا کوئی بچر شاپ ہو گئی کہ سب کی ایک ہی آلے سے گردن کاٹ دی جائے۔

رابعہ اگر درویش سے ایک نفسیات دان کے حوالے سے پوچھ لے تو وہ کیا جواب دے گا؟ کیونکہ رابعہ کو یہ مرد کا کوئی کمپلیکس لگتا ہے۔ اس کا کوئی مرض لگتا ہے؟

جس کا حقیقت سے کوئی خاص تعلق نہیں۔ اس کے برعکس رابعہ کچھ ایسی خواتین سے بھی ملی کہ عمر بھر وہ اپنے سیکسی ہونے کا فخر کرتی رہیں کئی مردوں کے عشق و محبت و ہوس کے قصے سناتی رہیں کہ کیسے ہر طرح کی پیاس کی تسکین کی۔ لیکن آخر میں شادی کسی ایسے مرد سے کر لی جس کا اس شعبہ سے کوئی تعلق ہی نہیں۔

بہت سے ایسی خواتین سے ملی جنہوں نے بڑے بڑے مل اونرز سے ریٹائرڈ افسروں سے دولت کے لئے شادی کر لی اور soul mate نہ ملنے کا گلہ کئے کئے رکھا۔ رابعہ کو احساس ہوا کہ یہاں مرد و زن کے تعلق کی بنیاد دولت ہے۔ یا کہیں وقتی کشش، محبت تو جو مستقل مزاجی و قربانی مانگتی ہے، جن نشیب و فراز سے گزرتی ہے۔ وہاں کامیاب روح کا ساتھی ہی ہوتا ہے۔

اور اکثریت اس روح کے ساتھی سے مل ہی نہیں پاتے کیونکہ ابھی یہ معاشرہ تعلقات کے عبوری سفر پہ نفسیاتی و سماجی سطح پہ پہلی یا دوسری سیڑھی ہی چڑھا ہے۔ انہیں روح کے ساتھی والی نا تلاش ہے، نا اس کو سمجھنے

کی خواہش و وقت ۔

روح کے ساتھی کی کشش، کشش ثقل جیسی ہوتی ہے ۔ انسان، انسان میں دور رہتے ہوئے بھی جذب ہو رہا ہوتا ہے اور اتنا پر سکون تخلیل ہو رہا ہوتا ہے کہ پھر جدائی روح سے جسم کی ماند ہوتی ہے ۔ جب سب کچھ خاموش ہو جاتا ہے روح کے ساتھی سے ملنے کے بعد کبھی محبت پھر نہیں ہوتی کیونکہ جنت کے انگور کا مزہ چکھ لینے کے بعد زمین کے انگور کا مزہ چھن جاتا ہے ۔

یہ سکون کا سفر ہے اضطراب کے مسافر صرف ایک دوسرے کی جنسی کشش میں مفاداتی طور پہ مبتلا ہوتے ہیں ۔ جو کبھی شعوری ہوتا ہے کبھی لاشعوری مگر چھٹی حس سے آگے ایک ساتواں آسمان ہوتا ہے وہ آپ کے اندر الام بجار ہا ہوتا ہے ۔ چاہے وہ خطرے کا ہو چاہے امن کا ۔ مگر ہم اسے سن نہیں پاتے ۔

یاد رویش رابعہ ان مشاہدات و تجربات و تجزیات کو زندگی تین ادوار میں تقسیم کر سکتی ہے ۔

رابعہ کی پہلی دوستی ابو کے ساتھ تھی، پھر اپنے چچاوں کے ساتھ تھی ۔ اور یہ عجب بات ہے رابعہ کو اپنے ابو سے جتنی محبت تھی اتنی ہی اپنے چچاوں اور تایا جان سے تھی ۔ اسے ان سب سے بابا کی سی خوشبو آتی ہے ۔ تایا انور علی خاں خاموش طبیعت و شیریں زبان تھے ۔ کسی کی برائی کرتے رابعہ نے ان کو کبھی نہیں سنا ۔ پنجابی شاعری و زبان ان کی زبان میں سرائیکی سے زیادہ میٹھی لگتی تھی ۔ جیسے ان کی زبان و لہجے میں تاثیر تھی، وہ تاثر کہ جس کے لئے کسی شاعر نے کیا خوب کہا ہے ''شاید کہ ترے دل میں اتر جائے میری بات،،۔ رابعہ نے ان سے یہ طرف سیکھنے کی کوشش کی ۔

بڑے چچا نو شاد آرمی میں تھے ۔ دو جنگوں کے غازی، گویا سینہ رازوں سے بھرا ہوا تھا، اس بوجھ سے صاحب ظرف کا لہجہ دھیما تر ہو جاتا ہے ۔ اس کے راز اس کی آنکھوں اور تجربات اس کی نصیحتوں میں اتر آتے ہیں ۔ وہ جب بھی لاہور آتے تو رابعہ اکثر ان کو گہری سوچ میں مبتلا دیکھا کرتی ۔ خاموش طبیعت وہ بھی تھے ۔ لیکن جب سیاست، آرٹ، لیٹر یچر پہ بات کرتے تو کمال کر دیتے ۔ بلکہ یوں بھی ہوتا کہ رات گزر جاتی، بات ختم نا ہوتی ۔ رابعہ کو کم عمری میں بھی اتنے برے برے زندگی کے فلسفے سننے میں مزہ آتا ۔ ان سے چھوٹے چچا امتیاز

تھے۔ اکاؤنٹس سے وابستہ صوفی طبعت سادہ سے انسان۔ جن کی زندگی کا فلسفہ اللہ اور اس کے رسول ﷺ سے بہت مضبوطی سے جڑا ہوا تھا۔ ان کی صحبت سادگی کی منہ بولتی تصویر تھی۔ ان کا فلسفہ زندگی شکر پہ مبنی تھا۔ پھر چاچو افضال ناگلہ ناشکوہ، مشکل میں بھی مسکراہٹوں کی اک انوکھی کہانی۔ چاچو سلیم نیشنل ہاکی ٹیم کا ایک اہم نام۔ وہ نام جن کے ساتھ پاکستان کا ہاکی ورلڈ کپ، اور ہاکی اولمپک کی کامیاب تاریخ رقم ہے۔ ضبط و خاموشی کی اک الگ با وقار داستان۔ چاچو خالد رابعہ کے لئے ایک خاموش درویش اور فاروق چاچو اک نم آنکھوں والی زندگی کا اک ہنستا مسکراتا انسان، جو اپنی ہنسی میں دنیا کا سارا غم اڑا دینے پہ ملکہ رکھتے ہیں، کبھی کبھی تو یوں بھی ہوتا کہ پوری پوری رات گزر جاتی لاؤنج یا ڈارئنگ روم چائے، کافی، قہوہ کے کپ اور گپ شپ۔

زندگی اپنے نشیب و فراز کے ساتھ سفر کرتی رہی۔ یہ ناسب کو خوشی دیتی ہے، نادکھ۔ یہ نشیب و فراز کی اک کہانی ہے۔ جس میں نشیب کے پتھر ہمیشہ نشانے پہ لگتے ہیں۔

یاد رویش رابعہ نے جب کچھ عرصہ ایک معروف غیر ملکی این جی او کے ساتھ کام کیا تھا۔ اسی دوران اسے سینکڑوں خواتین و حضرات کے انٹرویوز کرنے کا موقع ملا۔ دیہات، شہر، قصبے ہر طبقے کے لوگوں سے ملنے، اور بات کرنے کا موقع ملا۔ اس پیشہ ورانہ کام نے سوسائٹی، مرد، عورت کی نفسیات کو سمجھنے کا بہت موقع دیا۔

پھر اردو افسانہ عہد حاضر میں (افسانہ انسائیکلوپیڈیا) کے حوالے سے بھی سینکڑوں تخلیق کاروں سے ملنے اور بات کرنے کا نا صرف موقع ملا بلکہ وہ اپنی تمام تر تہذیبی شخصیت کے ساتھ مشاہدے کے فریم میں آ گئے۔ یہ سب کیا کام تھا، جو رابعہ کو وسعت قلب و ذہن سے نوازتا۔

بس بات اتنی سی ہے کہ زندگی نے رابعہ کو اور طرح سے برتا، رابعہ نے زندگی کو اور طرح سے گزارا۔ واقعہ اتنا سا ہوا۔

اب یہاں مشرق میں بھی مرد و عورت کی باہمی رضامندی سے سب جائز ہو چکا ہے۔ مگر یہاں اس رضا

میں، تسکین، تجربہ، مشاہدہ، عادت، نشہ کے ساتھ ساتھ کچھ مفادات بھی شامل ہوتے ہیں. اور مردانہ یک طرفہ مرضی سے تو جرم جائز ہے۔

"عشق میں توحید کے قائل... "خواہش تک یا... ڈائیلاگ تک رہ گیا ہے۔ توحید فنا مانگتی ہے۔ ہم بقا کی دوڑ میں ہیں.

کبھی آئیے رہیئے مشاہدہ کیجئے۔ آپ جس معاشرے کو چھوڑ کر گئے تھے بقا کی جنگ میں وہ کتنا بدل گیا ہے۔

رابعہ کو محسوس ہوتا ہے "عشق میں توحید کی قائل صرف "زلیخاں" تھی۔ جس کو منفی کردار بھی کہا گیا اور مرد سے اس کی محبت کو، جنونیت کو سراہا بھی بہت لیکن یہاں رابعہ کا نقطہ نظر بدل جاتا ہے۔

زلیخاں کی سی جنونیت کے اگر آپ خواہ ہیں تو مد مقابل بھی تو یوسف ہو۔

یوسف اگر مفاد پہ، خلوت پہ، دولت پہ، سلطنت پہ، ملکہ پہ، مالکہ پہ، حسن پہ رام ہو جاتا تو یوسف ہی نہ ہوتا۔

یوسف کے کردار کو منفی گردانا گیا کہ وہ "بزدل" تھا۔ رابعہ یہاں بھی الگ نقطہ نظر رکھتی ہے

وہ بہادر تھا تو انکار کیا.

یوسف رابعہ کی پہلی محبت ہے۔ یوسف رابعہ کا آئیڈیل ہے۔ رابعہ کی سب کتابیں اس محبت کے نام ہیں. رابعہ کہتی ہے

"اگر مجھے سمجھنا چاہو... میری کتابوں کے انتساب پڑھ لینا"

اپنی پہلی و مستقل محبت کے ساتھ رابعہ درویش کو فی امان اللہ کہتی ہے کیونکہ موبائل بیٹری کا سانس بند ہونے کو ہے۔

رات آج بھی دن میں بدلنے والی ہے۔ کہیں دور سے بانسری کی دھن سنائی دے رہی ہے۔ یہاں نیم اندھیری راتوں میں نہر کنارے کوئی دیوانہ آ کر اپنا درد ہواؤں کے سپرد کر دیتا ہے۔

”دو ستاروں کا زمیں پہ ہے ملن آج کی رات۔۔۔“اور یہ رات بھی گزر گئی ہے۔

دن پکار رہا ہے کہ میں آ رہا ہے۔اور رابعہ دن کی روشنی سے اداس ہو جاتی ہے۔

سولہواں خواب نامہ

مردوں کا Madonna / Whore Complex

۲۳ مئی ۲۰۱۸

آداب

درویش نے کئی لوگوں سے سن رکھا تھا کہ انسان کو چالیس برس کی عمر کے بعد نئے تجربات نہیں ہوتے۔ پرانے تجربات کی ہی تکرار ہوتی رہتی ہے، زندگی روٹین بن جاتی ہے۔ انسان بورنگ ہو جاتے ہیں۔ شاعر، ادیب، فنکار creative menopause کا شکار ہو جاتے ہیں اور ان کے دوست اقبال کا یہ شعر گنگنانے لگتے ہیں۔

خدا تجھے کسی طوفاں سے آشنا کر دے
کہ تیرے بحر کی موجوں میں اضطراب نہیں

درویش کا خیال ہے کہ کسی بھی شاعر، ادیب اور فنکار کی بقا اور ارتقا کے لیے نیا تجربہ بہت ضروری ہے۔ درویش کے لیے زندگی کی شام میں رابعہ سے ملاقات اور خط و کتابت کا سلسلہ ایک نیا تخلیقی تجربہ ہے۔ آج درویش رابعہ سے ایک ادبی اعتراف کرنا چاہتا ہے کیونکہ وہ اس کی دوست بن گئی ہے اس لیے وہ اس سے اپنی دو محبوباؤں کا ذکر کرنا چاہتا ہے۔ جب درویش مشرق میں رہتا تھا تو اس کی پہلی محبوبہ اردو تھی۔ وہ اردو میں شاعری کرتا تھا، افسانے اور ناولٹ لکھتا تھا اور اردو بہت خوش رہتی تھی لیکن جب درویش مغرب میں آ بسا

تو اس کی انگریزی سے دوستی ہوگئی۔ اس دوستی سے پہلی محبوبہ بہت ناراض ہوئی اور اس نے درویش کو ایک شکایت بھرا خط لکھا۔ درویش اس خط کے چند جملے شیئر کرنا چاہتا ہے ''اے مرے دیرینہ محبوب، میرے شاعر، میرے افسانہ نگار! تم شاید مجھے بھول گئے ہو لیکن مجھے تمہارے ساتھ گزارا ہوا ایک لمحہ یاد ہے۔ میرے ذہن میں ہماری رفاقت، ہماری چاہت اور ہماری دوستی کی سب یادیں محفوظ ہیں۔ میرا نام اردو ہے۔''

پھر تم مغرب میں جا بسے اور تم نے آہستہ آہستہ انگریزی سے راہ و رسم بڑھائے اور مقالے لکھنے شروع کیے۔ ابتدا میں میں یہ سمجھی کہ انگریزی تمہاری پیشہ ورانہ ضرورت ہے۔ تم ایک ماہرِ نفسیات بننا چاہتے تھے۔ ایک مسیحا بننا چاہتے تھے۔ دکھی دلوں کا علاج کرنا چاہتے تھے۔ خدمتِ خلق کرنا چاہتے تھے اور مجھے اس بات کی خوشی تھی کہ میرا محبوب انسانیت کی خدمت کر رہا ہے۔

لیکن پھر مجھے احساس ہوا کہ میں مشرقی محبوباؤں کی طرح سادہ لوح ہوں۔ انگریزی صرف تمہاری رفیقِ کار ہی نہیں تمہاری دوست اور محبوبہ بھی بن گئی۔ پہلے تم نے انگریزی میں نفسیاتی مقالے لکھے، پھر نظمیں لکھیں اور پھر افسانے تخلیق کیے۔ میرا دل اس دن ٹوٹا جب تمہارے انگریزی افسانے کا کسی نے اردو میں ترجمہ کیا۔ اس دن سے میں حسد کی آگ میں جل رہی ہوں۔ اس دن میرا جی چاہا کہ میں اپنی سوکن انگریزی کے بال نوچ لوں اور اسے کچا کھا جاؤں لیکن جب میرے غصے میں ذرا کمی آئی اور میں ٹھنڈے دل و دماغ سے سوچنے کے قابل ہوئی تو مجھے احساس ہوا کہ مجھے انگریزی سے غصہ کرنے کا کوئی حق نہیں بنتا۔ وہ تو غیر ہے، پرائی ہے۔ اگر مجھے شکوہ کرنا ہے تو تم سے ہے۔ تم میرے محبوب ہو۔ تم نے مجھے داغِ مفارقت دیا ہے۔ تم نے مجھے ٹھکرایا ہے اور انگریزی کو اپنایا ہے۔ تم نے مجھے اپنے دل سے نکالا ہے اور اردو میں لکھنا ترک کر دیا ہے۔''

درویش رابعہ کا شکریہ ادا کرنا چاہتا ہے کہ اس نے درویش کا اپنی روٹھی پہلی محبوبہ سے دوبارہ تعارف اور جذباتی رشتہ قائم کروایا ہے۔ یہ خواب ناموں کا سلسلہ اس کے لیے نیا تخلیقی تجربہ ہے۔

رابعہ نے درویش سے ایک ماہرِ نفسیات ہونے کے ناطے جو سوال پوچھا ہے اس کا مختصر جواب یہ ہے کہ اس

کی کئی ایسے مردوں سے ملاقات ہوئی ہے جو Madonna / Whore Complex کا شکار ہیں۔ ایسے مرد جس عورت کا دل سے احترام کرتے ہیں اسے اتنا مقدس اور پاکباز سمجھتے ہیں کہ ان سے رومانوی اور جنسی تعلقات قائم نہیں کر سکتے اور جن عورتوں سے رومانوی اور جنسی تعلقات قائم کرتے ہیں انہیں وہ ایک بد کار اور بد کردار طوائف سمجھتے ہیں۔ یہ کمپلیکس ان کے مزاج کی شدت پسندی اور شخصیت کی انتہا پسندی کا آئینہ دار ہے۔ ایسے مردوں کے لیے عورت سب کچھ ہے انسان نہیں ہے۔ اسی لیے ایسے مردوں کے لیے مرد عورت کا تعلق دو انسانوں کا تعلق نہیں بن پاتا۔ اسی لیے وہ عورت کے دوست یا محبوب یا شریکِ حیات نہیں بن پاتے۔ ایسے مردوں کو نفسیاتی علاج کی ضرورت ہوتی ہے۔

درویش نے بھی مشرقِ وسطیٰ کے دیومالائی کرداروں میں سے یوسف زلیخا پر کافی غور کیا ہے اور دونوں کرداروں کو سراہا ہے۔ درویش کے لیے یوسف کا کردار اس لیے بھی اہمیت کا حامل رہا ہے کیونکہ یوسف خوابوں کی تعبیریں کرنا جانتا تھا اور ماہرِ نفسیات ہونے کے ناطے درویش خوابوں کی تعبیروں میں غیر معمولی دلچسپی رکھتا ہے۔

درویش رابعہ کے اس موقف سے اتفاق کرتا ہے کہ ہم سب انسانی ارتقا کے ایک عبوری دور سے گزر رہے ہیں اسی لیے مردوں اور عورتوں کے اکثر رشتے نفسیاتی حوالے سے ٹین ایجرز کے رشتے ہیں ان میں جذباتیت کی زیادتی اور دانائی کی کمی ہے۔ یوں لگتا ہے کہ ان گنت مرد اور عورتیں جسمانی طور پر تو بالغ ہو گئے ہیں لیکن ذہنی طور پر ابھی بھی نابالغ ہیں۔

درویش کو رابعہ کی ذہنی بلوغت پر حیرانی ہوتی ہے۔ وہ سوچتا رہتا ہے کہ اس میں یہ بلوغت کہاں سے آئی؟۔ کیا یہ موروثی ہے یا اس کے خاندان کا اثر ہے یا یہ اس کی اپنی مشقت اور ریاضت کا ثمر ہے؟۔ اگرچہ رابعہ کے مزاج میں عاجزی اور انکساری ہے لیکن درویش کو یوں محسوس ہوتا ہے جیسے رابعہ کی ذہنی بلوغت دیکھ کر بہت سے لوگ خصوصاً مرد اس سے مرعوب اور intimidate ہو جاتے ہوں گے۔

اے رابعہ کیا ایسا ہی ہے؟

درویش کو رابعہ کے خطوط پڑھ کر اس کے افسانوں کو سمجھنے میں مدد مل رہی ہے۔ اسے اس بات کی خوشی ہے کہ اگر کبھی یہ خطوط رابعہ کے قارئین اور ناقدین تک پہنچے تو وہ بھی اس کی تخلیقات کو بہتر سمجھ پائیں گے۔ رابعہ کے افسانے جن کا ایک قدم شعور اور دوسرا قدم لاشعور میں ہوتا ہے۔

اگر رابعہ کے افسانے ایک پینٹنگ ہیں تو یہ خطوط اس پینٹنگ کا فریم ہیں۔

درویش شعور کی رو میں لکھے جا رہا تھا لیکن جب اس نے گھڑی کی طرف دیکھا تو اسے اندازہ ہوا کہ رات کے بارہ بج رہے ہیں۔ ابھی درویش رابعہ کی معرفت کے اس مقام تک نہیں پہنچا کہ ساری رات جاگتا رہے ' کائنات کے اسرار پر غور اور تخلیقی عبادت کرتا رہے۔ وہ تو ایک پاپی ہے پرانا پاپی جسے اس کی نیند اور خواب بہت عزیز ہیں

اس لیے وہ رابعہ سے اجازت چاہتا ہے۔

ستر ہواں خواب نامہ

کہنا بھی مشکل، سہنا بھی مشکل

۲۳ مئی ۲۰۱۸

یاد رویش سلام سحر رمضان

واہ درویش! اگر درویش جیسی محبوبائیں یہاں کے ہیجانی مردوں کی زندگی میں بھی آجائیں تو شاید وہ دو ٹانگوں سے باہر نکل کر مکمل انسان بن جائیں۔ان کے تمام جسمانی و ذہنی اعضا کام کرنے لگیں تو ملک ترقی کی راہ پر گامزن ہو جائے۔

رابعہ نے درویش کا خط دو بار پڑھا۔ایک جملے سے ایک لمحے مسکرائی اور دوسرے لمحے اداس ہو گئی۔وہ جملے نہیں ایک سوال تھااور ایک ایسا سوال جس کی تلاش میں رابعہ خود بھی جوانی سے اب عمری اس سہ پہر تک رہی ہے۔

وہ اپنے اندر اس کمی کو تلاشتی رہی جو ان جوان لڑکیوں میں نہیں تھی۔جو نارمل زندگی بسر کر رہی تھیں۔رابعہ کو ایک مبہم سا جواب اپنے اندر مل گیا تھا، مگر اس نے اس کو قبول نہیں کیا۔یہ وہی جواب تھا جو درویش نے تجزیہ پیش کیا ہے۔لیکن رابعہ اس کو قبول کرتی تو تکبر بن جاتا۔ تعلی ہو جاتی۔جو اس کے مزاج کے خلاف تھا۔

رابعہ بنیادی طور پہ ایک عام سی لڑکی تھی یہ تخلیق، یہ سفر تخلیق، یہ خلوتیں، اور اس کے ثمر۔ یہ تو رابعہ کے

تصور میں بھی نہیں تھا۔ یہ تو خالق کے تحفے کے سوا کچھ بھی نہیں کہ حالات و واقعات ایسے بنتے چلے گئے کہ زندگی کی ریل، اس پٹری پہ چل پڑی۔ کہ جیسے باقی سب رستے بند ہو گئے تھے۔

اب درویش کا سوال جس کا جواب درویش تو سہہ لے گا مگر باقی سب .....؟

کہنا بھی مشکل ہے، سہنا بھی مشکل ہے۔

یا درویش! یونہی ہوا اور یونہی ہے۔ متاثرین مرد و زن دونوں ان دونوں کیفیات کا شکار بہت جلد ہو جاتے ہیں۔ یہ رابعہ کی خوبی ہے یا کمی وہ بھی نہیں جانتی۔ مگر اس کے باعث وہ عام سی زندگی، جس کی وہ بہت خواہش کرتی تھی، اس کو جی نہ سکی۔

وہ جینے کی خواہش میں خامشی سے، زندگی کو سامنے کھڑے دیکھتی رہی۔ اور آخر کار ہار کر اس نے حقیقت کو جبراً قبول کر لیا ہے۔ لاحاصلی کا حاصل سمجھ کر۔ کہ وہ جان گئی تھی، کلیہ سب کا الگ ہوتا ہے۔

رابعہ رومی سے متفق ہے اور اگر متفق ہے تو تخلیق کار کے دکھ سکھ ایسے ہی ہوتے ہیں

Woman is a ray of God. She is not earthly beloved. She is creative not created.

اس کی زندگی میں اس حقیقت کے باعث ایک خالی پن ہے مگر یوسف کے عشق کا ایسا اثر ہے کہ اس نے خلوت کی جلوت کو قبول کرنے کی بجائے جیل کے اندھیرے قبول کر لیے کہ اس میں من کا در کھل جاتا ہے۔ ملال کی تتلی سانس کے لئے ترستے مر تو نہیں جاتی۔ امید کا جگنو سچائی کی روشنی سے کبھی نا کبھی چمک تو اٹھتا ہے۔ رات اندھیری کتنی بھی لمبی ہو اس کا دن تو ہوتا ہی ہے۔

اس نے اس کمی یا خوبی کے باعث بہت بہت نقصانات اٹھائے ہیں۔ بہت درد اٹھائے ہیں مگر زندگی کو وہ اب بھی ساحل پہ کھڑی بہت امید و حیرت سے دیکھتی ہے۔ اس کے اندر کی عام لڑکی دور رستے زندگی کا میلاد دیکھ کر کسی بہت اونچے پہاڑ پہ کھڑی تنہائی میں بارش سے بھیگ بھی جاتی ہے مگر کسی سے کہتی نہیں کہ اس کے من

مندر میں کوئی بت پوجا کی خواہش رکھتا ہے۔ کیونکہ وہ جانتی ہے یہاں اس مقام حیرت پہ کوئی نہیں آتا۔ جو آئے گا اس کو یا دیوی بنائے گا یا دھول۔ اور وہ عام انسان رہنا چاہتی ہے۔

سوال اتنا گھمبیر ہے کہ رابعہ بہت کچھ لکھ بھی دے تو جواب میں تشنگی رہ جائے گی کیونکہ رابعہ وہ جسم نہیں ہے جس کو دوسرا جسم تسخیر کرنے آتا ہے۔ جسم اس کے لئے بہت بے معنی ہے اور اتنا اہم بھی کہ وہ اس کے ساتھ کھلواڑ کی ذہنی آزادی بھی نہیں دے سکتی۔ یہ وہ خاک نہیں ہے جس کو ہوا اڑا لے جائے۔ یہ وہ خاک ہے۔ جو خاک میں خاک ہونا چاہتی ہے۔

اب وہ اپنے خمیر کی تلاش بھی کھو چکی ہے کہ یہ بھی اس کے بس کی بات نہیں رہی۔

بس اب ۔

ہوتا ہے شب و روز تماشا میرے آگے

اور وہ دیکھتی رہتی ہے۔ جانتی ہے کس کی دوڑ کہاں تک ہے؟ کس کی سوچ کون سے آسمان یا کس زمین کے کس پانی کی ہے؟۔ کون کس مادی پہاڑ پہ کھڑا ہے؟ کون کس کو جیت کر کس کو ہرانا چاہتا ہے؟

مگر خاموش سب دیکھ رہی ہے کہ یہ سب سے بڑی زبان ہے۔

بس اتنا ضرور ہے کہ جب اسے ساتویں آسمان سے اوپر والی اس گھنٹی کی آواز سنائی دیتی ہے۔ خود بخود اس کا دل وجود سب کنارا کر لیتے ہیں اور ہر طرف سناٹا پھیل جاتا ہے۔ خاموشی بولنے لگتی ہے۔

یا درویش! چالیس سال کے بعد ۔۔۔۔۔ جمود ۔۔۔۔۔

رابعہ اس سے متفق نہیں اس کا خیال و مشاہدہ کہتا ہے زندگی کا اصل حسن، تجربات کا اصل حسن، مشاہدات کا اصل حسن، اسی عمر میں پھول کی طرح کھلتا ہے۔ شرط کہ آپ کی راہیں، اعمال، سوچ، رستے مثبت، وسیع، محبت و سکون والے ہوں۔

تب سب کچھ الہام کشف و خواب کی طرح خود بخود آپ کے سامنے کھلنے لگتا ہے۔ ریاضت بھی نہیں کرنی

پڑتی، یہ پہلی ریاضتوں کا ثمر ہوتا ہے۔

اور اگر آپ مادہ پرست دنیا دار کو شاں رہنے والے ہیں۔ سب کچھ خود کرنے پہ یقین رکھتے ہیں۔ خود پہ فاخر بھی تو پھر وہی ہوتا ہے کہ جو آپ نے کہا کہ زندگی میں نئے تجربات نہیں ہوتے۔ نئے مشاہدات کا موقع نہیں ملتا۔ جمود بے سکونی... بجھتے دیئے کی لو والی کیفیت ہو جاتی ہے اور انسان نفسیاتی مریض ہو جاتا ہے۔

یہ نفسیاتی مریض خود کو دنیا کا وہ عاقل بالغ شاطر سمجھ رہا ہوتا ہے جس کا کوئی مدِ مقابل نہیں۔ اور جس کا خیال ہوتا ہے کہ دنیا اس کے بنا چل ہی نہیں سکتی اور یوں قبرستانوں کے قبرستان بھرتے چلے گئے ہیں، بھرتے چلے جائیں گے۔ یہ اکثریت کی بات ہے۔ اقلیت والے تو چالیس کے بعد ہی وہ ہیرا بنتے ہیں۔ جن کو تاجوں میں سجائے جانے کی خواہش ہوتی ہے۔

یاد رویش! کبھی مشاہدہ کیجئے گا۔ حسن بھی چالیس کے بعد اپنے اصل روپ میں دکھائی دینے لگتا ہے۔ جوانی تو سب پہ نشیلی آتی ہے۔ رابعہ اجازت تو چاہتی ہے مگر ایک سوال اسے تنگ کر رہا ہے۔ کہ مرد کو تو بچے کا باپ بننے کی عورت سے زیادہ فطری خواہش ہوتی ہے۔ عورت کی خواہش اور طرح کی ہوتی ہے مرد کی اور، تو درویش پہ اس انسانی فطری خواہش کا غلبہ کیوں نہیں ہوا۔

رابعہ تو آج بھی اس خواہش کا خواب دیکھتی ہے۔ کیونکہ یہ بھی تخلیق کی ایک صورت ہے۔ لیکن عورت کو اس بارے میں زیادہ محتاط ہونا چاہئے کہ وہ تخلیق تو کر سکتی ہے، مگر جینز نہیں بدل سکتی۔ جینز کی اہمیت و طاقت خواہش، اور ضرورت سے زیادہ اہم ہے۔ یہ آخر کار غالب آ جاتی ہے۔

صبح مسکرانے لگی ہے۔ رات کے خواب سو گئے ہیں، دن کے بیدار ہونے کو ہیں۔ رابعہ اب سونے کی خواہش کرتی ہے۔ اس لئے اجازت چاہتی ہے، وہ درویش کی طرح روز خواب نہیں دیکھتی۔ مگر جب اور جو دیکھتی ہے وہ اس کے لئے کافی ہیں۔

صبح بخیر اے درویش

اٹھارہواں خواب نامہ

تنہائی، خاموشی، دانائی

۲۵ مئی ۲۰۱۸

رابعہ کو شام بخیر

رابعہ کا خط پڑھ کر درویش کافی دیر تک سوچتا رہا۔ اسے اب یقین ہو گیا ہے کہ رابعہ گہرے پانیوں میں اتر گئی ہے۔ اتنی گہرائی تک جہاں پاؤں زمین کو نہیں چھوتے۔ یہ وہ مقام ہے جہاں انسان یا تو ڈوب جاتے ہیں یا تیرنے لگتے ہیں۔۔۔ اب رابعہ آگہی کے سمندر میں تیر رہی ہے۔

جہاں رابعہ ایک طرف گہرے پانیوں میں اتر رہی ہے وہیں وہ پہاڑوں پر چڑھ کر تخیلات کی اونچی فضاؤں تک پہنچ گئی ہے اور اڑ رہی ہے۔

درویش کو احساس ہو رہا ہے کہ اگر اسے رابعہ کا تخلیقی ہم سفر رہنا ہے تو اسے بھی آگہی کے گہرے پانیوں میں اترنا ہو گا اور تخیلات کی اونچی فضاؤں میں اڑنا ہو گا۔ اگر ایسا نہ ہوا تو رابعہ کے خطوط ڈائلاگ کی بجائے مونو لوگ بن جائیں گے۔ اگر رابعہ اور درویش میں تخلیقی مکالمہ قائم رہ سکا تب ہی ان کی ادبی دوستی برقرار رہ سکے گی۔ مخلص دوستی کا راز مکالمہ ہی تو ہے۔

درویش کا خیال ہے کہ وہ مرد اور عورتیں خوش قسمت ہیں جن کی آپس میں دوستی ہو جاتی ہے۔ وہ دوستی کی محبت، شادی اور جنسی رشتوں سے زیادہ قدر کرتا ہے کیونکہ وہ دوستی کی معصومیت، وقار اور بے ساختگی کو

مجروح کر سکتے ہیں۔

درویش کی زندگی میں اس کے دوستوں نے اہم کردار ادا کیا ہے۔ کینیڈا میں ان دوستوں نے ایک درویشوں کا ڈیرا بنایا ہے جس میں وہ جمع ہوتے ہیں اور اگر کسی اور شہر سے بھی کوئی درویش شاعر یا ادیب آتا ہے تو اسے ڈیرے پر بلایا جاتا ہے۔ اگر کبھی رابعہ کینیڈا آئی تو درویش اس کو درویشوں کے ڈیرے پر لے جائے گا، اس کا دوسرے درویشوں سے تعارف کروائے گا اور درخواست کرے گا کہ وہ انہیں اپنا کوئی افسانہ سنائے۔ ایسا افسانہ جس کا ایک پاؤں شعور میں اور دوسرا پاؤں لاشعور میں ہو اور پھر سب درویش اس افسانے کی معنویت پر تبادلۂ خیال کریں۔ درویش جانتا ہے کہ

ہر جنونی شاعر اور ادیب، فلاسفر اور دانشور اندر سے درویش ہی ہوتا ہے۔

رابعہ نے درویش سے پوچھا ہے کہ اس نے بچے کیوں نہیں پیدا کیے، خاندان کیوں نہیں تخلیق کیا۔ اس حوالے سے درویش رابعہ سے اپنی زندگی کے دو اہم واقعات شئیر کرنا چاہتا ہے۔

درویش جب دس برس کا تھا تو اس کے والد عبدالباسط دہریہ ایک دہریہ تھے اور کالج میں ریاضی کے استاد تھے ایک نفسیاتی بحران کا شکار ہوئے۔ جب ایک سال کے بعد وہ اس بحران سے باہر نکلے تو وہ صوفی بن چکے تھے۔ ان کے دوستوں اور رشتہ داروں کا خیال تھا کہ ان کا Nervous Breakdown جبکہ ان کو کامل یقین تھا کہ ان کو Spiritual Breakthrough ہوا ہے۔ درویش کا خیال ہے کہ بچپن کی اس واردات نے لاشعوری طور پر اسے ایک ماہرِ نفسیات بننے پر motivate کیا ہو گا۔ جب درویش کو پتہ چلا کہ ذہنی بیماری بھی موروثی ہوتی ہے تو وہ نہیں چاہتا تھا کہ وہ کوئی ذہنی بیماری اگلی نسل تک منتقل کرے۔ اس لیے بچے نہ پیدا کرنے کی ایک یہ وجہ تھی۔

درویش کو نوجوانی میں ہی یہ اندازہ ہو گیا تھا کہ اس کے ننھیال بہت محبت کرنے والے لیکن مذہبی اور روایتی ہیں جبکہ اس کے ددھیال غیر روایتی اور غیر مذہبی ہیں۔ بیس برس کی عمر میں جب درویش نے اپنے شاعر چچا عارف عبدالمتین کو بتایا کہ برسوں کے غور و فکر کے بعد اس نے مذہب اور خدا کو خدا حافظ کہہ دیا ہے تو اس

کے بچا نے درویش سے مسکراتے ہوئے کہا 'بیٹا ہر قوم میں دو طرح کے لوگ ہوتے ہیں۔ پہلا گروہ اکثریت میں ہوتا ہے جو روایت کی شاہراہ پر چلتا ہے اور دوسرا گروہ اقلیت میں ہوتا ہے جو اپنے من کی پگڈنڈی پر چلتا ہے۔ اس اقلیت میں شاعر اور ادیب، فنکار اور صوفی، فلاسفر اور دانشور سبھی شامل ہوتے ہیں۔ اس اقلیت کے چند آدرش ہوتے ہیں اور انہیں اپنے آدرشوں کی بھاری قیمت ادا کرنی ہوتی ہے۔ بیٹا تم بھی اسی اقلیت کا حصہ ہو،

درویش کو نوجوانی میں ہی احساس ہو گیا تھا کہ اگر وہ مشرق کے روایتی اور مذہبی ماحول میں رہا تو اسے بہت سی آزمائشوں کا سامنا کرنا پڑے گا۔ یا تو اسے جیل بھیج دیا جائے گا یا قتل کر دیا جائے گا یا وہ دیوانگی کا شکار ہو جائے گا اور یا وہ خودکشی کر لے گا۔

ان حالات پر غور کرتے ہوئے درویش نے نوجوانی میں دو فیصلے کیے

پہلا یہ کہ اسے خاندان نہیں بنانا اور دوسرا یہ کہ اسے مشرق کے روایتی ماحول میں نہیں رہنا۔

چنانچہ ایک دن اس نے چند کتابیں اور چند کپڑے ایک سوٹ کیس میں ڈالے اور مشرق کو الوداع کہہ کر انجانی منزلوں کی طرف چل پڑا۔

رابعہ کو خط لکھتے ہوئے درویش کو اپنی زندگی کا پہلا شعر یاد آ رہا ہے جسے اس نے کبھی اپنے کسی دیوان میں شامل نہیں کیا اور وہ شعر ہے

میں تنہا تھا و تنہا ہوں و تنہا رہنا چاہتا ہوں
میں تنہائی کی دنیا میں ہمیشہ بسنا چاہتا ہوں

درویش کو اپنی تنہائی عزیز ہے اسی تنہائی میں اس نے نجانے کتنی کتابیں پڑھیں اور لکھی ہیں۔ اب وہ جانتا ہے کہ تنہائی، خاموشی اور دانائی کا گہرا رشتہ ہے۔

اور جب وہ مغرب میں آ بسا اور ایک ماہرِ نفسیات بن گیا تو اس اقلیت کے مشاہدے، تجربے، مطالعے اور تجزیے پے نئے

زندگی کے اس راز سے متعارف کروایا کہ Creativity / Insanity / Spirituality کا گہرا رشتہ ہے۔اگر کبھی رابعہ کی خواہش ہوئی تو درویش اس موضوع پر اپنے خیالات کا اظہار کرے گا۔

درویش یہ جاننا چاہتا ہے کہ کیا رابعہ کے ننھیال یا دھیال میں کوئی شاعر،ادیب، فلاسفر یا دانشور موجود تھا اور کیا انہیں کسی قسم کے نفسیاتی مسائل کا سامنا تھا۔

درویش کی جب سے اس راز سے آگاہی حاصل ہوئی ہے وہ اب اپنے کلینک میں بہت سے فنکاروں کا نفسیاتی علاج کرتا ہے اور انہیں کامیاب زندگی گزارنے میں مدد کرتا ہے۔ اسی لیے اس نے اپنے کلینک کا نام بھی Creative Psychotherapy Clinic رکھا ہے۔اب درویش کا یہ خیال ہے کہ تخلیقی کام ہماری ذہنی صحت کے ضامن ہیں۔

اے رابعہ! اب رات بھیگ چکی ہے اور درویش کو صبح کلینک بھی جانا ہے اور دکھی دلوں کا علاج بھی کرنا ہے اس لیے رابعہ سے اجازت چاہتا ہے۔

شب بخیر

انیسواں خواب نامہ

مرد عمل ہے، عورت ردِ عمل ہے

۲۵ مئی ۲۰۱۸

یا درویش! آداب عرض ہیں۔

یہاں پر ندے چچھار ہے ہیں۔ آسمان گہرے نیلے رنگ سے ہلکے آسمانی رنگ میں تبدیل ہونے کی تیاریوں میں ہے۔ سورج دوزخ کی تیاری کی پریکٹس کروانے طلوع ہونے کی تیاری میں ہے۔ جبکہ ابھی وہ کسی ایسے دیس سے لوٹا ہے جہاں وہ جنت کی پھوار برسا رہا تھا۔

رابعہ نے درویش کا خط پڑھا اس کو اپنے کئے گئے سوالات کے جواب ملے۔ وجوہات ملیں مگر یوں جیسے اس نے سوال کسی لیبارٹری میں بھیجے تھے جس کے بھرپور رزلٹ آئے ہیں۔ رابعہ چونکہ جینز پہ یقین رکھتی ہے۔ اس کا مشاہدہ کہتا ہے کہ ماحول، تربیت، تعلیم انسان جو بھی موجود وسائل ہیں۔ ان کا خواہ کتنا بھی بھرپور استعمال کر لے۔ جینز زندگی کے ہر اہم موڑ پہ اپنے اصل خمیر کے ساتھ عملی طور پہ ظاہر ہو ہی جاتے ہیں۔ البتہ جیسا کہ موجودہ طب نے اس کو متاثر کیا ہے۔ میڈیکلی ہم انہیں متاثر کر سکتے ہیں۔ ورنہ اس کے اثرات ضرور ہوتے ہیں۔

رابعہ انہیں اس سے الگ من کی سطح پہ بھی سمجھنا چاہتی ہے۔ وہ ایک انسان سے پوچھنا چاہتی ہے کہ

کیا خواہش کا درد دہوا؟....؟Wish? Yes? No

رابعہ درویش کی اقلیت وا کثریت والی بات سے متفق ہے کیونکہ اس کا مشاہدہ بھی کچھ اسی طرح کے نتائج ہی لایا ہے۔

رابعہ کی فیملی میں نسل در نسل یوں تو کوئی باقاعدہ ادیب نہیں تھا۔ مگر ہر طرح کے آرٹ کی عزت کرنے والے۔ اور اس سے محبت کرنے والے موجود تھے۔ مگر رابعہ نے اپنے بزرگوں سے سنا ہے کہ اس کی دادی جان شاعری کرتی تھی۔ لیکن انہوں نے اپنا سارا کلام اپنے شوہر کو لکھے گئے خطوط میں انہی پہ نچھاور کر دیا تھا۔ وہ بہت جوانی میں ہی کسی بیماری کے باعث انتقال کر گئیں۔ اور ان کے خطوط دادا جان کے پاس ہی محفوظ رہے۔ کیونکہ انہوں نے شادی کے صرف چار برس ساتھ گزارے۔

یوں بھی رابعہ کے آباؤ اجداد کا اصل وطن داد پنک سٹی (جے پور راجستھان) تھا۔ جس کا رہن سہن خود آرٹ تھا۔ پنک رنگ ہی رومان کی نشانی ہے۔ اور رومان آرٹ ہے۔ رابعہ کا بھی پسندیدہ رنگ پنک ہے۔

آرٹ چیزوں کو حُسن سے ترتیب دینے اور رکھنے کا نام ہے۔ آرٹ sophistication ہے۔ اندر کی sophistication سے ہی ادب نکلتا ہے۔ ورنہ باتیں اور سچائیاں تو سب وہی ہیں۔

رابعہ کی فیملی میں نسل در نسل سے مطالعہ کا شوق تھا۔ وراثت میں بھی کتابیں گھروں سے برآمد ہوئیں۔ پر دادا ہاشم علی خاں اپنے دور کے تعلیم یافتہ تھے انہوں نے اس دور میں کالج سے پڑھا جب برصغیر میں کالجزا بھی وجود میں آ رہے تھے۔ پھر دادا جان ناظم علی خاں نے بھی تعلیم باقاعدہ حاصل کی۔ اس وقت تعلیم یافتہ شخص کی مجبوری تھی کہ اسے انگریز سرکار کی ہی ملازمت ملتی تھی۔ سو انہیں بھی کرنا پڑی۔ دادا کو شاعری سے لگاؤ تھا۔ شاید دادی امی کی وجہ سے ہو کہ چار سالہ رفاقت کی یادیں شاعری میں ہی مقیدہ رہ گئیں۔ جب بھی کوئی اچھا شعر پڑھتے اپنی گفتگو میں اس کا ذکر کرتے اور اپنی ڈائری میں لکھ لیتے آج بھی رابعہ کے پاس ان کی ایک ڈائری موجود ہے۔

رابعہ کی بڑی دادی جان اختر بیگم شاعری کرتی تھیں اور جب دادا کو خط لکھا کرتیں تو اس میں بہت سے اشعار لکھتی تھیں۔ رابعہ آج بھی کبھی کبھی سوچتی ہے کہ ان حساسیت کی اوج کیا ہو گی؟ کہ شادی کے بعد شوہر دوسرے شہر میں پڑھ رہا ہو۔ دونوں اکٹھے نارہ سکتے ہوں۔ دور بھی وہ تھا کہ اظہارِ احساس معیوب سمجھا جاتا ہو، تو بس سب محبتیں لفظ بن گئیں ہوں گی۔ لفظوں نے اندر چھید کر دیئے ہوں گے۔ اور چھید چھید چار سال بعد منوں مٹی تلے چھید کا سبب بنا ہو گا۔ اس ایک ان دیکھے، ان کہے دھچکے نے دادا جان کو محبت کا اصل رنگ سکھا دیا۔ رابعہ کا مشاہدہ کہتا ہے یہ کچے دھاگوں کا سب سے مظبوط غیر فطری رشتہ ہے۔

دوسری دادی جان نفیسہ بیگم پہلی دادی کی چچا زاد ہی تھی۔ رابعہ ہی کیا سب کے لئے دادی نفیسہ کے ساتھ دادا جان کی محبت ایک آئیڈیل لو ہے۔ انہوں نے عمر بھر ان کی کئیر عزت کے ساتھ کی۔ عورت کو در حقیقت یہی محبت عمر بھر جوان رکھتی ہے اور شوہر سے جوڑے رکھتی ہے۔ جس کے درمیان مامتا بہانہ نہیں بنتی۔ اور وہ تادمِ آخر فریش رہیں۔ بہت نفیس، بہت با وقار۔ یہ خطوط کا زمانہ تھا، فون، ای میل میسنجر بہت بعد کی کہانی ہے۔ دادی نفیسہ سب بچوں کو، رشتہ داروں کو با قاعدگی سے بھی خطوط لکھا کرتی تھیں۔ آنے والے سب خطوط کا بہت اہتمام سے جواب دیتی تھیں۔ عید کارڈ سب کو بھیجا کرتی تھیں۔ ان کی نثر بہت خوب تھی۔ وہ بھی اس دور کی بات ہے جب برصغیر میں عورت کی تعلیم کا رواج ہی نہیں تھا۔ لیکن اس خاندان کی سب خواتین نے بنیادی تعلیم ضرور حاصل کی، اتنی پڑھی لکھی تھیں کہ لکھ پڑھ بھی لیتی تھیں اور زبان پہ بھی عبور تھا کہ گھروں میں عمدہ اردو بولی جاتی تھی کہ آج رابعہ بھی اتنی شائستگی و نرمی سے نہیں بول سکتی، جتنا اس نے اپنی دادی جانی کو بولتے دیکھا سنا ہے۔

رابعہ اپنی دادی جانی نفیسہ کو بچپن سے آئیڈیل بنائے ہوئے تھی کہ اس نے انہیں نا کبھی غصے میں دیکھا، نا کبھی اونچا بولتے نا کبھی ناشائستگی سے بولتے، نا غرور نا تکبر اور نفیس و سادہ لباس، با رعب و عاجری سے بھر پور چال، نرم لہجہ کہ گھر کے ملازموں تک سے سختی سے نہیں بولتی تھیں۔ کبھی کسی کی غیبت نہیں، برائی نہیں، بس خاموشی و مسکراہٹ، فراخدلی نہیں کیا کیا خوبی نہیں تھی۔ خاندانی رکھ رکھاؤ کی ایک ایسی مثال، جو ذات سے گھر، اور گھر سے آس پاس تک اپنی خوشبو بکھیرے ہوئے تھیں۔

محبت کا ایک مجسم پیکر...

جبکہ بیٹی وہ ایک نواب کی، بیاہ کر بھی نواب کے گھر آئیں۔ جس کا سسر بیورو کریٹ، جس کا شوہر بیورو کریٹ، جس کا باپ بیورو کریٹ، جس کے آٹھ بیٹے اور وہ بھی دنیاوی اعزازات سے مالامال۔ داماد بھی قابل رشک، خود حسن ایسا کہ آنکھ بھر کر نادیکھا جائے۔ مگر اس عورت کی عاجزی، انکساری، بے نیازی، محبت شجر جیسی۔ رابعہ نے اپنی زندگی میں ایسی خوش نصیب و نفیس عورت نہیں دیکھی۔

البتہ رابعہ کے بابا منو سیلانی کے نام سے کبھی کبھی لکھا کرتے تھے۔ بچوں کی کہانیوں کے مترجم بھی رہے۔ مطالعہ کے آج تک شوقین ہیں۔ رابعہ نے بابا جوانی میں ایک مصور تھے۔ پینٹنگ کیا کرتے تھے۔ ان کی بنائی تصاویر رابعہ نے صرف خاندان میں، بابا کے دوستوں کے گھروں کے ڈرائنگ رومز میں ہی دیکھی ہیں۔ رابعہ نے اپنی پھوپھو سے سنا ہے کہ مصوری کے حوالے سے وہ بہت جنونی تھے ان کے کمرے میں کوئی نہیں جا سکتا تھا۔ ایک مرتبہ گھر کے پالتو کتے نے ان کی ایک تصویر خراب کر دی، وہ سمجھے چھوٹی بہن کا کارنامہ ہے، تو اس پہ برس پڑے، اور سزا دے دی۔ وہ بہن جوان سب بھائیوں نے دعاوں سے مانگی تھی۔ جن کا گھر رابعہ کو اپنا گھر لگتا ہے۔ آج کل وہ یہیں ہیں، کل انہوں نے واپس جانا ہے تو رابعہ کو یوں لگ رہا ہے، وہ اپنی بیٹی رخصت کر رہی ہے۔

رابعہ کے ہاں خاندانی پیشہ فوج یا سرکاری نوکریاں رہیں۔ لہذا آرٹ یوں تو موجود نہیں تھا، تخلیق یوں تو موجود نہیں تھی۔ مگر لباس، رہن سہن گفتگو میں اس کی جھلک اب بھی دکھائی دیتی ہے۔ گرچہ نئی نسل کے نئے شعبہ جات کے انتخاب اور مکس بلیڈ سے بہت سی تبدیلیاں آ رہی ہیں۔

رابعہ میں یہ سب کسی حد تک موروثی ہے باقی تخلیق کار کائنات کا تحفہ ہے۔ جس نے اس میدان میں اس کے رستے ہموار کیے رکھے۔ ورنہ زندگی کے باقی پہلووں کی طرح یہاں بھی صبح سے پہلے شام ٹھہر جاتی تو رابعہ کیا کر سکتی تھی۔ اور اگر مستقبل میں کسی بند نے بند باندھ دیئے تو رابعہ کے اختیار میں نہیں۔ کیونکہ مجبوریاں

بڑی کہانیوں کی موجب ہوا کرتی ہیں۔

یاد رویش! اچانک رابعہ کو یاد آ گیا ایک خواب جو اس نے بارہ تیرہ سال کی عمر میں دیکھا تھا۔ جو اس کے ذہین میں حیرانی بن کر ٹھہر گیا تھا۔ وہ کم گو تھی۔ اس نے تب سے اب تک کسی کو نہیں بتایا۔ وہی خواب اس نے پچھلے برس کے اختتام یا اس برس کے آغاز میں پھر دیکھا اب حیرانی نہیں تھی۔ کچھ حد تک سمجھ آ گیا کہ یہ تو اقلیتی زندگانی کی نشانی تھی۔ یہی سب ہونا تھا، جو ہوا، جو ہو رہا ہے۔

یہ جو تعلقات ہیں، یہ جو رشتے ہیں، یہ جو درد و خوشی ہیں، یہ سب عمل ورد عمل ہیں۔

اور رابعہ کا مشاہدہ و تجربہ بتاتا ہے کہ مرد عمل ہے عورت رد عمل ہے۔ یہ دونوں اپنے سب رشتوں میں عمل ورد عمل ہیں۔

تو چالیس کے بعد عمل ورد عمل میں یا تو ٹھہراؤ آ جاتا ہے یا شدت۔ خوبی یہ ہوتی ہے کہ اب رد عمل میں خوبصورتی آ جاتی ہے۔ جس سے رشتے و تعلق میں مضبوطی و مثبت رویہ پیدا ہو جاتا۔ لیکن جن کا ارتقاء کسی منزل پہ رک گیا ہو، ان کی جذناتیت قائم رہتی ہے۔

یاد رویش! اس موضوع پہ پھر بات ہو گی۔ روشنی ہر سو پھیل گئی ہے۔ گویا بقول آپ کے چچا جانی والی اکثریت کو زندگی بلا رہی ہے۔

مگر رابعہ کو زندگی سلا رہی ہے۔ وہ سونا چاہتی ہے۔ سکون و آرام کے ساتھ، یہ اس کی ایک حسین خواہش ہے۔

شب بخیر و صبح بخیر

اے درویش!

کائنات کے سب درویشوں کے لئے محبت

محبت ایک خوشبو ہے اگر سچی ہے تو خود ہی پھیل جاتی ہے

رب راکھا

بیسواں خواب نامہ

A Little Person

۲۶ مئی ۲۰۱۸

درویش کا اپنی سات سمندر پار دوست کو سلام

درویش اپنی کٹیا سے باہر جھانک رہا ہے۔اسے آسمان پر چند بادل دکھائی دے رہے ہیں جو آپس میں آنکھ مچولی کھیل رہے ہیں۔دو ہفتے پہلے یہاں آندھی اور برف کا طوفان آیا تھا جس سے بہت سے درخت اور گھر گر گئے تھے لیکن اب درجہ حرارت آہستہ آہستہ بڑھ رہا ہے اور موسم بے قدموں سے شہر میں داخل ہو رہا ہے۔ کینیڈا وہ ملک ہے جہاں دسمبر میں درجہ حرارت C°30- اور جون میں C°30+ ہو جاتا ہے۔

اگر کینیڈا انسان ہوتا تو ہم آسانی سے کہہ سکتے تھے کہ وہ نفسیاتی حوالے سے bipolar disorder کا شکار ہے۔ کینیڈا کا موسم ہر سال اتنا بدلتا رہتا ہے کہ یوں لگتا ہے کہ سال کے مختلف مہینوں میں ہم کسی اور ہی ملک میں رہ رہے ہیں۔

اے رابعہ! درویش آپ کے چھپے ہوئے مشکل سوال کا ایک دفعہ پھر جواب دینے کی کوشش کر رہا ہے۔ درویش نے اپنی زندگی میں عورت سے دوستی کی، محبت کی، اسکی زلف کا اسیر ہوا، اس کے ساتھ شام و سحر گزارے، اس کے ساتھ سفر کیا لیکن کبھی اس کے دل میں باپ بننے کی، بچے پیدا کرنے کی اور اپنا خاندان بنانے کی خواہش نے انگڑائی نہ لی۔درویش کو بچے پسند ہیں لیکن اپنے بچے پیدا کرنے کی خواہش نہ ہوئی۔

جب درویش کی اکلوتی بہن عنبر نے اس سے پوچھا کہ آپ کیوں بچے پیدا نہیں کرتے تو اس نے مسکراتے ہوئے کہا کہ آپ یوں سمجھیں کہ آپ کے جو چار بچے ہیں ان میں سے دو میرے ہیں دو آپ کے۔ یہ سن کر عنبر بھی مسکرا دی۔

یہ تو حسنِ اتفاق ہے کہ عنبر کے بڑے دو بچے عفیفہ اور عروج مشرق میں رہے لیکن چھوٹے دو بچے زیشان اور وردہ مغرب میں درویش کے پاس آ گئے۔ درویش نے ماموں بننے کو ساری عمر بہت اِنجوائے enjoy کیا ہے۔ دو سال پیشتر درویش کی بھانجی وردہ کے ہاں بیٹی پیدا ہوئی ہے جس کا نام الیزا ہے لیکن درویش اسے پیار سے مونالیزا کہتا ہے۔ پچھلے ہفتے درویش پہلی بار وردہ اور مونالیزا کو لے کر میکڈونلڈ گیا تھا۔ وہ شام پیار بھری حسین شام تھی۔

درویش کا خیال ہے کہ بچے ہم سب کے بچے ہیں۔ اسی لیے اب وہ بھی ایڈرئینا کے ساتھ رہتا ہے جسے بے ٹی ڈیوس نے رومینیا سے adopt کیا تھا۔ چنانچہ درویش یہ کہہ سکتا ہے کہ اس نے باپ کا کردار تو ادا کیا ہے لیکن جسمانی طور پر کبھی باپ نہیں بنا۔ ایڈرئینا اسے فرینڈلی فادر friendly father کہتی ہے۔ درویش کا ایک شعر ہے ؎

وہ جس کسی کی بھی آغوشِ جاں کے بچے ہیں
نویدِ صبح ہیں سارے جہاں کے بچے ہیں

امید ہے اس جواب سے رابعہ کی تھوڑی سی تسلی ہو گئی ہو گی۔

رابعہ کی نانی کی باتیں پڑھ کر درویش کو بھی اپنی نانی سرور یاد آ گئی جسے ملنے وہ بچپن میں ہر سال اپنی والدہ عائشہ اور بہن عنبر کے ساتھ پشاور سے لاہور جاتا تھا۔ درویش کی نانی ۶ مزنگ روڈ لاہور میں رہتی تھیں۔ درویش کو اپنی نانی سے بہت لگاؤ تھا۔ وہ ایک دانا عورت تھیں۔ درویش کو ان کی جو بات سب سے زیادہ پسند تھی وہ یہ تھی کہ وہ درویش کی رائے پوچھتی تھیں۔

بیٹا آپ جوس پئیں گے یا دودھ؟

دودھ

گرم پئیں گے یا ٹھنڈا؟

ٹھنڈا برف کے ساتھ

بیٹا آپ رات کو نیچے سوئیں گے یا چھت پر؟

چھت پر اپنی نانی اماں کے ساتھ

درویش کی نانی اماں درویش سے ایک بچے کی طرح نہیں بلکہ a little person کی طرح بات کرتی تھیں۔ درویش نے اپنی نانی اماں سے بچوں کا اور ان کی رائے کا احترام کرنا سیکھا ہے۔ اسی لیے درویش بچوں کا اور بچیوں کا احترام کرتا ہے۔ احترام جو محبت کی پہلی سیڑھی ہے۔ رابعہ کی نانی کی طرح درویش کی نانی بھی محبت کا سمندر رکھتی تھیں۔

درویش کو رابعہ کے خطوط سے اندازہ ہو رہا ہے کہ اسے روحانیت سے خاصا لگاؤ ہے۔ درویش متجسس ہے کہ کیا رابعہ کی کبھی کسی سنت، سادھو یا صوفی سے ملاقات ہوئی ہے۔ کیا رابعہ کو رابعہ بصری کی طرح کوئی روحانی تجربہ ہوا ہے؟

درویش رابعہ سے اجازت چاہتا ہے کیونکہ اسے اس کی بیٹی ایڈرینا اور اس کے بوائے فرینڈ گیورگی Georgi نے ایک ایرانی ریسٹورانٹ 'زعفران' میں لنچ پر بلایا ہے۔ یہ تو اچھا ہوا کہ وہ کسی ایسے ملک میں نہیں رہ رہا، جہاں رمضان میں کسی ریسٹورانٹ میں لنچ کھانے پر اس پر کفر کا فتویٰ لگ جاتا یا جنت میں جانے کے شوق میں کوئی اسے شہید کر دیتا۔

اکیسواں خواب نامہ

من مندر کی گھنٹیاں

۲۷ مئی ۲۰۱۸

یاد رویش رابعہ مشرق کی زمین سے سلام کہتی ہے۔

یہاں صبح ہو چکی ہے۔ خوشگوار ہوا ہر سو مچلی پھر رہی ہے۔ خود بھی بہکی بہکی سی ہے۔ دوسروں کو بھی مخمور کر رہی ہے۔

شکریہ کہ درویش نے رابعہ کے چھٹے سوال کا جواب ایک بار پھر دیا۔ رابعہ جانتی ہے کہ وہ کسی خاص و عام انسان سے یہ پوچھتی تو وہ آگ بگولہ ہو کر پہلے تو رابعہ کے کردار کی دھجیاں اڑاتا اور پھر بھاگ کھڑا ہوتا۔ جنگل میں آگ لگانے۔ ہر محفل میں موقع بے موقع تذکرہ خون دل لے بیٹھتا۔

درویشی کا یہی وصف ہے کہ یہ منصب بلند اور ظرف گہرا رکھتا ہے۔ رابعہ بصری و حسن بصری کی گفتگو میں یہ حسن و فن بہت نکھر کر سامنے آیا ہے۔

منصور حلاج کے ہاں بھی یہ خوبی بہت گہرائی و گیرائی کے ساتھ موجود ہے۔

واللہ ہم اس مادی دور کے درویش کس بلند و بالا اولیاء کا تذکرہ لے بیٹھے۔

رابعہ کو خوشی ہوئی کہ درویش کی زندگی میں دو خواتین اس کی نانی امی، اور بے ٹی وہ خواتین ہیں، جنہوں نے

اس کو دانائی کے سفر میں ساتھ رکھا۔ درویش نے ایک گذشتہ خط میں لکھا ''بے ٹی ڈیوس نے کہا کہ درویش نے اسے ایک دفعہ بتایا تھا کہ ''ہماری دوستی اتنی اہم ہے کہ ہمیں اسے اوروں سے نہیں، خود سے بھی بچا کر رکھنا ہے۔ ہر انسان کی شخصیت کا ایک روشن پہلو ہوتا ہے اور ایک تاریک۔ ہمیں اپنی دوستی کو اپنے تاریک پہلو سے بچانا ہے تا کہ وہ ہماری دوستی کو مجروح نہ کر دے''، اور بے ٹی یہ بات سمجھ گئی کہ زندگی اتنا بڑا راز ہے کہ اس راز کی حفاظت خود بھی کرنی پڑتی ہے۔ جو مرد کبھی دانا عورت سے نہیں ملے ہوتے، ان کے اندر ایک خانہ خالی رہتا ہے۔ جس خلا کو وہ محسوس تو کر سکتے ہیں۔ بیان نہیں کر پاتے۔ کیونکہ مردانہ انا، اسے انسانیت کے تقاضوں سے دور رکھنے کے لئے کافی ہوتی ہے۔

رابعہ نے آپ کی نانی جان کا پڑھا تو اسے بھی اپنی نانی جان یاد آ گئیں۔

کیونکہ ایک طرف دد ھیال تھا نستعلیق دوسری طرف ننھیال تھا۔ لاہور wall city کا۔ جس کی ایک اپنی تہذیب ہے۔ کھلے دل کے سادہ لوگ، بلند آواز میں گفتگو کرنے والے، آرام طلب، مذہب کا تصور بھی جن کا اپنا ہے، نہ مولوی کا ہے نہ عالم کا، اپنا تہذ یبی مذہب اندھا جہاں عشق حقیقی۔ اللہ اللہ کبوتر کی طرح، شہر کے آس پاس مزاروں کی تعداد بھی کافی ہے، یہاں کے لوگ انہیں آباد بھی رکھتے ہیں، اپنی خوشی، غم میں یہی آتے ہیں۔ اور ان کی وجہ سے خلق خدا کا لنگر لگا ہوا ہے۔ بس ایک سادہ سی دنیا ہے۔ محبت و نفرت میں شدت مگر وقتی، لڑیاں جھگڑے مگر وقتی، دل میں دماغ میں کچھ بھی مستقل رکھنے کی جگہ نہیں، فراخ دل لوگ، خوش خوراک، مہمان نواز لوگ مگر دماغ کو سنبھال کر رکھتے ہیں اس کی جگہ جذبات سے کام لیتے ہیں۔ مل بیٹھنے کے، گپ شپ کے بہانے تلاشتے ہیں اور خوب مزا کرتے ہیں۔

یوں رابعہ دو بالکل متضاد تہذیبوں میں پلی بڑھی۔ جن کی نہ زبان ایک تھی، نہ رہن سہن، نہ آورش، نہ رسم و رواج سب ایک دوسرے سے یکسر مختلف۔

رابعہ سے راز جیسا سوال درویش نے پوچھ لیا ہے اس کا جواب کیا دے؟ کیونکہ رازوں کا حسن چھپے رہنے میں ہی ہے۔

بہت سے صوفیوں، سادھوں سے ملنے کا شوق تھا۔ اتفاق بہت کم ہوا۔

غازی علم دین شہید سے کچھ غائبانہ سا تعبیر خواب کہہ سکتے ہیں۔ کہ رابعہ کا بی اے کا رزلٹ کارڈ غلط پرنٹ ہو گیا، پنجاب یونیورسٹی قبول نہیں کر رہی تھی، انہی دنوں وہ کسی کیلی گرافی نمائش پہ گئی۔ محمد یونس مجید کی تمام پینٹنگز قرآن کے واقعات سے ماخوز تھیں (بعد میں ان کی کتاب ''انسان کی ابتدا مٹی سے''، شائع ہوئی) اور ان سے باتوں میں بات چھڑ گئی تو انہوں نے اسے کہا غازی صاحب کے مزار ہی جاؤ نفل پڑھو، اللہ سے دعا کرو۔ وہ بے یقین گئی، خواب میں دیکھا کہ وہ کسی بہت حسین عمارت کی ڈھلوان چڑھ رہی ہے، تب تو کچھ نا سمجھی، ایک سال بعد جب جی سی یو میں اینٹری ٹیسٹ دینے گئی تو یہ وہی ڈھلوان تھی ویسے ہی اس روز بارش تھی۔ اور آخر کار وہ راوین بنی۔ اس نے وہاں سے پڑھنا تھا جہاں کا سوچا بھی نہیں تھا۔

ایک شخصیت جس نے رابعہ کو متاثر کیا وہ تھی عرفان الحق صاحب کی ہے بے لوث اور با کمال

ان سے ملاقات ایک اتفاق تھی۔ یہ وہ دور تھا جب رابعہ ذہنی طور پہ اتنی بکھری ہوئی تھی کہ اس انتشار کے بیان کے الفاظ بھی نہیں ہیں۔

معراج کا مہینہ تھا۔ یہ مہینہ رابعہ اس لئے پسند ہے کہ محبوب محب سے ملا تھا سب کچھ تھم سا گیا تھا۔ اس میں وہ راز پنہاں ہیں کہ اگر ہم سمجھ لیں تو محبوبیت کی رمز جان لیں۔ محبت میں عزت و احترام کا مقام کیا ہے۔ رابعہ نے اپنے ایک مضمون میں عرفان الحق صاحب کی کہی یہ بات لکھی تھی۔

''صبح کا وقت تھا۔ ہوا میں ہلکی کی خنکی تھی۔ کچھ نہر کنارے کا اثر تھا۔ میں مطلوبہ جگہ پہنچی، چاروں اور سناٹے کی آوازیں، پھولوں کی مہک کے ساتھ روح تک کو چھوتی محسوس ہو رہی تھیں۔ زندگی ایک لمحے کے لئے زما ن و مکان سے آزاد ہو کر نجانے کہاں کا سفر کر آئی۔ ایک کشادہ لان سے گزر کر جب اس سفید کمرے میں داخل ہوئی تو واقعہ معراج پہ گفتگو ہو رہی تھے کیونکہ شب معراج کی آمد تھی۔ اور یہاں عاشقان مصطفیٰ ﷺ اکٹھے تھے۔ سب مختلف محکموں سے ریٹائرڈ افسران۔ جو یہاں مخصوص تہواروں پہ اکٹھے ہو کر اپنے مشترک کہ عشق ﷺ پہ باتیں کرتے ہیں۔ معراج ﷺ کے ان نقطوں کو دیکھا جا رہا تھا جن پہ عمو

ما نظر نہیں جاتی۔ صاحبِ محفل عرفان الحق صاحب اپنا نقطۂ نظر بیان کر رہے تھے۔

"آج کے دور میں ہم بہت فخر کرتے ہیں کہ میرے پاس اتنی بڑی گاڑی ہے، فلاں میرے گھر اتنی بڑی گاڑی میں آیا۔ فلاں کے گھر میں فنکشن تھا تو فلاں فلاں ماڈل کی گاڑی آئی، مگر واقعہ معراج عزت کے معیا رات کا کچھ اور درس دے رہا ہے۔ کہ جسے ہم محبت کرتے، عزت دیتے ہیں اس کو تو ہم اپنی اعلیٰ ترین سواری بھیج کر خود بلاتے ہیں، اور اسی پہ واپس اس کی منزل تک چھوڑ کے آتے ہیں۔ یہ نہیں کہتے کہ آ جانا بھئی، فلاں فلاں وقت پہ۔ اور وہ اپنے ہیلی کاپٹر میں بیٹھ کر آ جاتا ہے اور ہم فخر سے تن جاتے ہیں، نہیں، یہ کسی کو عزت دینے کا کوئی طریقہ نہیں۔۔۔ یہ تو قیر کا کون سا سلیقہ ہے،؟ یہ احترام کو کون سا رنگ ہے؟۔۔۔،،

عرفان الحق لاہور آئے تھے۔ مسلم ٹاؤن میں وہ مرعوب صاحب کے گھر ٹھہرے ہوئے تھے۔ ظفر انکل نے رابعہ کو بھی وہیں بلا لیا تھا۔ سن رکھا تھا عرفان صاحب خواتین سے نہیں ملا کرتے تھے۔ رابعہ جب وہاں پہنچی تو ان کا کمرا حضرات سے بھرا ہوا تھا۔ رابعہ اکیلی عورت وہاں ان سے ملنے اس وقت موجود تھی عرفان انکل سے رابعہ کی فون پہ بات ہو چکی تھی۔ فروری کا مہینہ تھا کھانا کھایا گیا۔ کچھ لوگ اپنے مسائل بیان کرتے رہے۔ اور کچھ عرفان انکل کے ساتھ عقیدت کا اظہار اور ان سے جڑے واقعات۔ یوں دھیرے دھیرے لوگ باہر جاتے رہے۔ عرفان انکل اپنی کرسی سے اٹھے اور رابعہ کے ساتھ والی کرسی پہ آ کر بیٹھ گئے۔ اس کے بعد وہ خاموش ہو گئے۔ کمرے میں چند لوگ ہی رہ گئے تھے، کچھ جا چکے تھے۔ کچھ باہر لان میں موسم کا مزہ لینے نکل گئے۔ رابعہ نے محسوس کیا فقیر اپنی تاثیر ساتھ لے کر سفر کرتا ہے، فقیر کی موجودگی میں اہلِ محفل بھی فقیر ہو جاتے ہیں۔ کیونکہ وہاں اس وقت مرد و عورت موجود نہیں تھے انسان تھے یا فقیر تھے۔

رابعہ کو کچھ دیر بعد پسینے آنا شروع ہو گئے وہ سویٹر اور گرم سوٹ میں پسینے سے اتنا بھیگ گئی کہ کپکپی طاری ہو گئی، اسے یوں محسوس ہوا جیسے اس کے جسم سے جان پیروں کے رستے باہر نکل رہی ہے۔ اتنے میں ایک

صاحب قہوہ لے کر آگئے۔ کپ پکڑتے ہوئے رابعہ کے ہاتھ کانپ رہے تھے اسے سردی بھی شدید لگنے لگی۔ یوں پہلی بار ہوا تھا۔

عرفان انکل سے رابعہ بہت کچھ پوچھنا چاہتی تھی۔ مگر سب سوال گم تھے۔ انکل سے ایک وہ گلہ نما سوال فون پہ پوچھ چکی تھی کہ آخر اسے زندگی بھر کی محنت کے بعد بھی کیوں نہیں ملی، جو اس دنیا کی ضرورت ہے لیکن اب یہ سوال بھی ذہن سے غائب تھا۔ انکل عرفان کو یاد تھا انہوں نے سر پہ ہاتھ رکھا اور کہا بعض اوقات ہم آدمیوں کی خواہش کرتے ہیں۔ دینے والے کو کچھ اور ہی منظور ہوتا ہے۔

بس وہ لمحہ انتشار کا آخری لمحہ طویل تھا۔ پھر سکون ہو گیا۔ اس پاس کے کاغذی چہروں سے پردہ اٹھنے لگا۔ رابعہ کو یوں لگا جیسے وہ کسی بلند پہاڑی پہ، کسی آرام کرسی پہ بیٹھی، نیچے دنیا والوں کے رنگ دیکھ رہی ہے۔

اب رابعہ پیچھے مڑ کر دیکھتی ہے تو اندازہ ہوتا ہے کہ زندگی ماورائے عقل واقعات کا بہت خوبصورت مجموعہ ہے۔

رابعہ جس ماحول میں پلی بڑھی تھی وہاں کچھ بھی ایسا ہو سکتا تھا کہ عمر بھر کا ملال رہ جاتا مگر اسے یوں لگا کہ جیسے وہ کسی کی پناہ میں رہی۔ اور وہ اسے دنیا کے رنگوں کی سیر کروا رہا ہے۔

رابعہ کے من مندر کی گھنٹیاں بھی آسانی سے نہیں بجتی تھیں، سو محبت نام کی کشش بھی ٹین ایج میں خوشبو نا بن سکی۔ رنگ نا بکھیر سکی۔

آٹھ بھائیوں میں پلنا بھرنا۔ فیملی کے ساتھ ہر جگہ جانے کی آزادی تھی۔ خاندان بھر کی دونوں طرف لاڈلی۔ محبت نے سایہ کئے رکھا۔ بعض اوقات محبت کا سایہ زندگی چھین لیتا ہے۔ سختی تھی تو صرف والدہ بہت سخت رہیں۔ بچپن میں خوابوں میں بہت سے مقامات کی سیر کی۔ اس کا شوق یوں رنگ لا رہا تھا۔ اور وہ اس سے بھی خوش تھی۔ اسے چھوٹی چھوٹی باتیں اور چیزیں خوش کرنے کے لئے کافی ہوتی تھیں۔

ظہیر انکل، یہ بھی ایک نفیس طبع انسان ہیں۔ ایک کانفرنس میں اچانک ان سے ملاقات ہوئی۔ مثبت لہروں کا

احساس ہوا۔ بات ہوئی تو ان کے ذاتی واقعات سننے کے بعد احساس یقین میں بدل گیا۔ رابعہ گذشتہ برس ایک ادبی حلقے کی دلدل میں پھنس گئی۔ رابعہ کو اچانک سوجھا کہ ظہیر انکل سے بات کی جائے۔ جب رابعہ نے ان کو سارا معاملہ بتایا تو انہوں نے یاد دلایا کہ "میں نے تو تمہیں بہت پہلے منع کیا تھا، ان لوگوں کے ساتھ کام کرنے سے۔" پھر بہت یقین کے ساتھ کہا فکر نہیں کرو "مجھے فون کر لیا کرو، سمجھو کہ ٹینشن نہیں رہے گی کم از کم، نجانے کیوں جب کوئی مجھے ٹینشن میں ملا ہے۔ اس کی ٹینشن ضرور ختم ہو جاتی ہے،،

پھر یہی ہوا

رابعہ کو علم ہی نہیں ہوا کہ کوئی غیبی مدد کہاں سے آ رہی ہے۔ اور کیا ہو رہا ہے۔ رابعہ کی عزت اس طاقت نے رکھ لی جسے ہم اللہ کہتے ہیں۔

رابعہ نے بس دو نفل پڑھ کر اسے یہی کہا تھا از مین پہ تو کوئی رستہ دکھائی نہیں دیتا۔ تین سو تیرہ سپاہیوں کی فوج کو تیری غیبی مدد درکار ہے پروردگار۔ رابعہ نے اس کے بعد صدقہ دیا۔ مرتبہ کام روانہ کیا۔ اس کو پینک اٹیک ہو گیا ہوش کھو گئی۔ سب میڈیکل ٹیسٹ ٹھیک تھے۔ لیکن وہ غنودگی میں چلی گئی۔ سب کو یقین ہو گیا اب یہ کام کبھی رابعہ کے نام سے پبلش نہیں ہو گا۔ دنیاداروں کے میسج آنے لگے جس میں وہ رابعہ کا مذاق اڑاتے کہ دریا میں رہ کر مگر مچھ سے بیر۔۔۔۔ ہو تو آخر عورت ناں۔۔۔۔۔ نہ کرسی،، نہ دولت، نہ پی آر، نہ خوشامد۔۔ نہ سودا۔۔۔۔ ہار مان لو۔۔۔ وہ ہار مان لیتی اگر کسی طاقت کے ساتھ نہ ہونے کا اسے یقین نہ ہوتا۔

رابعہ نے سب سے بڑی زبان بولنا شروع کر دی۔ خاموشی۔

اور چند ماہ بعد

رابعہ کی دوست آمنہ مفتی رات کے ایک بجے کہتی ہے رابعہ مبارک ہو۔ "اردو افسانہ عہد حاضر میں"، شائع ہو گیا ہے۔۔۔۔

رابعہ کو ہوش آنے لگا۔ بے یقینی کی کیفیت تھی۔

سب کرسیاں، دولت، دنیاداری، یاریاں سب دنیا میں ہی رہ گئے اور وہ آسمان والی طاقت جیت گئی۔

بارہ سال سے اب تک یہی سب ہے کہ جیسے کوئی طاقت ہے۔ جو کسی نا کسی روپ میں جلوہ گر ہو کر، اپنی شان دکھاتی ہے۔ رابعہ ایک اور طاقت کو جانتی ہے۔ وہ ہے صدقہ، جب وہ پریشان ہوتی ہے، اداس ہوتی ہے، خالی پن محسوس کرتی ہے، صدقہ پہ یقین رکھتی ہے۔ یہ وہ طاقت ہے جس کے پیچھے ہم اپنی فانی دنیا خراب کر رہے ہیں۔ اگر اسی کو اپنی ذات سے نکال دیں تو کچھ ملے نا ملے، سکون مل جاتا ہے۔

درویش نے رابعہ سے ایسا مشکل سوال پوچھ لیا ہے کہ جواب دیتے ہوئے ڈرتی ہے کہ تعلی، نرگسیت، تکبر نا سمجھ لیا جائے۔

رابعہ ان سب سے ڈرتی ہے۔

رابعہ درویش سے کہنا چاہتی ہے، بہت سے راز صرف راز کے لئے ہوتے ہیں۔ بس اتنا بتا دیا جائے جو کسی کے لئے مشعل راہ بن جائے باقی سب زمین کی امانت ہوا کرتا ہے۔ اس کا حسن و تکریم اسی میں ہے۔

یا درویش!

راز در راز زندگی اجازت چاہتی ہے۔

صبح بخیر

بائیسواں خواب نامہ

روحانیات، نفسیات، واردات

۲۷ مئی ۲۰۱۸

مشرق میں بسنے والی رابعہ کو مغرب میں رہنے والے درویش کا آداب

درویش کا جی چاہتا ہے کہ وہ ایک دن رابعہ کو بتائے کہ اس نے بیوی بچوں والا خاندان تو نہیں بنایا لیکن اس نے دل والوں کا ایک خاندان تخلیق کر رکھا ہے جس کا نام Family of the Heart ہے۔ اس خاندان میں جو مرد اور عورتیں شامل ہیں درویش ان کا غائبانہ تعارف کروائے گا۔ یہ وہ دوست ہیں جن کے ساتھ درویش کی شامیں گزرتی ہیں جو اسے سوچنے اور لکھنے پر انسپائر کرتے ہیں۔

درویش نے رابعہ کا خط پڑھا تو کافی دیر تک خاموش ہو گیا۔ اس نے وہ خط دوبارہ پڑھا کہ اس میں چھپی معنویت اور گہمبیرتا کو جذب کر سکے۔ درویش اپنے آپ کو خوش قسمت سمجھتا ہے کہ رابعہ نے اس پر اتنا اعتماد و اعتبار کیا کہ دل میں چھپے راز سے متعارف کروایا۔ درویش اس حقیقت کا اعتراف کرتا ہے کہ اس کی دلچسپی روحانیات کی نفسیات تک محدود ہے۔ اسے یوں لگتا ہے جیسے رابعہ روحانی بزرگوں کی محفلوں میں سلوک کی کئی منزلیں طے کر چکی ہے اور اس کی رسائی روحانیات کی واردات تک ہو گئی ہے۔

درویش اس حقیقت سے واقف ہے کہ اس کے ارد گرد بیسیوں راز پھیلے ہوئے ہیں۔

زندگی اک راز ہے اور موت بھی اک راز ہے

شاعری بھی راز ہے اور آگہی بھی راز ہے

درویش چونکہ سائنس اور نفسیات کا طالب علم ہے اس لیے وہ ان رازوں کا تعلق خدا اور مذہب سے نہیں قوانینِ فطرت سے جوڑتا ہے۔ وہ جانتا ہے کہ پچھلی چند صدیوں میں سائنس، طب اور نفسیات نے بہت ترقی کی ہے اور زندگی کے بہت سے رازوں سے پردہ اٹھایا ہے اس لیے وہ راز اب راز نہیں رہے۔ اس لیے اسے امید ہے کہ آئندہ چند دہائیوں اور صدیوں میں باقی رازوں سے بھی پردہ اٹھ جائے گا اور انسان اپنی ذات اور چاروں طرف پھیلی کائنات کو بہتر سمجھ سکے گا۔ انسان بقول عارفؔ۔
اپنی پہچان کرنے نکلا تھا ایک عالم سے روشناس ہوا

درویش جب یونیورسٹی میں نفسیات کا طالب علم تھا تو اس کے لیے یہ بات حیران کن تھی کہ لفظ سائیکی psyche کا ترجمہ مغرب کے مذہبی دور میں روح soul کیا جاتا تھا اور اب مغرب کے سیکولر دور میں اسی لفظ کا ترجمہ ذہن mind کیا جاتا ہے۔

درویش جب اپنے چاروں طرف سات ارب انسانوں کو دیکھتا ہے تو اسے اندازہ ہوتا ہے کہ وہ مختلف روایتوں سے جڑے ہوئے ہیں۔ چار ارب مذہبی روایت سے دو ارب روحانی روایت سے اور ایک ارب سیکولر اور سائنسی روایت سے۔ درویش چونکہ سیکولر روایت سے وابستہ ہے اس لیے وہ کسی خدا، مذہب، روح اور جنت دوزخ پر یقین نہیں رکھتا۔

درویش کو یوں لگتا ہے جیسے درویش اور رابعہ کی دوستی ایک خدا کو ماننے اور ایک خدا کو نہ ماننے والے کی دوستی ہے لیکن اس دوستی کا حسن یہ ہے کہ دونوں ایک دوسرے کی شخصیت اور فلسفۂ حیات کا احترام کرتے ہیں۔ یہ بات آج کے شدت پسند اور روایت پسند ماحول میں ناممکن نہیں تو دشوار ضرور ہے۔ درویش کا خیال ہے کہ دنیا میں اتنے ہی سچ ہیں جتنے انسان۔ اور ہر انسان کا سچ اس کے لیے معتبر و محترم ہے۔

درویش کو یہ خط لکھتے ہوئے اس بات کا احساس ہو رہا ہے کہ جس طرح رابعہ نے اپنی روحانی سچ درویش سے شئیر کیا ہے اسی طرح درویش بھی اپنا نظریاتی سچ رابعہ سے شئیر کر رہا ہے۔ درویش کا رابعہ سے اختلاف

الرائے کا اظہار اس کا رابعہ پر اعتماد و اعتبار کا آئینہ دار ہے۔

درویش کو رابعہ کے پچھلے خط یاد آرہے ہیں۔ رابعہ نے ایک خط میں کچھ اس قسم کا جملہ لکھا تھا کہ وہ درویش کو کسی علم کے فرعون کی کہانی سنانا چاہتی تھی لیکن اس وقت اس کی ہمت کا جواب نفی میں تھا۔ اسی طرح مرد اور عورت کے رشتے کی بات کرتے ہوئے رابعہ نے کہا تھا کہ وہ پھر کبھی اس پر بات کرے گی۔

درویش رابعہ کو یاد دہانی کروار ہا ہے تاکہ کہیں رابعہ جو شعور اور لاشعور کی رو میں آدھی رات کو خط لکھتی ہے کہیں ان باتوں کو بالکل ہی نہ بھول جائے۔ درویش کو اب اپنے ایک فلسفی دوست ابرار الحسن کے تاریخ کے موضوع پر انٹرویو لینے جانا ہے اس لیے وہ رابعہ سے اجازت چاہتا ہے۔

تیئیسواں خواب نامہ

عورت، اسلام، خلع

۲۹ مئی ۲۰۱۸

درویشِ شبِ کاذب کا سلام قبول کیجئے

یاد رویش کچھ علالت کے باعث ذہنی فوکس نہیں ہے۔ اس لئے منتشر و بے ترتیب تحریر کے حسن کو قبول کیجئے گا۔

یہاں راویتی رنگ میں دور دور سے سائرن کی آوازیں آ رہی ہیں. جو روزے داروں کو جگانے کے لئے ہیں گرچہ شہروں میں یہ سوتے ہی سحر کے بعد ہیں مگر روایت سے انحراف بھی روایت کی بے احترامی کے مترادف ہے۔

یاد رویش! رابعہ بس زندگی کی طالب علم ہے۔ جو علم و بے علمی کا مجموعہ ہے۔ رابعہ کو محسوس ہوتا ہے کہ ایک دن یہ سب تحقیق و جستجو مل کر کسی خدا کے وجود کو سائنسی طور پہ ثابت کر دیں گے اس روز سب کچھ فنا ہو جائے گا. ایک نئی زندگی صفر سے شروع ہو گی۔

رابعہ کا خیال بھی یہی ہے اس کائنات میں جتنے انسان ہیں، اتنے ہی سچ ہیں اور اتنی ہی کہانیاں ہیں، اتنے ہی سوال، اتنے ہی کلیے، اور اتنے ہی نتائج ہیں۔

اگر انسان اس حقیقت کو پالے تو بہت سی بشری خامیوں سے بچ کر پر سکون ہو سکتا ہے۔

ہر سوال ایک ہی کلیے سے حل نہیں ہو سکتا اور نیا کلیہ لگانے سے بھی نتیجہ ایک ہی نہیں مل سکتا۔

یہ زندگی بہت گھمبیر سوال ہے جس کی جزئیات سمجھتے سمجھتے دل کی دھڑکن بند ہو جاتی ہے اور انسان سوچتا ہے۔

یادو ریش! کل سے رابعہ کے دل کا حال کچھ یوں ہے جیسے اس نے اپنی بیٹی رخصت کی ہو کیونکہ اس نے بھی اپنے دل میں اک باغ محبت بسا رکھا ہے۔ جہاں وہ بے لوث محبتوں کی خاموش پرورش کرتی ہے۔ رابعہ کے لئے ان سے ملنا بھی ضروری نہیں ہوتا، جن کو وہ چاہتی ہے۔ وہ درویش کی طرح آزاد پرندہ نہیں ہے۔ اس کا دل چاہے بھی تو وہ آزادی کی بے دھڑک ہواؤں میں اڑ نہیں سکتی، اس لئے وہ دل میں بسائے چند لوگوں سے بنا ملے، بنا بات کئے محبت کئے چلے جاتی ہے۔

انہی محبتوں میں اس کی بڑی پھو پھو شہناز کی محبت بھی ہے۔ جو چند ہفتوں سے رابعہ کے شہر اور کمرے میں بھی موجود تھیں۔ ان کی واپسی نے اسے اداس کر دیا ہے۔ مگر وہ جو کہتے ہیں گھر والوں کو تو اپنے گھر جانا ہی ہوتا ہے۔

رابعہ کل سے درویش کے اس جملے کو بھی یاد کر رہی ہے

inspire and intimidate.....

اور اسے خیال آ رہا ہے کہ متاثر ہونے کا حسن intimidate ہو جانے سے بدصورتی میں یوں بدل جاتا ہے کہ intimidate ہونے والا رد عمل کے طور پر شعوری ولاشعوری طور پہ، جب دوسرے فریق کو intimidate کرتا ہے۔ کہ اس کو اپنی اہمیت و برتری کا احساس دلا سکے۔ اسے hurt and ignore کرتا ہے، تو کبھی نامناسب الفاظ استعمال کرتا ہے اور نامناسب اور بے توقیر کرنے والے رویے اپناتا ہے۔ اور سمجھ ہی نہیں پاتا کہ وہ تو اپنا آپ چھپانے کی سعی میں ہے۔

وہ اس دیوی یا دیوتا کو خامشی سے چھوڑ کیوں نہیں دیتا جس کی وہ نہ پرستش کر سکتا ہے۔نہ شرک قبول کر سکتا ہے۔نہ خرید سکتا ہے۔کہ سب سودے اس کی ذات کی نفی یا اپنا کی دیوار کی تسخیر ہیں۔

آخر اس کی لاحاصلی و اضطرابی نفسیات ہے کیا؟

رابعہ کو اپنے سوال بھی یاد ہیں

مرد و عورت؟

رابعہ کو لگتا ہے مرد عمل ہے عورت محض رد عمل۔اور اس عمل و رد عمل کا توازن ہے عمل ۵ فی صد اور رد عمل ۹۵ فی صد۔

اگر مرد ۵ فی صد محبت دیتا ہے تو عورت رد عمل کے طور پہ ۹۵ فی دے گی۔اگر وہ خالص عورت ہے۔اگر مرد نفرت یا دوری ۵ فی صد دے گا تو کئی گنا پالے گا۔اور یہ کلیہ مرد و عورت میں ہر شعبہ زندگی میں،ہر رویہ زیست میں با احسن دکھائی دیتا ہے۔بس ذرا دیدہ بینا و چشم بصارت کی ضرورت ہے۔

اس عمل رد عمل کا زبان سے ادا ہونا بھی ضروری نہیں۔یہ وہ کیمسٹری ہے۔جو نیت و سوچ میں بھی ہو تو خود بخود سفر کرتی اپنے ٹارگٹ تک پہنچ جاتی ہے۔اور رد عمل بھی خود بخود لاشعوری و غیر ارادی طور شروع ہو جاتا ہے۔یہ ایک سائنسی عمل ہے۔رابعہ مانتی ہے ایک روز سائنس تمام روحانیات کو وجودی طور پہ ثابت کر دے گی۔

رابعہ کی زندگی کا تجربہ بھی یہی کہتا ہے۔اور اس کا مشاہدہ بھی یہی کہتا ہے کہ مرد و عورت کا تعلق ہر رشتے میں عمل و رد عمل کا تعلق ہے۔عورت کا کوئی بھی رد عمل دیر سے ظاہر ہوتا ہے اور شدید ہوتا ہے یہ اس کی طبعی ساخت کے مطابق ہے۔

رابعہ نے عورت کی محبت کو بھی اسلام میں موجود خلع کے قانون سے سمجھا ہے۔

کہ اس کی نفسیات اتنی شدت پسند ہے کہ اگر وہ کسی کے ساتھ نار ہنا چاہے تو کوئی شے اس کی راہ کی رکاوٹ

نہیں بنتی یعنی پھر وہ compromise بھی نہیں کر سکتی۔ کائنات کی دولتیں، قوتیں بھی اس کے قدموں میں بے معنی ہو جاتی ہیں۔ گویا اس کا دل اتنا عجب ہے کہ کوئی اگر دل سے اتر گیا، تو اتر گیا۔

جب کہ مرد کے ہاں ایسا نہیں ہے۔ اس کے دل میں دل سے اتر جانے کے بعد بھی جگہ رہتی ہے۔

رابعہ اگر صرف اردو ادب کے حوالے سے بات کرے تو اسے محسوس ہوتا ہے کہ اس میں مرد کا نفسی کردار لکھا ہی نہیں گیا۔ مرد ادیب خود بھی مرد کا کردار نہیں لکھ سکے۔ مرد کی اپنی بھی الگ نفسیات ہے۔ عورت سے الگ اس کی اپنی شخصیت ہے۔ جو اس نے نہیں لکھی۔ یوں لگتا ہے جیسے وہ عورت کو متاثر کرنے کے لئے لکھتا رہا، یا کسی خیالی عورت کا پیکر بناتا رہا۔ یا پھر اپنے کرداروں سے خود ہی عورت کو سمجھتا رہا ہے۔ یا سمجھاتا رہا ہے۔ اس نے عورت کے بہت سے کردار لکھے۔ ناقدین نے ان پہ خوب داد بھی دی کہ واہ کیا تصویر کشی کی ہے عورت کی نفسیات کی مگر افسوس کے ساتھ یہ کہ اس کے اپنے ذہن کا، من کا سچ تھا۔

عورت تو ادب میں اصل رنگ میں تب جلوہ گر ہوئی، جب عورت نے خود لکھنا شروع کیا۔ اور اپنے نام سے لکھنا شروع کیا۔

مرد ابھی بھی اپنا کردار نہیں لکھ سکا۔ بہت ہی کم ادیب ایسا کر سکے اتنے کم کہ ان کی گنتی پوروں پہ کی جا سکتی ہے مگر اس میں بھی اکثر نے ہیولے ہی بنائے ہیں۔

سونے پہ سہاگا کہ جس یونیورسٹی کے بھی تھیسس کی فہرست اٹھا لیجئے موضوعات انتہائی مماثل کہ "فلاں کے ادب کا نسائی تجزیہ" ۔۔۔۔ جس کا ابھی تک کوئی نتیجہ نہیں نکلا۔ ڈگریاں اذہان اور رویوں کا کچھ نہیں بگاڑ سکیں اور حسن یہ کہ جو جتنا زیادہ ڈگری یافتہ ہے اتنا زیادہ عورت کا استحصال کرتا دکھائی دے گا۔ وہ باقاعدہ جذباتی، زبانی، جسمانی، ذہنی، کرداری اطوار استحصال تعلیم کے ستون پہ چڑھ کر سیکھ کر جاتا ہے۔ اور پھر اس سے تاعمر کھیلتا ہے۔ یہاں تک کے اس کو علم بھی نہیں ہوتا کہ اس کے آس پاس مکافات عمل شروع ہو چکا ہے۔

رابعہ کو افسوس ہے جس معاشرے میں وہ رہتی ہے وہاں ڈگریاں بڑھ رہی ہیں، علم نہیں۔ معاشرہ عملی طور

پہ گراوٹ کا شکار ہو رہا ہے۔ یہاں کسی کو چاند پہ جانے کی جستجو نہیں، یہاں کوئی آسمان سے آگے کی دنیا میں جانا چاہتا۔ کسی کو بھی زمین سے نیچے کی دنیا میں دلچسپی نہیں۔ گنتی کے چند لوگ ہیں ان کو یا تو یہ زمین چھوڑنی پڑتی ہے یا پھر موت اس کے لئے باہیں کھولے کھڑی ہوتی ہے اور معاشرہ و گھرانہ کھلے دل سے اسے موت کی آغوش میں دے دیتے ہیں کہ زندہ رہ جانے والوں کو پاگل کا بوجھ نہیں اٹھانا پڑے گا۔

رابعہ کے ارد گرد بہت سے علم کے فرعون اور فرعونوں کی ٹولیاں ہیں۔ یہ فرعون اکیلے سفر نہیں کرتے گروہوں میں کرتے ہیں۔ رابعہ کو ان کی ذہنی و سماجی حالت پہ بھی ترس آتا ہے۔

رابعہ نے تو یہاں علم کے ابو جہل بھی دیکھے ہیں۔

رابعہ بھی فطرت کو مانتی ہے۔ اسی لئے ایک خدا کو نہ ماننے والے سے دوستی ہو گئی ہے۔ کیونکہ اس نے ایک خدا کو ماننے والے کا فر بھی تو دیکھے ہیں۔ وہ آزادی رائے و آزادی زیست و آزادی انسان کی عزت کرتی ہے۔ اس کے لئے اتنا ہی کافی ہے۔

رابعہ درویش سے اجازت چاہتی ہے کہ یہاں دو پل ملنے والے ہیں۔ رابعہ ان کے وصل کا بھی احترام کرتی ہے اور ان کو خلوت میں جلوت کی محبت بھری دعا دیتی ہے۔

وہ خلا کے خالی پن کے درد سے بھی تو آشنا ہے۔
رب راکھا۔۔۔ یا پردیسی درویش!

چوبیسواں خواب نامہ

نثر میں شاعری

۳۰ مئی ۲۰۱۸

درویش کارٹ جگے کرنے والی رابعہ کو سلام۔۔۔

رابعہ کا خط "منتشر و بے ترتیب" سے زیادہ گھمبیر و گنجلک تھا جو درویش کو دو دفعہ پڑھنے کے بعد بھی پوری طرح سمجھ نہ آسکا۔ درویش کو یوں لگتا ہے جیسے رابعہ نثر میں شاعری کرتی ہے اور شاعری بھی ایسی جس سے دانشوری کی خوشبو آتی ہے۔ جب درویش رابعہ کا خواب نامہ پڑھ رہا تھا تو اس کے ذہن میں یہ شعر اتر رہا تھا

رابعہ وجد میں جب آتی ہے

اس کے الفاظ رقص کرتے ہیں

رابعہ جب اپنے تجربات، نظریات، خیالات اور جذبات کو الفاظ کا روپ دیتی ہے تو الفاظ اپنی کم مائیگی پر نادم ہو جاتے ہیں۔ درویش کی چونکہ رابعہ سے دوستی ہے اس لیے وہ ان الفاظ کے بارے میں سوچتا ہے غور کرتا ہے ان میں چھپے معنی تلاش کرتا ہے وہ نہ صرف یہ جاننا چاہتا ہے کہ رابعہ کیا کہتی ہے کیا لکھتی ہے بلکہ یہ بھی کہ وہ کیا کہنا چاہتی ہے کیا لکھنا چاہتی ہے۔ رابعہ کے خطوط پر بعض دفعہ جدید افسانے کا گمان ہوتا ہے جو بعض دفعہ تجرید کے اتنا قریب آ جاتا ہے کہ تخلیق آگے نکل جاتی ہے ابلاغ پیچھے رہ جاتا ہے۔ یہ وہ مقام ہے جہاں کچھ چیزیں محسوس ہی کی جاسکتی ہیں سمجھی نہیں جاسکتیں۔ درویش کو یوں لگ رہا ہے جیسے رابعہ اس پر آہستہ آہستہ

منکشف ہو رہی ہے۔

رابعہ نے درویش سے انسانی رشتوں کے رازوں کے بارے میں سوال کیا ہے۔ درویش انسانی نفسیات کا طالب علم ہے۔ اس نے کئی ماہرینِ نفسیات کی آراء کا مطالعہ کیا ہے وہ یہاں صرف دو ماہرین کی آراء شیئر کرنا چاہتا ہے۔ پہلا ماہرِ نفسیات سگمنڈ فرائڈ Freud ہے جس کا موقف ہے کہ انسان بنیادی طور پر لذت پسند مسرت پسند ہے وہ اسے pleasure seeking کہتا ہے۔ جس کا زندگی کا مقصد خوشی کا حصول ہے۔

دوسرا ماہرِ نفسیات ہیری سٹاک سالیوان Sullivan ہے جس کا موقف ہے کہ انسان مسرت لذت اور خوشی سے زیادہ کسی اور انسان سے ایک خصوصی تعلق، ایک جذباتی رشتہ، ایک ذہنی رفاقت چاہتا ہے۔ اگر اسے وہ تعلق حقیقت میں نہ ملے تو وہ اسے تصوراتی دنیا میں بنا لیتا ہے جس کی اس کے ارد گرد رہنے والے لوگوں کو خبر ہی نہیں ہوتی۔ سالیوان کے فلسفے کے مطابق وہ مرد اور عورتیں جو محبت یا شادی کے رشتے میں دکھی ہو جاتے ہیں دلبرداشتہ ہو جاتے ہیں وہ پھر بھی ایک دوسرے کو نہیں چھوڑتے کیونکہ وہ اکیلا نہیں رہنا چاہتے ان کے لیے

A bad relationship is better than no relationship.

سالیوان کا خیال ہے کہ احساسِ تنہائی انسان کا سب سے بڑا جذباتی دکھ ہے۔ بہت کم لوگ ایسے ہیں جو اکیلے رہ کر بھی خوش رہتے ہیں۔

رابعہ کے خط میں علم کے فرعونوں اور ابو جہلوں کا ذکر پڑھ کر درویش کو وہ ادیب، شاعر اور دانشور یاد آ گئے جو خبطِ عظمت کا شکار تھے۔ درویش نے ان کے بارے میں ایک مزاحیہ مضمون بھی لکھا تھا جس کا عنوان تھا "میں علیہ السلام"

رابعہ کو مرد افسانہ نگاروں سے شکایت ہے کہ وہ عورتوں کی تو کیا مردوں کی نفسیات بھی بیان نہیں کر پائے۔ درویش کا خیال ہے کہ اپنی ذات کو پہچاننا اور پھر اس کا تخلیقی اظہار کرنا جوئے شیر لانے سے کم نہیں۔ مشرقی مرد اور عورتیں ایسے ماحول میں رہتے ہیں جہاں ابھی تک مذہب اور روایت کی اونچی اونچی دیواریں ہیں اسی

لیے درویش نے شعر لکھا تھا ۔

اس درجہ روایات کی دیواریں اٹھائیں
نسلوں سے کسی شخص نے باہر نہیں دیکھا

ابھی اردو کے افسانہ نگار اس مقام تک نہیں پہنچے کہ پورے انسان کی کہانی لکھ سکیں۔ ابھی تک مشرق کے مرد کے اعصاب پر عورت سوار ہے وہ ابھی اس کی دوست نہیں بنی۔ درویش کی ایک مختصر نظم ہے

وصل کی لذتوں کا مزا چھوڑ کر
آؤ کچھ دیر کو آج کو باتیں کریں

ابھی مشرقی مرد اور عورت نے ایک دوسرے کے ساتھ دو انسانوں کی طرح باتیں کرنا نہیں سیکھا۔

ان تمام مسائل کے باوجود درویش پر امید ہے کہ انسان دھیرے دھیرے ارتقا کا سفر طے کر رہا ہے اور زندگی کے رازوں سے پردہ اٹھا رہا ہے۔ درویش کے پہلے شعری مجموعے کا نام 'تلاش' تھا اور یہ تلاش ابھی تک جاری ہے۔ اس تلاش میں درویش اپنے آپ کو خوش قسمت سمجھتا ہے کہ اسے زندگی میں چند مخلص اور حساس مرد اور عورتیں دوست ملے جن سے وہ دل کی بات کر سکتا ہے۔ اسے کتنی خوشی ہے کہ اسکی رابعہ سے دس ہزار میل دور بیٹھ کر انٹرنیٹ کے ذریعے ملاقات ہو گئی جس سے وہ ادبی مکالمہ کر سکتا ہے۔

درویش رابعہ سے پوچھنا چاہتا ہے کہ اس کے ذہن میں ایک کامیاب ادیب کا کیا تصور ہے اور کیا وہ خود کو ایک کامیاب ادیبہ سمجھتی ہے؟

درویش اب اجازت چاہتا ہے۔ اسے کلینک جانا ہے کیونکہ چند مریض اس کا انتظار کر رہے ہیں۔۔۔۔۔

پچیسواں خواب نامہ

دو دنیاؤں میں رہنے والی

۳۰ مئی ۲۰۱۸

یادرویش! ایک تھکی ہوئی رات تسلیمات کہتی ہے

رابعہ بس عجب سی ہے بیٹھے بٹھائے اچانک کسی اور دنیا میں پہنچ جاتی ہے۔ یہ سب لاشعوری ہے اسے نہیں معلوم وہ کس دنیا میں اس لمحے سفر کر رہی ہوتی ہے اور کیا لکھ رہی ہوتی ہے۔ وہ لکھ کر بھول بھی جاتی ہے رات کو لکھی تحریر صبح خود اس کے لئے یکسر اجنبی ہوتی ہے۔

وہ بچپن سے دو دنیاؤں میں ایک ساتھ سفر کر رہی ہے۔ اس کے آس پاس والوں کو لگتا ہے جیسے وہ نشے میں ہے۔

گھر والوں کو تو اب کہیں آ کر اندازہ ہو گیا ہے کہ اس کی ذہنی دنیا کچھ اور ہے۔ وہ ہمارے ساتھ موجود ہوتے ہوئے بھی ساتھ نہیں ہوتی۔

وہ تنہائی میں بھی الگ دنیا بسائے رکھتی ہے۔ اس نے کیا بسائی ہے وہ تو بسی بسائی اس کے ساتھ سفر کر رہی ہے۔

اس لئے رابعہ درویش کو اجازت دیتی ہے کہ جو بات اس کو گذشتہ تحریر میں کسی اور دنیا والی رابعہ نے کہی ہے

وہ اس کو سمجھنے کے لئے صاف و واضح الفاظ میں پوچھ سکتا ہے۔

کامیاب ادیب۔۔۔۔۔ ادیب بنا نہیں جا سکتا یہ کوئی تحفہ ہے ۔ تقسیم ہے فطرت کی۔ البتہ محنت رنگ لا سکتی ہے اس کی بہت سی مثالیں ہمیں تاریخ سے مل جاتی ہیں۔

رابعہ نے ایک بار انکل عرفان سے پوچھا کہ وہ تو آرٹسٹ بننا چاہتی تھی یا پھر لیکچرار۔ مگر حالات اسے لکھنے کی طرف لے آئے۔ تو انہوں نے کہا یہ خالق کائنات کے کام ہیں، اس کو علم ہے کہ کتنے ڈاکٹرز، کتنے استاد، کتنے فلاسفر چاہئیں، اگر نظام کائنات ہمارے ہاتھ میں ہوتا تو ہم اس کو اپنی خواہشات سے بگاڑ دیتے۔ یوں بھی رب نے قلم کی قسم کھائی ہے تو اس کی فضیلت کو سمجھنا چاہئے۔ وہ کہتا ہے غور کرو''

رابعہ کامیاب والا لفظ تو کیا، ادیب والا لفظ بھی خود کے لئے استعمال نہیں کرتی۔ کیونکہ اس کے لئے یہ تنہائی کا وہ تحفہ ہے۔ جس نے اس کی بے رنگ زندگی میں رنگ بھر دیئے ہیں۔ وہ اپنے کتھارسس کے لئے لکھتی رہی۔ ساتھ رہتے رہتے لکھنے سے محبت ہو گئی۔ رابعہ اب نہ لکھ سکے تو مضطرب و چڑچڑی ہو جاتی ہے۔ اس کا لڑنے کو دل کرتا ہے ایسی صورت میں وہ کسی سے بات نہیں کرتی کہ کہیں کچھ بدمزگی نہ ہو جائے۔

وہ اس سوال کا جواب نہیں دے پائے گی کیونکہ ''اردو افسانہ عہد حاضر میں'' مرتب کرتے ہوئے اس کی ملاقات و بات قریباً چار سو ادیبوں سے ہوئی اور اس میں کامیاب ترین، کامیاب اوسط، ناکام، ہر طرح کے ادیب شامل تھے (یہ ترتیب و الفاظ دنیاوی اعتبار سے استعمال کئے جا رہے ہیں)

رابعہ نے اس کتاب کے دیباچے میں اس حوالے سے لکھا ہے۔

''گلوبل اردو قلم نگری کی سیر کرنے کا یہ ایک حسین تجربہ تھا۔ جس میں گلاب، خار، خاک و آب سب موجو د تھے۔ مگر کائنات اسی کیمسٹری کا نام ہے۔ بہت محبتیں ملیں، بہت حسن ملا، بہت لب و لہجے ملے، بہت تہذیبیں ملیں، بہت کردار ملے، نت نئی کہانیاں ملیں، درد کے رشتے بنے، خلوص کے رنگ بھرے، دور سے نظر آنے والے اونچے قدوں میں، بونے بھی دیکھے، اور دور سے ہی نظر آنے والے بونوں میں سرو ظرف بھی دکھائی دیئے، پھلوں سے بھی، گھنے درختوں میں چھپی شاخیں بھی دیکھیں، کاغذی چہرے بھی

نظر آئے، چہروں سے اترتے نقاب بھی دیکھے اور ادبی دبستانوں کی مدھر تال پہ کستھک رنگ بھی دکھائی دیا۔ دنیا اپنے تمام رنگوں میں میرے پاس موجود تھی۔"

لہذا رابعہ کامیابی ناکامی کو کسی اور سطح اور کسی اور رنگ سے دیکھنے لگی ہے۔

مگر رابعہ کو لگا کہ جو بڑے ادیب کہلائے انہوں نے کچھ لکھا، نا لکھا انسانوں سے ان کا برتاؤ انسانی تھا۔ ظرف بڑا تھا۔

ورنہ وہ طبقہ جو خود کو خود ہی بڑا ادیب تصور کرتا ہے مصنوعی ادیب کا لباس پہنے چہرے پہ مصنوعی سنجیدگی سجائے عام انسان سے بات کرنا اپنی شان عظیم کے خلاف سمجھتا ہے۔ وہ پھر گلہ ہی کر سکتا ہے۔ یا یہی کہہ سکتا ہے کہ اس کا لکھا سمجھا ہی نہیں جا سکتا کیونکہ عظمت کی تجریدی سطح کا کام ہے۔

رابعہ نے تو بڑے کردار والے کو بڑا پایا، پست کردار اعلیٰ تخلیق کو بھی پست کر دیتی ہے۔

یہ سوال بھی زندگی کی طرح گھمبیر ہے۔ جس کا جواب بھی ایک کلیے سے نہیں دیا جا سکتا۔

رابعہ اس حوالے سے احمد ندیم قاسمی، امجد اسلام امجد، منصورہ احمد، مستنصر حسین تارڑ، مشرف عالم ذوقی، گلزار صاحب، سید محمد اشرف، اسرار گاندھی، اشفاق احمد کے کچھ واقعات کبھی شیئر کرنا چاہے گی۔

مگر ابھی نہیں، ابھی تھکن کہہ رہی ہے تمہیں آرام کی ضرورت ہے۔

رابعہ کا اب دل کرتا ہے کسی نئے جہان میں جا بسے کہ جہاں زندگی کے یہ روایتی جھمیلے نا ہوں۔ رابعہ کی اپنی زندگی اس کے اپنے لئے بھی ہو۔ وہ تو اپنی زندگی کی روایت کے نام پہ دوسروں کے لئے گزار رہی ہے۔ اور ہمدرد مخلصی اس پہ رشک کرتے ہیں کہ کیا ثواب کیا کام ہے۔ معلوم نہیں ثواب کا کھاتا کیا ہے۔ مگر انسان کی فطرت گناہوں کی طرف بھی تو مائل ہوتی ہے۔ جس کا بوجھ شانوں نے اپنے کاندھوں پہ اٹھا رکھا ہے۔

اسے نہ ثواب سے غرض نہ گناہ سے بس سکون و تنہائی و گوشہ نشینی کچھ عرصہ کے لئے درکار ہے کہ وہ سانس لے سکے۔ اک نیا سانس۔۔۔۔ کہ جس کی فضا کچھ اور ہو۔

رابعہ خواہشات کے اظہار کے ساتھ یہی سوال درویش سے کرتے ہوئے شب بخیر کہتی ہے۔

چھبیسواں خواب نامہ

دیرینہ خواب

۳۱ مئی ۲۰۱۸

درویش کا تھکی ہوئی رابعہ کو آداب

درویش کو بُدھا کا قول یاد آرہا ہے کہ مسافت کو میلوں سے نہیں مسافر کی تھکاوٹ سے ناپنا چاہیے۔

درویش کو آہستہ آہستہ اندازہ ہو رہا ہے کہ رابعہ آدھی رات کو درویش کا خط پڑھتی ہے اور پھر لاشعور کی رو میں بہہ کر خط کا جواب لکھتی ہے۔ یہ درویش کی خوش بختی ہے کہ وہ ایسے سچے اور کھرے خط وصول کرتا ہے جن میں نہ تصنع ہوتی ہے نہ بناوٹ نہ ریاکاری نہ تکلف۔ رابعہ کے الفاظ ذہن، دل اور روح کی گہرائیوں سے نکلتے ہیں اور کاغذ پر بکھر جاتے ہیں۔

درویش کو خدشہ تھا کہ چونکہ ماہِ رمضان ہے اور رابعہ کے شانوں پر خاندان اور مہمانوں کی ذمہ داریاں ہیں شاید وہ رمضان میں خطوط نہ لکھ سکے لیکن اسے حیرت ہوئی ہے کہ رابعہ نے متواتر خط لکھے ہیں۔ آج مئی کا آخری دن ہے۔ درویش کو اس بات کی بھی خوش گوار حیرت ہوئی ہے کہ درویش اور رابعہ نے مل کر ایک مہینے میں بیس سے زیادہ خط، سو سے زیادہ صفحے اور بیس ہزار سے زیادہ الفاظ لکھے ہیں۔ ایک ماہ تک متواتر ایسے ادبی نامے لکھتے رہنا ادبی کرامت سے کم نہیں۔ یہ ایک دریا ہے جو بہتا چلا رہا ہے۔

درویش تخلیق کے عمل کے بارے میں سوچتا ہے۔ اس عمل میں دکھ بھی ہے اور سکھ بھی۔ درویش کو ایک

دفعہ پہلے بھی اس کیف اور کیفیت کا متواتر ایک مہینے کا تجربہ اس وقت ہوا تھا جب اس نے اپنی مختصر اوٹو بایوگرافی The Seeker لکھی تھی۔ اس ایک ماہ میں درویش نے بیس ہزار الفاظ لکھے تھے اور کتاب مکمل کر لی تھی۔ لیکن وہ کتاب انگریزی میں تھی اور وہ اس نے اکیلے لکھی تھی۔ اس دفعہ یہ تخلیق درویش اور رابعہ مل کر کر رہے ہیں۔ درویش کی ایسے خطوط کی لکھنے کی دیرینہ خواہش تھی یہ ایک دیرینہ خواب تھا۔ درویش رابعہ کا شکریہ ادا کرنا چاہتا ہے کہ اس نے درویش کے دیرینہ خواب کو شرمندہِ تعبیر کر دیا ہے۔ تخلیق کا یہ دکھ اور سکھ سانجھا ہے جہاں درویش اس عمل سے مسرت حاصل کر رہا ہے اور اسے Creative Euphoria کا تجربہ ہو رہا ہے وہاں وہ یہ بھی جانتا ہے کہ تخلیق کے عمل میں دردِ زہ بھی ہوتا ہے۔ بقول عارفؔ ے

معراج پر ہے کربِ گوارا دماغ کا
تخلیق ہو رہا ہے سخنور کے ہاں سخن

درویش کو خوشی ہے کہ رابعہ ایک جینون ادیب لکھنے کے عمل سے زندگی حاصل کرتی ہے۔ جیسے کچھ لوگ بچے جنتے ہیں ادیب اور شاعر کتابیں پیدا کرتے ہیں۔

درویش کو اندازہ ہے کہ رابعہ یونیورسٹی میں ادب کی طالبہ رہی ہے جبکہ درویش نفسیات کا طالب علم ہے۔ درویش نے نہ صرف بہت سے شاعروں اور ادیبوں کے انٹرویو لیے ہیں اور بہت سے فلاسفروں اور دانشوروں کی سوانخ عمریاں پڑھی ہیں بلکہ بہت سے فنکاروں کا اپنے کلینک میں نفسیاتی علاج بھی کیا ہے۔ اپنے اس تجربے، مشاہدے اور مطالعے کی بنیاد پر اس نے انسانی شخصیت کے بارے میں ایک تھیوری بنائی ہے جو وہ اپنے کلینک میں استعمال کرتا ہے۔ درویش اپنی تھیوری کے بارے میں چند باتیں رابعہ سے شیر کرنا چاہتا ہے تا کہ رابعہ کو درویش کے موقف کا اندازہ ہو سکے۔ چونکہ درویش نے اپنی کتابوں میں وہ تھیوری انگریزی میں لکھی ہے اس لیے وہ انگریزی کے الفاظ کے بارے میں معذرت خواہ ہے۔

درویش کا خیال ہے کہ ہر بچہ اپنی ایک فطری شخصیت لے کر پیدا ہوتا ہے۔ درویش اس شخصیت کو

Natural Self کا نام دیتا ہے۔ زندگی کے پہلے چند سالوں میں وہ فطری شخصیت دو حصوں میں تقسیم ہو جاتی ہے۔ ایک حصہ خاندان، مذہب اور ثقافت کے زیرِ اثر Conditioned Self روایتی شخصیت بن جاتا ہے۔ یہ حصہ انسان کو بتاتا ہے کہ what he/she *should* do ۔ اس کے مقابلے میں دوسرا حصہ انسان کی تخلیقی شخصیت کا مظہر ہوتا ہے جو Creative Self بن جاتا ہے۔ یہ حصہ انسان کو بتاتا ہے کہ what he/she *loves to* do ۔ روایتی لوگوں میں، جو اکثریت میں ہوتے ہیں کنڈیشنڈ سیلف ان کے کریئیٹیو سیلف سے بڑا ہوتا ہے جبکہ شاعروں، ادیبوں، فنکاروں، دانشوروں میں، جو اقلیت میں ہوتے ہیں کریئیٹیو سیلف ان کے ٹریڈیشنل سیلف سے بڑا ہوتا ہے۔ درویش کا خیال ہے کہ اس تقسیم میں موروثی اثرات بھی ہوتے ہیں۔ کیونکہ کئی شاعروں ادیبوں فنکاروں کے خاندان میں اور بھی فنکار پائے جاتے ہیں۔

جب شاعروں ادیبوں اور فنکاروں کو احساس ہوتا ہے کہ ان کے اندر ایک فنکار چھپا ہے تو یا تو وہ اسے نظر انداز کر دیتے ہیں یا اس کی پرورش کرتے ہیں۔ درویش اس حوالے سے خوش قسمت تھا کہ اس نے اپنے اندر کے ادیب کا خیال رکھا اور اس کی تربیت کی۔ شاید اسی لیے وہ کئی کتابیں تخلیق کر سکا۔ جب درویش مشرق میں رہتا تھا تو وہ

80% should do
20 % love to do

پر عمل کرتا تھا لیکن مغرب میں آ کر اس نے نئی زندگی کی تخلیق کی ہے اور تخلیقی آزادی حاصل کی ہے اس لیے اب وہ

80% love to do
20% should do

پر عمل کرتا ہے۔ اس لیے زندگی سے بہت خوش ہے۔ چونکہ وہ آزادی سے وہ لکھ سکتا ہے جو وہ لکھنا چاہتا ہے اس لیے وہ اپنے آپ کو ایک خوش قسمت اور کامیاب ادیب سمجھتا ہے۔ اسے یہ بھی احساس ہے کہ وہ ایک تھیریپسٹ ہونے کے ناطے ہر روز دس بارہ انسانوں کی مدد کرتا ہے کہ وہ اپنے دکھوں کو کیسے سکھوں میں

بدل سکتے ہیں۔اس طرح وہ انسانیت کی خدمت کرتا ہے۔شایدا سی لیے اس نے اپنی تخلیقات کے بارے میں لکھا تھا

My creations are my love letters to humanity.

درویش کو امید ہے کہ رابعہ کی تھکاوٹ قدرے کم ہو گئی ہو گی اور اب وہ درویش کو احمد ندیم قاسمی اور امجد اسلام امجد کے واقعات سنائے گی کیونکہ درویش بھی ان شخصیتوں سے مل چکا ہے اور اس کے پاس ایک دو واقعات ایسے ہیں جو وہ رابعہ سے شئیر کرنا چاہتا ہے۔اب درویش اگلے نامہِ نیم شب کا انتظار کرے گا۔

شب بخیر

ستائیسواں خواب نامہ

زندگی: مٹھی میں بند ریت

۳۱ مئی ۲۰۱۸

یاد درویش! سلام نیم شب .

رابعہ کا ذہن و دل مسلسل تخلیق کی جدائی میں اداس سے ہیں لیکن اس کے آس پاس اس کو ئی نہیں جانتا، وہ کس درد میں ہے، وہ کس کرب میں ہے، اسے کچھ بھی اچھا نہیں لگ رہا۔

وہ بھی اب درویش کی طرح کئی سمندر پار کئی آسمانوں پار کبھی نا لوٹنے کے لئے چلی جانا چاہتی ہے۔

وہ جینا چاہتی اپنے ساتھ، اپنے لئے، وہ اڑنا چاہتی ہے، اپنے ساتھ، اپنے لئے، وہ مسکرانا چاہتی ہے، اپنے ساتھ، اپنے لئے

رابعہ کے پاس وہ سب کچھ ہے، جس کی بہت سی لڑکیاں خواہش کر سکتی ہیں۔ رابعہ کے پاس بس وہ نہیں ہے جس کی وہ خود خواہش کرتی ہے۔

وہ اپنے خواب، اپنی خواہش میں زندگی کے چند برس، فقط چند برس سانس لینا چاہتی ہے۔ اپنے لئے سونا اٹھنا چاہتی ہے، دریاؤں، جھیلوں کنارے تنہا بیٹھ کر کتابیں پڑھنا چاہتی ہے۔ آزادی سے مووی دیکھ کر بہت دیر تک کسی بالکونی، کسی کمرے کی کھڑکی میں بیٹھ کر اسے ایک کافی کے مگ کے ساتھ محسوس کرنا چاہتی ہے۔

وہ اس لمحے اکثریتی طبقے سے آدم بیزاری محسوس کر رہی ہے۔

اسے اس کیفیت میں یہ خطہ کسی اور دنیا کے سفر پہ لے جاتے ہیں وہ خود مستی میں کبھی کبھی خود کو چاند سے بھی بہت آگے تک سفر کرتا محسوس کرتی ہے۔ آسمانوں سے پار اڑتے ہوئے۔ اور یہی بے معنی و ان دیکھا بے یقین تصور اس کی زندگی کی سانسوں کو جوڑے ہوئے ہے۔ ورنہ یا تو وہ آج کسی پاگل خانے میں ہوتی یا منوں مٹی تلے سو رہی ہوتی۔ اور کتنے ہی ایسے پل اس پہ کتنے کرب سے بہت فاخرانہ گزر بھی گئے۔ اب وہ زندگی کو خیر باد کہہ چکی تھی۔

مگر نجانے کس مصلحت نے اسے کیسے وکیونکر بچار کھا جبکہ دوسرا سفر اس کے لئے زیادہ آسان ہے۔ کیونکہ یہاں وہ مس فٹ ہوتے ہوئے اَن وانٹڈ بھی ہوتی چلی جا رہی ہے۔ گھر سے سماج تک کے سارے رستے ان تصورات تخلیق سے یکسر دور ہیں۔

رابعہ زندگی کو، اپنی زندگی کو سمجھ نہیں سکی۔ اس کے اتار چڑھاؤ کے نارمل نہ ہونے کا بھید نہیں پا سکی۔

رابعہ جاننا چاہتی ہے درویش کی نظر میں کامیاب ادیب کی تعریف کیا ہے؟

درویش ہی نہیں رابعہ کو بھی ایک پر سکون مسرت ہے کہ وہ کسی ایسے انسان کے ساتھ تخلیق کی مسافر بنی ہے۔ جس کے اپنے نظریات و افکار ہیں وہ لکیر کا فقیر نہیں اور نہ ہی مصلحت پسند ہے۔ انسان ہے اس لئے کہیں کہیں سنبھلا سنبھلا محسوس ہوتا ہے. یہ اس کی خوبی ہے۔ ورنہ مرد ہی تو نہیں سنبھلتا۔ کیونکہ اس میں مردانگی کے نام کا غیر فطری و غیر انسانی جنگلی پن موجود ہے۔ جو اس کے اپنے خیال میں اس کی خوبی ہوتا ہے۔

اور عورت اس کی اس خامی کو بھی خوبی میں شمار کرتے ہوئے اسے انکر یج ENCOURAGE کرتی ہے۔ خصوصاً جب عورت ماں یا محبوبہ ہوتی ہے۔ شاید اس لئے کہ اس کا مفاد وابستہ ہو جاتا ہے۔

لیکن ایک نفیس و نستعلیق و سلجھی عورت کبھی بھی اس رویے کو پسند نہیں کرتی۔ کنارا کر لیتی ہے۔ اس کے

رستہ بدل جانے کو مرد اپنی توہین کے زمرے میں لے کر اناکا مسئلہ بنالیتا ہے اور اسے تسخیر کرنے کے تمام ہتھیار استعمال کرتے ہوئے اسے ہرانے کی بھرپور کوشش کرتا ہے۔

شکر ہے درویش ایک انسان ہے۔ انسان نہ ہوتا تو رابعہ اس کے ساتھ تخلیق کے اس حسین آرٹ کو کبھی بھی جاری نہ رکھتی۔ جیسا کہ اسے شروع کے دس بارہ خطوط تک گمان تھا کہ شاید یہ تخلیقی سفر مزید آگے نہ چل سکے۔ کیونکہ رابعہ نے ایشیائی معاشرے میں جب بھی کسی کے ساتھ کام شروع کیا، وہ کبھی بھی تکمیل کے مراحل طے نہ کر سکا۔ لہذا اس نے فیصلہ کر لیا کہ وہ جب بھی کام کرے گی، اکیلی کام کرے گی۔ ورنہ مندر کی چابی گم ہو جاتی ہے۔

یا درویش واقعات سنانے کے لئے جس ذہنی و جسمانی فوکس کی رابعہ کو ضرورت ہے ابھی وہ موجود ہی نہیں ہے۔ وہ جلد بازی سے کام لے کر زندگی اور تخلیق کے حسن کو پامال نہیں کرتی۔ کیونکہ وہ حسن پرست نہ سہی حسن پسند ضرور ہے۔ اسے حسن متاثر کرتا ہے۔ چاہے وہ ظاہری ہو، چاہے باطنی۔ اس کا تو خیال ہے کہ ظاہری حسن بھی باطن کا آئینہ ہے۔

درویش کا تجربہ جو رابعہ سے کہیں زیادہ وسعت کا حامل ہے کیا کہتا ہے؟ کہ کیا باطنی حسن، ظاہری حسن کا آئینہ ہے؟ یا پھر ظاہری حسن (سرتا پا body language) باطنی حسن کی تصویر ہے؟

رابعہ بہت عرصہ سے اس مشاہدے میں مگن ہے۔

رابعہ کو بھی کبھی یہ خیال تھا کہ وہ کسی سے اتنا بھرپور تخلیقی مکالمہ کرے اور یہ مکالمہ دو متضاد جینڈرز کے بنا ممکن بھی نہیں تھا مگر جس سماج کی وہ باسی ہے وہاں علمی و تحقیقی و تخلیقی و سائنسی و نفسیاتی سب کے اختتام مرد و عورت کی سوچ پہ ہو جاتے ہیں۔ عورت کے دل کی گھنٹی بجے نہ بجے، مردانہ جبلت کی گھنٹیاں بج اٹھتی ہیں۔ شاید وہ اتنی لو زفٹ ہے۔

یوں علم تفکر فکر رساو غور و فکر سب ڈسچارج ہو جاتے ہیں اور اتنے کمزور مادے ہوتے ہیں کہ کسی کو کھ میں تخلیق انگڑائی بھی نہیں لیتی۔ کیونکہ اخلاق و اخلاص بھی کمزور و منتشر، توجہ بھی منتشر۔

درویش و رابعہ کی خوش نصیبی دونوں شعور کی اس منزل پہ ہیں جہاں علم و طالب علمی حسن ہے۔ جس سے تخلیق پانیوں کی طرح خود بخود رستہ بناتی چلی جا رہی ہے۔ دونوں اپنے کام کے ساتھ مخلص ہیں اور اس سے بڑا اخلاص کوئی نہیں سچ نہیں کہ یہ چھبیسواں خط بھی لکھا جا رہا ہے۔

یاد درویش

! رابعہ سانس روکے ایک رات میں سانس لینے کی کوشش میں ہے۔ ہوا کسی کی یاد میں یا کسی معراج میں تھم سی گئی ہے۔ ایک خامشی نے رات کو اپنا اسیر کیا ہوا ہے اور لگتا ہے کل ایک خوف ناک گرم دن طلوع ہو گا۔ مہینہ نیا ہو گا۔ مگر زندگی پرانی اور ایک لمحے مزید آگے بڑھ چکی ہو گی۔

آج رابعہ کو یوں لگا جیسے زندگی مٹھی میں بندریت کی طرح نامعلوم طور سلپ ہو گئی ہے اور چند ذرے ہی بچے ہیں، جنہیں وہ تھام تو نہیں سکتی، انہیں بھی ہاتھوں سے نکل جانا ہے۔ سب خواب آنکھوں اور دل میں بسے شہر محبت سمیت ساتھ ساتھ چلے جائیں گے اور وہ ریتلی خشک مٹی میں دائیں کروٹ سو جائے گی۔

زندگی اک بھید ہے جو نا کسی پہ کھلا ہے نا کھلے گا۔ بھید بھری زندگی سونا چاہتی ہے دعا کیجئے گا وہ کل بھی سو نہیں سکی۔ اس کے اندر کوئی اور زندگی مضطرب تھی۔

ساتویں آسمان سے اوپر والی کسی گھنٹی کی آواز اسے سنائی دے رہی تھی۔

شب و صبح بخیر اے سات سمندر پار درویش

اٹھائیسواں خواب نامہ

دولت، شہرت، عورت

یکم جون ۲۰۱۸

درویش کارا توں کو جاگنے والی رابعہ کو آداب!

درویش رابعہ کے خلوص اور اس کے تخلیقی لمحات کے احترام سے متاثر ہے۔ اسے غالب کا مصرع یاد آرہا ہے

عاشقی صبر طلب اور تمنا بے تاب

درویش کو اندازہ ہے کہ جب کوئی تخلیقی اقلیت کا نمائندہ شاعر، ادیب، افسانہ نگار یا فنکار کسی روایتی خاندان اور معاشرے میں گھر اہو تا ہے تو وہ کس کرب سے گزرتا ہے اس کرب کی اذیت اور بھی بڑھ جاتی ہے اگر وہ فنکار ایک عورت ہو کیونکہ روایتی لوگ عورت کی عزت، اس کی عصمت کو بہانہ بنا کر اس کی زندگی، اس کے فن اور اس کے مستقبل کو کنٹرول کرنا چاہتے ہیں۔ نجانے کتنی فنکار عورتیں ان روایتوں کی اسیر ہو جاتی ہیں، گھٹنے ٹیک دیتی ہیں اور ہار مان جاتی ہیں۔ درویش رابعہ سے اس لیے بھی متاثر ہے کہ اس کا جسم چاہے معاشرے کی قید میں ہو لیکن اس کا ذہن آزاد ہے۔ اس کا ظاہر چاہے پابندِ سلاسل ہو لیکن اس کا باطن ایک ایسے پرندے، ایک ایسے پنچھی کی طرح ہے جو اپنے تخیلات کی دنیا میں محوِ پرواز رہتا ہے اور یہ تخیلات تصورات کی دنیا لا متناہی ہے۔

غالب فرماتے ہیں

ہے کہاں تمنا کا دوسرا قدم یا رب

ہم نے دشتِ امکاں کو ایک نقشِ پا پایا

درویش جانتا ہے کہ جو فنکار روایتی ماحول میں اپنے آزاد پنچھی کو زندہ نہیں رکھ سکتے وہ یا تو نفسیاتی مسائل اور ذہنی بحران کا شکار ہو جاتے ہیں اور یا خودکشی کر لیتے ہیں۔

درویش نے بہت سی سوانح عمریاں پڑھ کر جانا کہ میر تقی میر جوانی میں ہی ذہنی بحران کا شکار ہو گئے تھے۔ بقول علی سردار جعفری وہ کئی مہینوں تک 'زندانی و زنجیری' رہے۔ گھر سے باہر نہ نکلتے تھے... باہر نکلتے تو بچے دیوانہ سمجھ کر پتھر مارتے تھے۔ انہیں چاند میں عورت دکھائی دیتی تھی جس کا ذکر انہوں نے اپنی ایک مثنوی میں بھی کیا ہے۔ چند ماہ بعد وہ ذہنی بحران سے تو باہر نکل آئے لیکن اس بحران کا سایہ ساری عمر اُن کے ساتھ رہا۔ میر کم گو تھے شرمیلے تھے لوگوں سے کم بات کرتے تھے۔ لوگ انہیں مغرور و متکبر سمجھتے تھے جبکہ وہ نفسیاتی مسائل کا شکار تھے۔ درویش نے اس حوالے سے ایک طویل مضمون 'میر کا فن اور پاگل پن' لکھا تھا جو بہت متنازعہ فیہ ٹھہرا۔

میر تقی میر ذہنی بحران کا جبکہ جون ایلیا ڈپریشن کا شکار ہو گئے۔ منیر نیازی اپنے غم شراب میں گھول کر پی گئے اور شعر لکھا۔

مجھ میں ہی کچھ کمی تھی کہ بہتر میں سب سے تھا

میں شہر میں کسی کے برابر نہیں رہا

یہ کہانی تو مشرقی فنکاروں کی تھی مغرب میں ور جینیا وولف، سلویا پلیتھ، ارنسٹ ہیمنگوے اور ونسنت وین گوئے خودکشی کر لی۔ بعض فنکاروں کے لیے زندہ رہنا مرنے سے زیادہ تکلیف دہ ہو جاتا ہے اس لیے جرمن فلاسفر شوپنہار نے کہا تھا

When horrors of living outweigh the horrors of dying,

people commit suicide.

جب درویش پر creativity and insanity کے رشتے کے راز سے منکشف ہوئے تو اس نے اپنے کلینک کا نام creativity and insanity رکھا۔ اب وہ بہت سے شاعروں، ادیبوں اور فنکاروں کی مدد کرتا ہے کیونکہ ایسے لوگوں میں نفسیاتی مسائل روایتی لوگوں کی نسبت زیادہ ہوتے ہیں جو انہیں ایک کامیاب فنکار بننے سے روکتے ہیں اور ان کی راہ میں حائل ہو جاتے ہیں۔ روایتی ماہرینِ نفسیات ان کا علاج مسکن ادویہ سے کرتے ہیں وہ نہیں جانتے کہ فنکاروں کا سکون ان کے فن کے ساتھ جڑا ہوا ہے۔

رابعہ نے درویش سے کامیاب ادیب کے بارے میں پوچھا ہے۔ درویش کی نگاہ میں کامیاب ادیب، شاعر اور فنکار وہ ہے جو اپنے سچ کا تخلیقی اظہار جانتا ہے۔ وہ جانتا ہے کہ اس کا میڈیم کیا ہے اس کا میسج کیا ہے اور اس کا انسانیت کے نام تحفہ کیا ہے۔ کامیاب ادیب اپنے کام میں مگن رہتا ہے۔ اسے دوسروں کی رائے کی زیادہ پرواہ نہیں ہوتی۔ اسی لیے غالب فرماتے ہیں ؎

نہ ستائش کی تمنا نہ صلے کی پرواہ

گر نہیں ہیں مرے اشعار میں معنی نہ سہی

درویش چونکہ مرد ہے اس لیے وہ جانتا ہے کہ مرد ادیب کے لیے تین آزمائشیں ہیں :

دولت، شہرت اور عورت۔

جو ادیب ان تین آزمائشوں پر پورا اترتا ہے وہ یکسوئی سے تخلیقی کام کر سکتا ہے۔ وہ اپنی Muse کے ساتھ وفادار ہو سکتا ہے۔ یہ میوس دولت شہرت اور عورت کو اپنی سو کن اپنی حریف اور اپنی رقیب سمجھتی ہے۔ کامیاب ادیب جانتا ہے کہ تخلیقی سفر

Creative journey is a long marathon race not a short 100-meter sprint.

درویش کو اسی لیے کچھوے بہت پسند ہیں۔ اگر کبھی رابعہ درویش کے کلینک آئی تو اسے سینکڑوں کچھوے نظر آئیں گے۔ تھیرپی کا سفر بھی تخلیقی اور خودآگہی کے سفر خود پر منکشف ہونے کی طرح سست رو ہے۔

اے راتوں کو جاگنے والی رابعہ! ہر فنکار کے اندر ایک درویش اور ہر فنکارہ کے اندر ایک رابعہ چھپی بیٹھی ہوتی ہے جو وقت آنے پر اس پر منکشف ہوتی ہے اور پھر دھیرے دھیرے اس کی تخلیق اور اس کی شخصیت کے حوالے سے ساری دنیا پر منکشف ہوتی ہے۔ درویش اور رابعہ دو نام ہی نہیں ہیں، دو انسان ہی نہیں ہیں، یہ دو اشارے بھی ہیں، دو استعارے بھی ہیں، زندگی کے دریا کے دو کنارے بھی ہیں جو تخلیق کے پل سے جڑے ہوئے ہیں۔ جو اپنی ذات اور کائنات کے سچ کی تلاش میں نکلے ہوئے مسافر بھی ہیں۔ یہ سچ صدیوں سے شاعروں، ادیبوں، فنکاروں، سنتوں، سادھوؤں، صوفیوں، فلسفیوں اور دانشوروں کی وساطت سے انسانیت پر منکشف ہو رہا ہے۔ سچ کی تلاش میں نکلے ہوئے مسافروں کا ایک خاندان ہے، ایک قافلہ اور ایک قبیلہ ہے اس قبیلے کی نشانی یہ ہے کہ اس قبیلے کے ہر فرد سے اخلاص کی، اپنائیت کی اور ساری انسانیت سے محبت کی خوشبو آتی ہے۔ یہی ایک کامیاب ادیب اور فنکار کی نشانی ہے۔

یہ علیحدہ بات کہ اس اقلیت کو اپنے سچ کی قیمت ادا کرنی پڑتی ہے اور بعض دفعہ وہ قیمت بہت بھاری ہوتی ہے۔ روایتی اکثریت کبھی انہیں جلاوطن کر دیتی ہے کبھی قید میں ڈال دیتی ہے کبھی سولی پر چڑھا دیتی ہے بقول بخش لائلپوری۔

ہمارا شہر تو چھوٹا ہے لیکن

ہمارے شہر کا مقتل بڑا ہے

درویش کچھ اور بھی لکھنا چاہتا تھا رابعہ کے ایک اور سوال کا جواب بھی دینا چاہتا تھا لیکن شعور اور لاشعور کی رو میں بہہ گیا اور اب اس کی نیند اور اس کے خواب اسے بلا رہے ہیں اور وہ اب رابعہ سے اجازت چاہتا ہے۔ درویش اس حوالے سے خوش قسمت ہے کہ وہ جونہی تکیے پر سر رکھتا ہے نیند اسے لوری سناتے ہوئے بڑی

محبت سے اپنی آغوش میں لے لیتی ہے۔

اتیسواں خواب نامہ

ایک پراسرار خواب

یکم جون ۲۰۱۸

رابعہ درویش کو ہیلو ہائے کرتی ہے

کہیں بہت دور سے بنا آواز کے احساس کے ساتھ جو ہواؤں کے ساتھ سفر کرتا درویش تک پہنچ جائے گا۔

رابعہ کو درویش کی بات بہت اچھی لگی کہ لیٹتے ہی اس کو نیند اپنی آغوش محبت میں بھر لیتی ہے۔ عرصہ ہوا رابعہ ایسی نیند کی خواہش کرتی ہے۔ مگر غالب انکل کہہ دیتے ہیں "ہزاروں خواہشیں ایسی کہ ہر خواہش پہ دم نکلے"

عرفان الحق صاحب کہتے ہیں جو کتابیں پڑھتا ہے وہ عالم بن جاتا ہے اور جو انسانوں کو پڑھتا ہے درویش بن جاتا ہے۔ رابعہ کو درویش کا نفسیات دان ہونا اچھا لگا ہے کیونکہ وہ مسیحائی کرتا ہے۔ اور درویش کی بات پہ ہنسی آئی "دولت، شہرت، عورت۔۔۔۔ یہ تخلیقی میوس ان تینوں کو اپنی سوتن، اپنی حریف اور اپنی رقیب سمجھتی ہے۔"، درویش کو شاید یہ سن کر حیرت ہو کہ یہاں یہ تینوں مرد کا پہلا انتخاب ہیں اور تخلیقی میوس رقیب ہے۔ وہ ان تینوں کو میوس کا درجہ دیتا ہے،، یہاں ترتیب الٹ ہے۔

رابعہ درویش کی بات سے اتفاق کرتی ہے۔ کہ بہت سی خواتین اسیرِ حال ہو کر سب چھوڑ دیتی ہیں۔ خواتین ہی نہیں، مرد حضرات بھی ایسا کرتے ہیں لیکن نجانے کیوں رابعہ کو یوں لگتا ہے کہ یہ سب مرد وزن ان

کے ہمسفر ہوتے ہیں جنہیں درد مستقل رہنے کے لئے مخصص کیا گیا ہوتا ہے۔۔ یہ آتے جاتے رہتے ہیں تو اک رونق سی لگی رہتی ہے۔ اور بقول رابعہ بصری گویا بنا توفیق توبہ بھی نہیں کر سکتا۔ تو رابعہ کا خیال ہے کہ ان کو بس توفیق ہی اتنی ملی ہوتی ہے۔ ان کو ضبط ہی اتنا عطا ہوا ہوتا ہے۔ اس میں حالات محض کینسر کی اک گلٹی جتنا کام کرتے ہیں۔ اور جو تخلیق کو مستقل جاری رکھتے ہیں۔ انہوں نے بھی کئی بار اس کو ترک کرنے کی کوشش کی ہوتی ہو گی۔

رابعہ نے بھی کئی بار چاہا کہ اب وہ نہیں لکھے گی یا نہیں لکھ پائے گی۔ اس نے کئی بار اس راہ سے فرار چاہا مگر حالات اس کو گھسیٹ کر پھر سے اسی راہ پہ لے آتے، جس سے وہ دور جانا چاہ رہی تھی۔ تب اس نے سمجھا کہ کوئی اور طاقت ہے جس کے ہاتھ میں انسان نامی پتلیوں کے نازک دھاگے ہیں۔ جس سے دنیا کا تماشا پر رونق ہے۔

رابعہ جب بہت چھوٹی سی تھی، اس نے ابھی چلنا شروع ہی کیا تو اس کے بابا نے اس کو نائٹ واک کا عادی بنا دیا۔ وہ رابعہ کو اپنے ساتھ لے جایا کرتے تھے۔ شہر لاہور میں بہت جگہ گرمیوں کی چاندنی راتوں میں ادبی بیٹھکیں ہوا کرتی تھیں۔ وہ بابا کے ساتھ وہاں جایا کرتی تھی۔ وہاں فلم، ٹی وی، ریڈیو، لٹریچر، مصوری سب پہ باتیں ہوتی تھیں۔ رابعہ کو سمجھ کچھ نہیں آتا تھا مگر اچھا لگتا تھا۔ یوں بھی وہ اکیلی بچی ہوا کرتی تھی، حیرتوں کے سفر والی عمر تھی۔ خیر رابعہ کے حیرت کے سفر تو ابھی بھی ختم نہیں ہوئے۔ راتوں میں کون اپنی تین چار سالہ بچی کو یوں ساتھ لئے پھرتا تھا۔ یوں وہ آج کے بہت سے ممتاز ادیبوں سے تب ہی مل چکی تھی۔ لیکن یہ سمجھ بوجھ کی عمر نہیں تھی۔ نہ ہی رابعہ کوئی ادیب بننے کے خواب دیکھ رہی تھی۔

پھر گورنمنٹ کالج لاہور کا دور آیا۔ رابعہ نے کبھی راوین ہونے کا سوچا بھی نہیں تھا۔ بی اے کے بعد اس نے پنجاب یونیورسٹی میں داخلہ لے لیا اور کلاسز بھی شروع ہو گئیں مگر وہ خود کو یہاں مس فٹ محسوس کر رہی تھی۔ اک بوجھ ساتھ تھا مگر اس نے سوچا دو سال کی بات ہے۔ ڈگری مل جائے گی۔ زندگی اسی اتار چڑھاؤ کا ہی نام ہے۔ وقت تو سارے گزر ہی جاتے ہیں۔

لیکن پھر وہی ہوا کہ اسے ایک بار پھر محسوس ہوا انسان نامی پتلا کسی اور طاقت کی گرفت میں ہے۔

اسی دوران ایک دن وہ کسی کلاس فیلو کے ساتھ گورنمنٹ کالج کے بیک گیٹ سے وہاں کے صدر شعبہ اردو سہیل احمد خان کے آفس چلی گئی۔ کام اس لڑکی کو تھا۔ سہیل صاحب سے رابعہ کی بات بھی ہوئی تو انہوں نے کہا ہماری سٹوڈنٹ وہاں کیسے چلی گئی بھئی؟

رابعہ نے اس بات کو ان کی شگفتہ بیانی تصور کیا۔

مگر ہوا یونہی رابعہ کی سند ٹھیک ہوتے وقت لگ گیا۔ اس نے پنجاب یونیورسٹی کو خود ہی چھوڑ دیا۔ اس نے ایک بار پھر پڑھائی ترک کرنے کا فیصلہ کر لیا۔

اسی دوران اچانک اس کا جانا الحمر ہوا۔ وہاں ایک صاحب کی کیلی گرافی کی نمائش کے چرچے تھے۔ سورت یوسف پہ بنائی گئی ایک پینٹنگ نے رابعہ کو اتنا متاثر کیا کہ وہ مصور سے ملنے چلی گئی۔ باتوں میں اس کے داخلے کی بات چھڑ گئی تو انہوں نے کہا غازی علم دین کے مزار پہ چلی جاؤ، دعا کرو، نفل پڑھو، تمہارا رزلٹ کارڈ کا معمہ حل ہو جائے گا۔ عاشق کے درسے انسان خوشبو لے کر آتا ہے

رابعہ کو یقین تو نہیں آیا مگر ایڈ ونچر کا شوق تھا۔ گرمیوں کی سنسان دو پہر وہ مزار پہ پہنچ گئی۔ بے یقینی سے نجانے کیا دعا کی۔ وہ تو بس اس پاس کے رومانٹک ماحول سے اسیر ہو رہی تھی۔ اسے آج بھی میانی صاحب کا قبرستان بہت رومانٹک جگہ لگتی ہے۔ بہت بھید بھری، پراسرار۔

رات ہوئی سو گئی۔ خواب میں دیکھا ایک ڈھلان ہے، جو وہ چڑھ رہی ہے، دائیں بائیں پودے خوب ہرے بھرے ہیں۔ اور بارش بھی خوب ہو رہی ہے۔ اسے نہیں معلوم یہ حسین جگہ کونسی تھی۔

مگر ایک سال بعد وہ جب جی سی یونیورسٹی کا انٹری ٹسٹ دینے گئی تو یہ وہی ڈھلان تھی۔ یہ وہی سرسبز پودے تھے اور یونہی خوب بارش ہو رہی تھی۔ یہ گورنمنٹ کالج تھا۔ رابعہ کو خواب یاد گیا۔

اب رابعہ سوچتی ہے، بات تو بس چند قدم کی تھی، تو کہانی لکھنے والے نے اس میں اتنے نشیب و فراز کیوں بھر

دیئے تھے۔

جس روز انٹرویو تھا رابعہ کی طبیعت ٹھیک نہیں تھی۔ اس نے اپنے سے پہلے نمبر والی لڑکی حنا محسن سے کہا اگر برانا لگے تو اسے پہلے جانے دے۔ حنا نے خوش دلی سے اسے اپنی جگہ بھیج دیا۔ وہیں سے حنا کی اور رابعہ کی عجب، بھید بھری دوستی بھی ہوگئی۔ یعنی بات تو چند قدم کی تھی، تخلیق کار نے اتنے درد کیوں بھر دیئے۔

تین ٹیچرز کمرہ انٹرویو میں موجود تھے۔ ڈاکٹر سعادت سعید، ڈاکٹر طارق زیدی (مرحوم) تیسرے اب یاد نہیں۔

ایک ٹیچر نے پوچھا کہ آپ نے پسندیدہ کتاب میں راجہ گدھ کیوں لکھا؟ قرآن پاک کیوں نہیں لکھا؟

رابعہ نے کہا سر کیونکہ آپ نے پسندیدہ الہامی کتاب نہیں پوچھا تھا۔

دوسرے ٹیچر نے پوچھا کہ آپ نے پسندیدہ شعر میں اقبال کا شعر لکھا ہے

خودی کو کر بلند اتنا کہ ……

غالب کا شعر یا کسی اور شاعر کا کوئی آسان ورومانوی شعر کیوں نہیں لکھا۔

رابعہ نے کہا کیونکہ آپ نے میرا پسندیدہ شعر کہا تھا اور دوسرے یہی وہ شے ہے جو ہم بلند نہیں کر پاتے.

ڈاکٹر طارق زیدی علم اعداد جانتے تھے، انہوں نے کہا ایک اور ایک۔ ٹف ٹائم …

رابعہ نے فوراً کہا، جی سر میری ڈیٹ آف برتھ کے اعداد ایک اور ایک ہی بنتے ہیں۔

یوں رابعہ راوین بن گئی۔

اب کچھ بات ادب و ادیب کی

جی سی یو میں رابعہ ایک سال کو ایڈیٹر راوی رہی۔ اگلے سال اسے پتا چلا کہ ٹیسٹ پاس کرنے کے باوجود،

رابعہ کو بلایا گیا اور ایک کاغذ پہ لکھنے کے لئے مجبور کیا گیا کہ وہ اپنی مرضی سے ادارت چھوڑ رہی ہے۔ اس کی جگہ ایک لڑکے کو مدیر بنایا گیا۔ رابعہ سے انچارج ٹیچر نے کہا کہ جب اردو ڈیپارٹمنٹ کی ہیڈ خاتون بنیں گی تو راوی کی مدیر بھی خاتون کو بنا دیں گے۔

کو ایڈیٹر کے طور پہ بہت سی یادیں پھول بنیں۔ راوی کا کام اپنے آخری مراحل میں تھا۔ رابعہ نے احمد ندیم قاسمی کو راوی کے لئے کچھ شاعری کی درخواست کی تھی۔ سات دن گزر گئے مگر ابھی تک قاسمی صاحب کے وعدہ کے مطابق ان کا خط نہیں ملا تھا۔ رابعہ نے قاسمی صاحب کو فون کیا تو ان کی سانس اکھڑی اکھڑی سی تھی۔

طبیعت ناساز لگ رہی تھی۔ رابعہ نے تعارف کروانا چاہا تو انہوں سے بہت تحمل سے کہا مجھے یاد ہے۔ میں نے آج ہی پوسٹ کروا دیا ہے۔ وہ بول تو رہے تھے۔ مگر ان سے بات نہیں ہو پا رہی تھی۔

اس کے بعد رابعہ کو علم ہوا کہ ان کو اس وقت ہسپتال لے جایا جا رہا تھا۔ یہ ان سے رابعہ کی آخری بات تھی۔ اس کے بعد وہ دوسرے جہاں چلے گئے۔ یہ واقعہ سنانے کا مقصد قاسمی صاحب کی شخصیت کا پہلو ہے کہ وہ اتنی تکلیف میں تھے کہ سانس لینا دشوار تھا اور رابعہ جیسی ایک عام سٹوڈنٹ سے کیا وعدہ بھی یاد تھا۔ اتنی تکلیف اور غصہ ہونے کی بجائے ٹھہراؤ کا بھی دامن تھامے رکھا۔

اسی دوران رابعہ کے مقالہ کا کام بھی شروع ہو گیا۔

ایک سی ڈی تھی جو امجد اسلام امجد کے پاس تھی۔ رابعہ کو اس کی کاپی چاہئے تھی۔ اس نے امجد انکل سے فون پہ بات کی تو انہوں نے کہا پرسوں آفس آ جاؤ۔ سی ڈی کا میں بندوبست کر دوں گا۔ رابعہ مقررہ وقت پہ آفس پہنچی تو انور مسعود صاحب بھی وہاں موجود تھے۔ یہ رابعہ کے لئے خوش گوار حیرت تھی۔

امجد انکل نے چائے سے پہلے ہی سی ڈی رابعہ کی طرف میز پہ رکھتے ہوئے کہا یہ بیٹا سی ڈی۔ انور مسعود نے پوچھا آپ بھی لکھتی ہیں؟ تب تک رابعہ نہیں لکھتی تھی۔ بس یونہی ہر دوسرے شہری کی طرح لفظوں کی جوڑ توڑ کو شاعری کہتی تھی۔ اس نے چند شاعری بھرے صفحات نکال کر بتانا چاہا کہ وہ بھی یہ حماقت کرتی

ہے۔

امجد انکل نے بس ایک نظر پڑھے اور کہا کہ تم میں نثر لکھنے کی اہلیت ہے۔ نثر لکھو۔

یہاں بھی دیکھئے کہ امجد صاحب نے کیسے اپنا وعدہ وفا کیا ورنہ یہ بھی ممکن تھا کہ رابعہ جاتی اور وہ کہتے کہ میں بھول گیا یا کوئی اور بہانہ کرتے۔ مگر ذمہ داری لی تھی تو وقت پہ نبھائی۔

یوں رابعہ کو احساس ہوا کہ وہ ایک بڑے ادیب ہی نہیں اصل میں بڑے انسان ہیں۔ رابعہ نے ان سب سے یہ سیکھا کہ پہلے بڑا انسان بننا ہے۔ ادیب اس کے بعد بندہ خود ہی بن جاتا ہے۔

شخصیت کی اوج، ادب کے کھلے کھلے بڑے پن سے زیادہ اہم ہے۔ اور بڑا ادیب اصل میں وہی ہے جس کا کردار بڑا ہے۔

یاد رویش!

اب آسمان والے سے ہیلو ہائے کا وقت ہو گیا ہے۔ راتوں کو جاگنے والی رابعہ ذرا آسمانوں سے اوپر موجود کسی سے باتیں کر لے۔ پھر دودھیا روشنی بکھر جائے گی اور تپتا سورج بھی سنجیدہ ہو جائے گا۔

ابھی باتیں کرنے کو بہت ہیں۔ پھر بھی رابعہ درویش سے اجازت چاہتی ہے۔ یہ پوچھتے ہوئے کہ شخصیت کی عاجزی، انسان کا بڑا پن کیا اہمیت رکھتا ہے؟ یا رابعہ کو ہی اہم و پیارا لگتا ہے؟

فی امان اللہ یاد رویش

تیسواں خواب نامہ

فیملی آف دی ہارٹ

۲ جون ۲۰۱۸

درویش رابعہ کی انسان دوستی کو سلام کرتا ہے۔۔۔

درویش نے رابعہ کے خط میں جب احمد ندیم قاسمی کا ذکر پڑھا تو اسے بھی قاسمی صاحب کے ساتھ اپنی دو ملاقاتیں یاد آ گئیں۔ پہلی ملاقات اس زمانے کی تھی جب درویش پشاور کے خیبر میڈیکل کالج کا طالب علم تھا۔ درویش کے چند دوستوں نے کالج میں مشاعرے کا اہتمام ہوا۔ ان کے پاس صرف دو ہزار روپے تھے۔ درویش کو یہ جان کر حیرانی ہوئی کہ پاکستان میں مقبول شاعروں کے تین گروپ تھے۔

پہلے گروپ کے شاعروں کی ایک ہزار روپے فیس تھی۔ ان میں احمد فراز شامل تھے

دوسرے گروپ کے شاعروں کی پانچ سو روپے فیس تھی۔ ان میں احمد ندیم قاسمی شامل تھے

تیسرے گروپ کے شاعروں کی فیس دو سو روپے تھی۔ ان میں محسن احسان، خاطر غزنوی اور فارغ بخاری شامل تھے۔

درویش اپنے دوستوں کے ساتھ پشاور آرٹس کونسل گیا۔ ان دنوں احمد فراز اس آرٹس کونسل کے ڈائریکٹر تھے۔ درویش نے احمد فراز سے کہا کہ ہم سٹوڈنٹس ہیں ہم آپ کو بلانا چاہتے ہیں لیکن ہم آپ کو ایک ہزار

روپے نہیں دے سکتے۔ احمد فراز مسکرائے اور کہنے لگے میں ضرور آؤں گا اور فیس کی فکر نہ کریں۔ ہم سب بہت خوش خوش واپس آئے۔ فراز مشاعرے میں آئے اور غزلیں پڑھیں۔ ایک شعر مجھے ابھی تک یاد ہے

پھر یوں ہوا کہ غیر کو دل سے لگا لیا

اندر وہ نفرتیں تھیں کہ باہر کے ہو گئے

مشاعرے کے بعد درویش نے فراز سے اس شعر کی شانِ نزول پوچھی تو کہنے لگے کہ یہ شعر اس پس منظر میں لکھا تھا جب مشرقی پاکستان ہندوستان کی مدد سے بنگلہ دیش بن گیا تھا۔

درویش نے رابعہ کی احمد ندیم قاسمی سے ان کے فوت ہونے سے پہلے کی گفتگو پڑھی تو اسے قاسمی کا یہ شعر یاد آ گیا ۔

کون کہتا ہے کہ موت آئی تو مر جاؤں گا

میں تو دریا ہوں سمندر میں اتر جاؤں گا

درویش کی قاسمی صاحب سے دوسری ملاقات کینیڈا میں ہوئی جب ٹورانٹو کے شاعروں ادیبوں نے ان کی ۵۷ ویں سالگرہ منائی اور ایک سیمینار کا اہتمام کیا۔ اس سیمینار میں درویش نے ایک مضمون پڑھا جس کا عنوان تھا ''قاسمی کی شاعری میں خدا اور انسان کا رشتہ'' سیمینار کے بعد جب قاسمی صاحب نے کہا ''میری شاعری پر بہت سے مضامین لکھے گئے ہیں لیکن یہ مضمون ایک نئے انداز سے لکھا گیا ہے، تو درویش کو یوں لگا جیسے اس کی محنت کی قیمت وصول ہو گئی ہو۔

درویش کی جب احمد فراز سے کینیڈا میں ملاقات ہوئی تو اس نے سیمینار میں حاضرین کے سامنے ایک انٹرویو لیا۔ اس انٹرویو میں درویش نے فراز سے پوچھا کہ آپ نے اپنی سوانح عمری کیوں نہیں لکھی تو وہ فرمانے لگے ''آدھا سچ میں لکھنا نہیں چاہتا اور پورے سچ کے لیے ابھی ہماری قوم تیار نہیں ہوئی۔

درویش جانتا ہے کہ شاعر، ادیب اور دانشور تخلیقی اقلیت کا حصہ ہیں اور وہ روایتی اکثریت کے روایتی جبر کا

نشانہ بنتے رہتے ہیں اس لیے درویش نے دوستوں کے ساتھ مل کر کینیڈا میں ایک گروپ بنایا ہے جس کا نام فیملی آف دی ہارٹ family of The Heart ہے۔ یہ گروپ متواتر ادبی، سماجی اور نظریاتی پروگرام کرتا رہتا ہے تاکہ نئے لکھنے والوں کی حوصلہ افزائی ہو سکے اور نئے لکھنے والے بزرگ ادیبوں سے ادب اور زندگی کے راز سیکھتے رہیں۔ پچھلے ماہ لندن کے ایک ادیب اور دانشور دوست نصیر حبیب کینیڈا آئے ہوئے تھے۔ سیمینار میں شمولیت کی بعد انہیں ان کے دوست رشید ندیم درویش سے ملوانے درویش کے شہر وھٹبی لے آئے۔ درویش اپنے شاعر دوست رشید ندیم کی بڑی قدر کرتا ہے اور اس کا ایک شعر دوستوں کو سناتا رہتا ہے اور اب رابعہ سے شیئر کرنا چاہتا ہے

یہ شہر اگر ظرفِ کشادہ نہیں رکھتا

میں بھی یہاں رہنے کا ارادہ نہیں رکھتا

نصیر حبیب نے کہا کہ فیملی آف دی ہارٹ کے پروگرام میں شمولیت کے بعد انہوں نے اپنے جذبات اور خیالات رقم کیے ہیں۔ درویش ان کی اردو دوست کر بہت حیران ہوا۔ اس نے ایسی اردو پہلے کبھی نہ سنی تھی۔ اب وہ رابعہ سے شیئر کر رہا ہے تاکہ رابعہ کو فیملی آف دی ہارٹ کے چاہنے والے پر ستاروں کے جذبات کا اندازہ ہو سکے۔

دل والوں کے نام.....

حسن کی خود بینی نے بلندیوں پر مناظر بنا کر زمانے کی سیر تو کر وا دی لیکن مشاہدہِ حق کے سفر میں جو دل والوں پہ گزرتی ہے اسے رقم کرنا اہلِ نظر ہی کا کام ہے لیکن اس واردات کے دوران لخت لخت ہوتی ہوئی داستانِ مستی کو یکتائی عطا کرنا اہلِ دل ہی کا شیوہ ہے۔ اکثر فیمیلی آف دی ہارٹ کے مدارالمہام جنہیں اہلِ دل کہنا چاہیے گلشن کا اہتمام اس طرح کرتے ہیں کہ قمری کے طوق کو بھی بیرونِ درِ نہیں رہنے دیتے۔ احبابِ اہلِ دل نے ٹیگور کی ایک نظم بنجارن کے کردار کے برعکس اپنی ساری متاعِ حیات دستِ انسانیت پر رکھ دی ہے جسے شانِ کریمی تاریخ کی محراب پر موتیوں کی طرح جڑ دے گی۔ احبابِ اہلِ دل نے شہرِ اقتدار کی پر اسرار شاہراہوں اور پر شکوہ ایوانوں کو کبھی درخورِ اعتنا نہیں سمجھا۔ بلاشبہ اقتدار کے یہ ایوان اور میڈیا کے کواکب

ابتدا میں دلفریب اور سحر انگیز نظر آتے ہیں لیکن تمام عمر کی بازی گری کے بعد آنکھ کھلتی ہے تو خواب و خیال کا معاملہ قرار پاتے ہیں لیکن اہلِ دل کا سلسلہِ شوق کبھی ہجر کی قتل گاہوں سے نہیں ملتا بلکہ اس مقامِ وصال تک رسائی عطا کرتا ہے جہاں سالک کا دل بے اختیار گواہی دیتا ہے

بلھے شاہ اساں مرنا ناہیں
اے گور پیا کوئی ہور
نصیر حبیب مئی ۲۰۱۸

رابعہ نے درویش سے پوچھا ہے کہ انسان کی عاجزی اور اس کی بڑائی کا کیا رشتہ ہے؟ درویش اب جان گیا ہے کہ رابعہ اس سے آسان سوال نہیں پوچھتی کیونکہ وہ ایک آئیڈیلسٹ ہے ایک مثالیت پسند انسان اور ادیبہ ہے۔

درویش کا خیال ہے کہ علم میں غرور اور تخلیقی صلاحیتوں میں نرگسیت ہے۔ اسی لیے بہت سے عالم مغرور ہو جاتے ہیں اور بہت سے فنکار خود پسند و خود پرست جنہیں درویش مزاح سے ''میں علیہ السلام'' کہتا ہے۔

لیکن وہ ادیب جو فن کی ریاضت کے ساتھ ساتھ من کی ریاضت بھی کرتے ہیں ان میں عاجزی اور انکساری اور بڑائی پیدا ہوتی ہے پھر وہ بڑے ادیب بھی ہوتے ہیں اور بڑے انسان بھی۔ لیکن اس کے لیے ہوم ورک کی، صبر کی، تحمل کی، بردباری کی، خاموشی کی، تنہائی کی اور دانائی کی ضرورت ہوتی ہے جو ہر کسی کے بس کی بات نہیں۔ اس لیے درویش کی نگاہ میں چار طرح کے شاعر اور فنکار ہیں

چھوٹا فنکار چھوٹا انسان

بڑا فنکار چھوٹا انسان

چھوٹا فنکار بڑا انسان

بڑا فنکار بڑا انسان

درویش فن کو فنی معیار پر اور انسانوں کو اخلاقیات کی معیار پر رکھتا ہے اور یہ علیحدہ علیحدہ معیار ہیں۔ درویش بہت سے ایسے اچھے انسانوں سے بھی ملا جو بہت برے فنکار تھے۔

درویش کا خیال ہے کہ اس ہوم ورک میں اساتذہ اور رول ماڈلز بھی اہم کردار ادا کرتے ہیں۔ درویش خوش قسمت تھا کہ اس کے چچا عارف عبدالمتین اس سے محبت کرتے تھے اور اس کی ادبی اور نظریاتی رہنمائی کرتے تھے۔ درویش نے اپنے چچا کے علاوہ اور بہت سے ادیبوں شاعروں اور دانشوروں سے بہت کچھ سیکھا ہے کیونکہ وہ ساری عمر زندگی' ادب اور نفسیات کا ایک طالب علم رہا ہے۔ درویش کی خواہش ہے کہ رابعہ اس سے اپنی ادیبوں' شاعروں اور نقادوں سے ملاقاتوں کے بارے میں بتائے۔ بڑے اور چھوٹے فنکاروں' بڑے اور چھوٹے انسانوں سب کے بارے میں۔۔ عین ممکن ہے کہ درویش بعض سے سیکھے کہ کیا کرنا چاہیے اور بعض سے سیکھے کہ زندگی میں کیا نہیں کرنا چاہیے۔

درویش کو اس کی دوست اور محبوبہ نیند ایک دفعہ پھر بلا رہی ہے اور حسین خوابوں کا وعدہ کر رہی ہے اس لیے درویش رابعہ سے اجازت چاہتا ہے۔

اکتیسواں خواب نامہ

سوچ اور قلم آزاد نہیں

۳ جون ۲۰۱۸

یاد رویش! آج لاہور اعوان ٹاون گیزن سکول سے سلام آرہا ہے۔

یہاں معروف افسانہ نگار سلمٰی اعوان نے ادیبوں کے لئے افطار کا اہتمام کیا ہوا ہے۔ ایک ہال میں نعتیہ مشاعرہ ہو رہا ہے دوسری طرف سلمٰی آپاں اپنے مدد گاروں کے ساتھ افطار کی تیاری کروا رہی ہیں۔ پکوڑوں کی خوشبو یہاں باہر کشادہ صحن تک آرہی ہے۔ فروٹ رکھے جا چکے ہیں۔ پانی کے انتظامات دیکھے جا رہے ہیں۔

رابعہ کے دائیں ہاتھ چند درخت سانس روکے کھڑے ہیں۔ صحن میں لگے پنکھے انہیں بھی مسکرانے پہ مجبور کر رہے ہیں کہ وقت ایک سا کب رہتا ہے؟ یہ تو اپنی تبدیلیوں سے انسانوں کی زندگی میں رنگ بھرتا ہے۔ کبھی یہ رنگ اتنے گہرے وبے ترتیب ہو جاتے ہیں کہ تصویر بھی دکھائی نہیں دیتی تو کبھی یہ تصویر اتنی حسین بن جاتی ہے کہ ہر کوئی اسے اپنے ڈرائنگ روم میں لگانے کی خواہش کرتا ہے۔ منہ بولے دام دینے کو تیار ہوتا ہے۔

رابعہ ابھی مشاعرے سے اٹھ کر آئی ہے کہ ہر شعر پہ داد دینا، کم گو کا کام نہیں۔

یہاں میری پیاری دوست رابعہ رحمان، ثمینہ سید، عمبرین صلاح الدین، تسنیم کوثر، عمرانہ مشتاق، نیلما

درانی، نیلم احمد بشیر، سیما پیروز اور شاعروں میں اعتبار ساجد، ضیاءالحسن، جواز جعفری، عرفان صادق، حسین ساجد، طارق چغتائی اور کوئی ۶۵ شاعرات وشاعر موجود ہیں گویا شہر کا شہر ہی موجود ہو جیسے۔ رابعہ کی کم علمی کہ بہت سے معتبر شاعروں کو پہچانتی نہیں کیونکہ زیادہ آتی جاتی نہیں، کبھی حلقہ ارباب ذوق کے اجلاس تک میں نہیں گئی۔ کیونکہ بہت سے ادیب ابھی تک سوشل میڈیا سے پاک بھی ہیں۔

رابعہ وہاں خود پہنچ جاتی ہے۔ جہاں اس کا دانہ پانی اسے خود لے جاتا ہے۔ وہ کہیں جانے کے لئے اس کے لئے مشقت نہیں کرتی خواہش کرکے اس کو چھوڑ دیتی ہے۔ جیسے خلیل جبران نے کہا محبت کرو تو محبوب کو آزاد چھوڑ دو۔ یونہی رابعہ خواہش کو آزاد چھوڑ دیتی ہے۔ تو کبھی دینے والا اس کی جھولی میں اسے ڈال دیتا ہے تو کبھی اس کے دل سے نکال دیتا ہے۔

یہ سب اس لئے کہ رابعہ کے عمر بھر کے تجربات کا نچوڑ ہے کہ اسے عمر بھر وہ نہیں ملا، جس کے لئے اس نے کوشش کی، محنت کی، جو سب کچھ ملا اس کے لئے اس نے محنت و کوشش و خواہش بھی نہیں کی۔

سو اسے لگتا ہے کہ اللہ جو دینا چاہے تو دنیا کی کوئی طاقت روک نہیں سکتی اور جو نا دینا چاہے، انسان وہ پا نہیں سکتا۔

ابھی شہر کے شاعری کے بیگم پاس آکر بیٹھی ہیں۔ اپنے شاعر شوہر کی یونہی تعریف کر رہی ہیں جیسے مشرق کی سلجھی ہوئی عورت کو کرنا پڑتی ہے۔ جو سلجھی نہیں ہوتی الجھ جاتی ہے اور الجھا بھی دیتی ہے۔

دکھ اس بات کا ہے کہ یہاں شوہر بیوی کے علاوہ ہر عورت کا وفادار ہوتا ہے۔ عورت بسانے اور رکھنے میں فرق ہے۔ یہاں مرد نے عورت کو صرف رکھنا سیکھا ہے (ہر رشتے میں، اسے صرف دو عورتوں کا درد ہوتا ہے، ایک جس نے اس کو پیدا کیا ہے، دوسری، جس کے پیدا ہونے کا وہ خود سبب بنا ہے)۔ وہ بیوی کے ساتھ محبت بڑھاپے میں کرتا ہے۔ جب محبت کا احساس ہوتا ہے تو ساتھ ہی یہ بھی احساس ہو جاتا ہے کہ یقیناً اب وہ بوڑھا ہو گیا ہے، یہ بڑھاپے کی سب سے بڑی نشانی ہے۔ رابعہ کو John M.Gotteman کی مشہور کتاب یاد آگئی

The Seven Principles For Making Marriage Work.

کتاب میں اس نے کامیاب ازدواجی زندگی کے سات اہم اصول بتائے ہیں۔

۱۔ پہلا اصول، پارٹنر کی پسند کا خیال رکھنا ہے۔ خیال تب رکھا جاتا ہے جب آپ کو پارٹنر کی پسند ناپسند کا علم ہو۔ یعنی یہ جاننا ضروری ہے کہ آپ کے پارٹنر کی چوائس کیا ہے۔ کھانے میں، پہننے میں، رہنے میں، اسے رنگ کونسا پسند ہے وغیرہ وغیرہ

۲۔ دوسرا اصول ہے، احساسات و جذبات کا خیال رکھنا۔ کہ اس کے جذبات کو ٹھیس نا پہنچے۔ اس کی دل آزاری نا ہو، اس کے جذبات مجروح نہ ہوں۔ اس کے جذبات کا بھی یونہی احترام کیا جائے جیسے انسان اپنے جذبات کا کرتا ہے۔

۳۔ تیسرا اصول۔ پارٹنر کی خوبیوں کی تعریف کی جائے۔ اس کی اچھائیوں کو سراہا جائے۔ اس کے سامنے بھی اور دوسروں کے سامنے بھی۔ اس سے ایک مثبت طاقت ملتی ہے۔

۴۔ چوتھا اصول، خیال رکھنا۔ چھوٹی چھوٹی باتوں کا خیال رکھا جائے۔ زندگی کے بہت غیر اہم حصے ہوتے ہیں ان کا خیال رکھا جائے۔ خیال محبت کا سب سے اہم اور طاقت ور چابی ہے۔ اور اس کے اثرات بھی اتنے ہی پوزیٹیو ہوتے ہیں۔ یہ کم اہم ہوتے ہوئے بھی، سب سے اہم اصول ہے۔

۵۔ ہر انسان دوسرے سے مختلف ہوتا ہے۔ اس بات کو سمجھا جائے اور اس کے مختلف ہونے سے اس کی سوچ بھی مختلف ہوگی، رائے بھی الگ ہوگی۔ اس کو بھی قبولیت دی جائے۔ پارٹنر کی سوچ، اس کی رائے آپ سے مختلف ہونے کا مقصد یہ نہیں کہ اس کو مسترد کر دیا جائے۔ وہ اپنی جگہ درست سوچتا ہوگا۔ اس بات کو قبول کیا جائے۔

۶۔ جو مسائل حل ہو سکتے ہیں۔ انہیں مل کر حل کیا جائے۔ جو مسائل حل نہیں ہو سکتے۔ ان کو اکٹھے برداشت کیا جائے۔ کیونکہ یہ دونوں کے مشترکہ مسائل ہیں۔

ے۔زندگی کے روزمرہ کے کام اکٹھے کئے جائیں۔اپنے مشترکہ مقاصد بنائے جائیں۔اور ان پہ مشترکہ کام کیا جائے۔

رابعہ کو اب یہ ترتیب زبانی جس طرح یاد تھی اس نے لکھ دی۔لیکن رابعہ کے لئے یہ سب نکات اس لئے اہم ہیں کہ۔یہ اصول صرف ازداجی زندگی میں اہم نہیں۔انسان کسی بھی رشتے میں،ان اصولوں پہ عمل پیرا ہو تو اس کے نتائج بہت غیر معمولی ہوتے ہیں۔یہ وہ سب نکات ہیں۔جو بظاہر بہت غیر اہم ہیں۔لیکن ان کی اہمیت ریلیشن شپ میں بہت بڑے بڑے کارنامے انجام دینے سے کہیں زیادہ ہے۔

یہاں افطار تیاری کی عروج پہ ہے۔شام کے پرندے بھی خوش ہیں کہ روزے دار افطار کریں گے۔یہ روزہ بھی خود سے ہی کیا ایک وعدہ ہے جو یہ سکھاتا ہے کہ اگر ہم خود سے اور رحیم سے وفا نہیں کر سکتے تو کسی سے بھی نہیں کر سکتے۔یہ خود تربیتی ورکشاپ ہے۔اور سب سے بڑھ کر اپنے معدے سے محبت ہے۔

یہ وفائیں کرنا سکھاتا ہے۔ورنہ یوسف کو خلوت میں دیکھنے والا تھا کون؟

رابعہ نے درویش کا خط پڑھا ہے درویش نے فنکاروں کی جو تقسیم لکھی ہے اس میں ایک تقسیم ایسی بھی ہے کہ رابعہ سوچتی ہے ان کو فنکار کیسے کہے۔رابعہ کہتی ہے کہ کیا یہ اچھا نہیں ہوا کہ درویش کو لاہور نہیں ملا اور وقت کی تقسیم و آندھیاں درویش کو وہاں لے گئیں۔جہاں وہ آزاد ہے اس کی سوچ آزاد ہے۔اس کا قلم آزاد ہے۔اس کی شخصیت آزاد ہے۔اس کی فکر آزاد ہے۔

لاہور کی ادبی تاریخ اپنی جگہ قابل رشک ہے۔رابعہ بھی بچپن میں یونہی سوچتی تھی۔لیکن وقت نے بتایا کہ یہاں ابھی تک سوچ اور قلم آزاد نہیں ہیں۔کبھی معاشرے کے کٹہرے میں ہے تو کبھی خاندانی ڈبی میں مقید۔

ماہ صیام سے کچھ دن قبل کی بات ہے۔فرحت پروین جو افسانہ نگار تو ہیں ہی،اس سے اہم یہ کہ وہ کینسر کی روک تھام کے سلسلے میں Cancer Care Hospital and Research Center Lahore کی ایک ایکٹو ممبر ہیں۔انہوں نے اسی سلسلے میں ایک ہائی ٹی کا اہتمام،صرف لکھاریوں کے لئے

کیا تھا۔ یہ ہسپتال صوفی صد مفت علاج فراہم کر رہا ہے۔ اس کا بریسٹ کینسر کا شعبہ اپنے فرائض احسن طور انجام دے رہا ہے۔ جس کے حوالے سے اس ہسپتال کے بانی ڈاکٹر پروفیسر شہریار نے آنکھیں نم کر دینے والی ایک documentary دکھائی۔ اور لیکچر میں ایک جملہ بہت توانا لہجے میں کہا ''شاید اب قلم میں وہ جادو نہیں رہا''، جس سے رابعہ اور بینا گو سندی متفق نہیں تھے۔ دونوں کا خیال تھا کہ طریقہ کار بدل گیا ہے، قاری بدل گیا ہے۔ مگر قلم کا جادو اب بھی قائم ہے۔

لیجئے درویش!

رابعہ کو اجازت دیجئے، بہت سی باتیں رہ گئیں مگر یہ خواہش پوری ہو گئی کہ رابعہ آج کا خط اس افطار ڈے پہ افطار پوائنٹ پہ لکھے

رات کی رانی آج شام میں ہی کھل گئی ہے اور اب خوشبو رات بھر دے گی۔

رابعہ کے اللہ کے حوالے

بتیسواں خواب نامہ

مرد اور عورت کی دوستی

۳ جون ۲۰۱۸

درویش کا رابعہ کو سلام جو بہت دور بھی ہے اور بہت نزدیک بھی۔

درویش بہت خوش ہے کہ اس کا دس ہزار میل دور بیٹھی رابعہ سے مکالمے کا سلسلہ اور خطوط کا تبادلہ جاری ہے ایسے خطوط جن سے دوستی کی خوشبو آتی ہے۔ رابعہ نے اس دوستی کا راز یہ بتایا ہے کہ وہ ایک مرد اور ایک عورت کی نہیں دو انسانوں کی دوستی ہے۔ درویش رابعہ سے متفق ہے لیکن یہ اضافہ کرنا چاہتا ہے کہ وہ دو ایسے انسانوں کی دوستی ہے جو ادیب بھی ہیں اور سچ کی تلاش میں نکلے ہوئے مسافر بھی ہیں۔

درویش رابعہ کے بارے میں نہیں جانتا لیکن اپنے بارے میں بخوبی جانتا ہے کہ اس کی رابعہ سے دوستی ممکن نہ ہوتی اگر اس نے اپنی زندگی میں ہوم ورک (homework) نہ کیا ہوتا۔ آج وہ رابعہ سے اپنا وہ ہوم ورک شئیر کرنا چاہتا ہے۔ درویش جب مشرق میں رہتا تھا تو اس سے ایک دوست نے پوچھا تھا ''کیا ایک مرد اور عورت کی دوستی ممکن ہے ایسی دوستی جس میں رومانس اور جنسی تعلقات شامل نہ ہوں؟'' درویش نے کہا تھا ''ہاں ممکن ہے لیکن اس کے لیے دو خاص لوگوں کی ضرورت ہے''۔ درویش کا دوست درویش کے موقف سے متفق نہ تھا۔ اس نے کہا ''اس نے مشرق میں اس قسم کی کوئی دوستی کبھی نہیں دیکھی''۔

درویش مشرق کے گھٹن زدہ اور جنس زدہ ماحول میں عورت سے دوستی کے خیال، تجربے، خواب اور آدرش

پرعمل نہ کرسکا۔ لیکن جب وہ مغرب میں آبسا تواس کی ایک خاتون سے ملاقات ہوئی جس کا نام ڈونا Donna تھا۔ وہ سپیشل نیڈز بچوں Special Needs Children کے سکول میں استاد تھی اور بعد میں پرنسپل بن گئی تھی۔ درویش کو ڈونا بہت مخلص اور ہمدرد دکھائی دی اور اس کی ڈونا سے دوستی ہو گئی۔ وہ دونوں گھنٹوں باتیں کرتے، سیر کے لیے جاتے، لنچ اور ڈنر کھاتے۔ درویش ڈونا کو مشرق کے کلچر اور ڈونا درویش کو مغرب کی ثقافت سے متعارف کرواتی۔ ایک دفعہ وہ دونوں کشتی میں بیٹھ کر ایک فرنچ جزیرے کی سیر کے لیے بھی گئے اور ساری رات ایک کمرے میں دو علیحدہ علیحدہ بستروں پر سوئے لیکن ان کے اندر کا مرد اور عورت نہ جاگے۔ اس رات کے بعد درویش کو یقین آگیا کہ وہ اپنے اس خیال، خواب اور آدرش پر عمل بھی کر سکتا ہے۔ درویش کو اپنی اس دوستی پر فخر تھا۔ لیکن پھر کیا ہوا کہ کچھ تنگ نظر لوگ درویش کی ڈونا سے دوستی سے حسد کرنے لگے اور ڈونا کے بارے میں شہر میں افواہیں پھیلانے لگے۔ درویش کو یہ بات بہت بری لگی۔ اسے بہت دکھ ہوا کہ کچھ لوگ ان کی معصوم اور مخلص دوستی کو شک کی نگاہ سے دیکھ رہے تھے۔

آخرا یک دن درویش نے ڈونا سے کہا''میں آپ کی بہت عزت کرتاہوں۔ آپ سے دوستی کا بڑااحترام کرتا ہوں۔ میں نہیں چاہتا کہ آپ میری وجہ سے بدنام ہوں۔ اگر آپ چاہیں تو ہم ملنا بند کر سکتے ہیں اور اس دوستی کو خداحافظ کہہ سکتے ہیں''۔ڈونا نے مسکراتے ہوئے کہا''ہماری دوستی کی بنیاد اخلاص پر ہے۔ ہمارے ضمیر صاف ہیں۔ ہمیں اس بات کی فکر نہیں کرنی چاہیے کہ ''لوگ کیا کہیں گے''۔

درویش ڈونا کی ہمت اور اخلاقی جرات سے بہت متاثر ہوا۔ اس نے ڈونا سے حوصلہ پایا اور دوستی کو قائم رکھا۔ ایک شام ڈونا نے درویش سے کہا'یہ رشک یہ حسد یہ جلن یہ جیلیسی سب عارضی ہیں۔ ایک دن میری شادی ہو جائے گی اور میرا شوہر ہماری دوستی کو قبول کرلے گا اس کے بعد یہ سب افواہیں جھاگ کی طرح بیٹھ جائیں گی۔ درویش کو ڈونا کی باتوں کا یقین تو نہ آیا لیکن وہ خاموش رہا۔

زمانہ طالب علمی ختم ہونے کے بعد درویش سینٹ جانز کا شہر چھوڑ کر وہٹبی چلا آیا جہاں وہ ماہر نفسیات کے طور پر کام کرنے لگا۔ شہر چھوڑنے کے باوجود درویش کی ڈونا سے دوستی برقرار رہی۔ آخرا یک دن ڈونا کا فون

آیا کہ وہ IAN کے عشق میں گرفتار ہو گئی ہے اور اس سے شادی کرنا چاہتی ہے لیکن شادی سے پہلے وہ چاہتی ہے کہ این درویش سے ملے اور درویش ڈونا کو این کے بارے میں اپنی رائے دے۔ چنانچہ ڈونا اور این وہٹبی آئے اور درویش کی کٹیا میں چند دن رہے۔ درویش این کے خیالات اور نظریات اور کردار سے بہت متاثر ہوا اور اس نے اس شادی کی حمایت میں اپنا ووٹ دے دیا۔ اس دوران درویش کی این سے بھی دوستی ہو گئی۔ جب درویش کی این سے بے تکلفی ہوئی تو این نے کہا کہ جب ڈونا نے کہا کہ وہ چاہتی ہے کہ میں درویش سے ملوں تو میں بہت گھبرایا کیونکہ درویش ایک ماہرِ نفسیات ہے۔ این سمجھا کہ ڈونا اس کی تحلیلِ نفسی کروانا چاہتی ہے۔ لیکن بعد میں این کو احساس ہوا کہ درویش کا ڈونا کا دوست ہونا اس کے ماہرِ نفسیات ہونے سے زیادہ اہم تھا۔

چنانچہ جب ڈونا کی این سے شادی ہوئی تو درویش بھی اس میں شامل تھا۔ اس دن درویش کو ڈونا کی پیشین گوئی یاد آئی جو صحیح ثابت ہوئی۔

ڈونا سے دوستی درویش کے ہوم ورک کا آغاز تھا۔ ڈونا سے دوستی کے بعد درویش کی اپنی ایک نرس رفیقِ کار Anne سے دوستی ہوئی جو ایک عیسائی خاندان کی پروردہ تھی پھر درویش کی ایک سوشل ورکر Hildy سے دوستی ہوئی جو ایک یہودی خاندن کی بیٹی تھی۔ پھر درویش کی ایک ٹرینیڈاد کی سیاہ فام نرس Angela سے دوستی ہوئی جو بہت مذہبی تھی اور چرچ میں گاتی تھی۔ ان تمام دوستیوں سے درویش کو اندازہ ہوا کہ وہ رنگ، نسل، زبان اور مذہب سے بالاتر ہو کر عورتوں سے دوستی کر سکتا ہے۔

لیکن یہ سب دوستیاں مغرب کی عورتوں سے تھیں۔ درویش نے جب بھی کسی مشرقی عورت سے دوستی کرنے کی کوشش کی تو وہ دوستی مسائل کا شکار ہو کر ختم ہو گئی۔ اور پھر درویش کے ہوم ورک کا نیا باب اس دن شروع ہوا جس دن اس کی ملاقات ایک مشرق کی خاتون زہرا نقوی سے ہوئی۔

زہرا نقوی نے درویش کو ملتے ہی کہا 'درویش! میں آپ کی دوست بننا چاہتی ہوں' درویش نے مسکرا کر کہا 'وہ کیوں؟' زہرا نے کہا 'میں نے آپ کی کتاب Special Needs Children پڑھی ہے اس کتاب میں آپ نے لکھا ہے کہ جب بھی آپ کسی مشرقی عورت سے دوستی کرنا چاہتے ہیں تو اس خاتون کا

باپ، بھائی، شوہر یا بیٹا آپ دونوں کی دوستی کو شک کی نگاہ سے دیکھنا شروع کرتا ہے اور دوستی ختم ہو جاتی ہے۔ میں آپ کو یقین دلاتی ہوں کہ ہماری دوستی میں کوئی بھی مخل نہیں ہوگا۔ ہماری دوستی پر کوئی مرد اعتراض نہیں کرے گا‘۔

اس طرح درویش کی زہرا سے دوستی ہو گئی جو آج تک قائم ہے۔ زہرا سے دوستی کے بعد درویش کا حوصلہ بڑھا اور پھر اس نے کئی اور مشرقی خواتین سے دوستی کی۔ یہ تو درویش کے ہوم ورک کی تفصیل ہے۔ درویش نے تو یہ ہوم ورک مغرب میں رہ کر کیا۔ درویش رابعہ سے متاثر ہے کہ اس نے عورت ہوتے ہوئے اور مشرق میں رہتے ہوئے یہ ہوم ورک کیسے کر لیا۔ اسی لیے درویش نے رابعہ سے کہا تھا کہ اس دوستی کا زیادہ کریڈٹ رابعہ کو جاتا ہے۔

درویش آج بہت خوش ہے اس نے ایک نیا پروجیکٹ شروع کیا ہے۔ وہ چند ہفتوں سے اپنے ادیب اور طبیب دوست بلند اقبال کے ساتھ مل کر‘ جو حمایت علی شاعر کے بیٹے ہیں‘ ایک ٹی وی کا ہفتہ وار پروگرام In Search of Wisdom کر رہا ہے۔ اس پروگرام میں وہ ایک فلسفی اور ایک کتاب پر تبادلۂ خیال کرتے ہیں تاکہ لوگوں کو اندازہ ہو سکے کہ صدیوں سے ساری دنیا کے دانشور انسانیت کو دانش کے کیا تحفے دیتے رہے ہیں۔ درویش نے اس پروگرام کے لیے پچاس فلاسفروں اور ایک سو کتابوں کا مطالعہ کیا ہے۔ اب وہ ان فلسفیوں اور ان کتابوں کا عام فہم زبان میں عوام سے تعارف کروانا چاہتا ہے۔ چنانچہ آج صبح درویش نے چینی فلاسفر کنفیوشس اور لاؤزو پر ایک مضمون لکھا ہے۔ اس لیے درویش بہت خوش ہے۔ جب درویش کوئی تخلیقی کام کر لیتا ہے تو اس کے اندر کا بچہ جاگ جاتا ہے اور بچوں کی طرح آئس کریم یا کسی میٹھی چیز کی فرمائش کرتا ہے۔ اب درویش رابعہ سے اجازت چاہتا ہے تا کہ اپنے اندر کے بچے کی ضد پوری کرے تا کہ وہ آئندہ بھی اس کے ساتھ تعاون کرے اور اس کی طالب علمانہ حیرت کو قائم رکھے۔ درویش کا خیال ہے کہ کسی بھی شاعر یا ادیب کی کامیابی کے لیے ضروری ہے کہ اس کے اندر کا حیرت سے بھرپور بچہ زندہ رہے، رابعہ کا اس کے بارے میں کیا خیال ہے؟

تینتیسواں خواب نامہ

ہم سب پردیسی ہیں

۴ جون ۲۰۱۸

ہیلو درویش! پردیس سے ہوائیں سلام لائی ہیں۔ جہاں درویش رہتا ہے وہ اس کا دیس ہے اور رابعہ کا پردیس۔ جہاں رابعہ رہتی ہے وہ درویش کا پردیس ہے۔ دیس کوئی بھی ہو۔ انسان یہاں پردیسی ہی ہے۔ ایک شاعر نے کیا خوب فرمایا ہے

پردیسیوں سے ناں کھیاں ملانا

پردیسیوں کو ہے اک دن جانا

تو یا درویش ہمیں اک دن یہاں سے جانا ہی ہے۔ ہم سب پردیسی ہیں۔ ہم سب مسافر ہیں۔ زندگی کے مسافر۔

حیرتوں والوں کے سفر کبھی ختم نہیں ہوتے۔ رابعہ درویش کی حیرت و فلسفہ حیرت سے متفق ہے۔

پردیسی درویش کا برقی رابطہ کسی فنی خرابی کے باعث منقطع ہے۔

خیر یہ وقفہ قدرت کی طرف سے آتا ہے جس میں تخلیق پروان چڑھتی ہے۔ یوں بھی تخلیق خلوت میں قوس قزاح بکھیرتی ہے۔

143

یاد رویش سلسلہ جہاں سے ٹوٹا تھا۔ وہیں سے جوڑتے ہیں۔

تو اس خاندانی پس منظر کے ساتھ ساتھ ہوا یوں کہ رابعہ نے چار سالوں کے علاوہ ساری تعلیم کو ایجوکیشن حاصل کی۔ بہت عرصہ تک تو اس کا بھائی ہی اس کا کلاس فیلو بھی رہا۔ پھر دونوں الگ الگ کالجز میں چلے گئے۔

پھر یونیورسٹی لائف آئی یہاں رابعہ نے باقاعدہ لکھنا شروع کیا۔

اس کے بعد یہ دور بھی ختم ہوا تو اب کرنے کو کیا بچا تھا۔ زندگی کے بھنور نے اک بار پھر اس کو اس طرح گھیر لیا کہ چاروں اور کوئی رستہ بچا ہی نہیں۔ سوائے قلم و کاغذ کے۔ جذبات و احساسات کے۔

اسے وقت کے فرعون نے اپنی قید میں لے لیا۔ اسے لگا وقت و زندگی کہیں بہت دور بہت پیچھے رہ گئے ہیں۔ سمجھوتا بھی مشکل تھا۔ قبولنا بھی دشوار، سانس وقت نزاع کی مانند حلق میں اٹک سی گئی تھی۔ وہ اس کے نکلنے کا انتظار کرنے لگی۔

وقت کٹے نہیں کٹتا تھا۔ نہ دن بسر ہوتے تھے، نہ رات سفر ہوتی تھی۔ اسے اپنے ایک ٹیچر ندیم اصغر سید کا اک جملہ پہاڑوں سے ٹکرائی بازگشت کی طرح روز کنکریاں بن کر لگتا محسوس ہوتا

"لکھو اور اتنا لکھو کہ تمہارے لفظ بولنے لگیں"

رابعہ مسلسل افسانے لکھنے لگی۔ اور پاکستان کے سب ادبی جریدوں میں اس کے افسانے شائع ہونے لگے۔ رات کا ایک پہرہ وہ کتابیں پڑھتی اور دوسرے پہر کوئی موی دیکھتی۔

اسے جرمن موویز اچھی لگنے لگیں، اس کے بعد ایرانی موویز نے اس کو ہانٹ کیا۔ آرٹ موی، کلاسیکل موی، رومانٹک موی، اسے ایکشن موی کے علاوہ ہر طرح کی سٹوری اچھی لگتی۔

چند برس یونہی جمود میں گزر گئے۔ اس دوران رابعہ اپنے ادبی دوستوں میں "رتّاء" بن گئی۔ بہت جلد افسانہ اس کی ڈھکی چھپی پہچان بن گئی۔ کہ ارم کم ادبی رسائل پڑھنے والے اس نام سے واقف ہو گئے تھے۔

کہ ایک روز اسے ایک فون آیا کہ کیا وہ افسانہ انسائیکلوپیڈیا کی کو مرتب بننا پسند کرے گی۔ اس نے ناکچھ سوچا ناسمجھا کہ ابھی زندگی کی ریل پٹڑی پہ چڑھنا تھی لہذا ہاں کر دی۔ کوئی ریٹن اگریمنٹ نہیں کوئی ثبوت نہیں کہ وہ اس پروجیکٹ کو اپنا خون پسینہ دے رہی ہے. اور اسے کہا بھی یہی جا رہا تھا کہ خاموشی سے کام کرنا ہے۔ خیر اس کے بعد جو ہوا. اس کا شہرہ زمانے میں خود ہی ہو گیا یہاں یہ بات بے کار ہے۔

بس فانی وقت کی فرعونیت و زلیخائی باد شاہت انسان کو اس بات سے غافل کر دیتے ہیں کہ موسیٰ و یوسف کا خدا بھی کہیں موجود ہے۔ واللہ

کبھی درویش نے یوسف و موسیٰ کے خدا کی خدائی شان دیکھی ہے؟

رابعہ کے سامنے یہ شان اس وقت بھی مسکرا رہی ہے۔ جب جون جو بن پہ ہے، مگر اس وقت ٹیرس میں بیٹھی رابعہ کو ٹھنڈی ہواؤں کی خنکی کا احساس تقویت دے رہا ہے۔ بندا ے سی AC زدہ کمروں میں بھی وہ سکون نہیں ہے۔ جو اس وقت یہاں رقصاں ہے۔ سکون کیا ہے، اک کیف ہے، اک سرور ہے۔ دو وقت جلد آپس میں مل جائیں گے۔ ہلکے ہلکے گہرے سرمئی بادل بھی افق پہ چھائے ہوئے ہیں۔ آسمان جادوئی امید رنگی ہو رہا ہے۔ ٹھنڈی ہوائیں یوں مہک کے چل رہی ہیں جیسے کوئی انہیں امید یاد دے گیا ہو۔

یاد رویش لاشعور رابعہ کو پھر اپنے ساتھ بہا کر لے گیا تھا۔

اس کے بعد ہوا یوں کہ رابعہ نے انسائیکلوپیڈیا کا کام برطانیہ سے شروع کیا۔ مرزا امجد نے ''برطانیہ کے ادبی مشاہیر'' کتاب مرتب کی تھی جو اپنے آخری مراحل میں تھی۔ ان کے توسط سے یورپ کے اردو ادیبوں سے رابطہ ہونے لگا۔ کام بہت دھیرے دھیرے چل رہا تھا۔

ایک کے بعد ایک ادیب یوں یہ سلسلہ پوری دنیا میں پھیلتا چلا گیا۔

یہ وہ دور تھا، جب ابھی وٹس ایپ متعارف نہیں ہوا تھا۔ وائبر اور سکائپ تھا۔ لیکن اکثر لوگ انہیں بھی استعمال نہیں کرتے تھے۔ امریکہ میں موبائل فون کے پیکیجز تھے مگر یورپ میں پاکستان سے یہ سہولت بھی

میسر نہیں تھی۔

البتہ ای میل کا زمانہ عروج پہ تھا۔

وقت، یہاں دن تو وہاں رات مسکراتی تھی۔

اس صورت حال میں دشواریاں مزید دشواری پیدا کر سکتی تھیں اگر یہ کام رابعہ کا خواب اور عشق نہ بن گیا ہوتا۔

یوں کوئی چار سو اردو دان طبقہ سے پوری دنیا میں ٹیلی فونک رابطہ ہوا۔ بند کمرے میں اک کھڑکی کھل گئی۔ اک محبت کی مشعل روشن ہو گئی۔

کچھ سے رابطہ یوں ہوا کہ ای میل ایک لفظ کی کمی بیشی سے کہیں اور سفر کر جاتا۔ اور جس کو بھی ملتا کام کی تفصیلات پڑھ کر وہاں سے پیشگی مبارکباد کا ای میل ضرور موصول ہو جاتا۔ جی میل میسنجر بھی اس دور میں کال اور چیٹ کا اہم ذریعہ تھے لیکن یہ بھی عمومی استعمال میں نہیں تھے۔ آئی ٹی سے وابستہ لوگوں کا شغف تھا۔

اسی دوران رابعہ کو بہت سے پاکستانی پردیسی ملے، جنہیں ملک چھوڑ کر گئے برسوں بیت چکے تھے۔ وہ بہت حیرانی و دلچسپی سے ملکی زمینی حقائق جاننا چاہتے تھے۔ سب سے آخر میں پاکستان اور انڈیا میں کام کیا۔

لیکن وہی درویش کا جملہ کہ یہاں ایک مرد اور عورت کی دوستی بحیثیت دوست نہیں ہو سکتی۔ یہاں سب جنت سے نکلے مرد اور عورتیں رہتے ہیں۔ جن کا پردہ چاک ہو گیا ہے تو انہوں نے بھی سوچ لیا ہے چاک ہی رہے تو بہتر ہے۔ گویا یہاں انسان نہیں رہتے مرد اور عورت رہتے ہیں۔ جو دوست نہیں ہو سکتے۔ اور اگر وہ مرد و عورت نہیں ہیں تو وہ خود ہی خود کو تیسری جنس بھی سمجھ سکتے ہیں۔

یہاں چونکہ مرد اور عورت کے درمیان ''انسانی سطح کی دوستی'' جیسا کوئی تعلق نہیں لہذا کوئی مرد ہزار بار بھی شادی کر لیا ور لاکھوں بار بھی ہر نبض چلتی عورت سے خلوت کے منتر پڑھ لے اس کے بعد بھی اگر کوئی

عورت اس کو کشش کی حد تک بھی اچھی لگتی ہے تو اس کی دلی خواہش ہوتی ہے کہ اس عورت کی شادی کبھی نا ہو۔ تاکہ وہ اس کو حیلے بہانوں سے مظلوم ثابت کر کے، جبلی ضرورت اس کا حق جیسے نعرے سنا کر، اپنے حرم سرا کی جنسی لونڈی بنا سکے یا کم از کم اس کی کوشش تو کر سکے۔

یہاں ابھی تک بھی تعلیم کا کوئی اثر نہیں ہوا، ڈگریوں کی ریٹنگ ہوتی ہے۔ یہاں ابھی تک بھی ہم نے عورت کو انسان نہیں مانا، یہاں ابھی تک بھی عورت سیکس ڈول Sex Doll ہے، یہاں ابھی تک بھی عورت کا اگر دماغ کام کرتا ہے تو کہیں اس کی چوٹی کے نچلے ترین حصے میں مقید ہے۔ یہاں ابھی تک بھی عورت کی زندگی کی ڈور اس کے محرم (و نامحرم) مردوں کے ہاتھ میں ہے۔ جو نامحرم جھوٹی و منافق محبت کے نام پر عورت کے جذبات اور جسم سے کھیل کر اسے نفسیاتی مریض یا ایک بے باپ کے بچے کی ماں بنا کر چھوڑ جاتے ہیں۔ بچے کبھی تو عورت کے جسم میں ہی مار دیے جاتے ہیں یا کبھی کسی کوڑے کسی کے ڈھیر پہ ملتے ہیں۔ یہ مرد عورت کے جسم کو وحشی کتوں اور وحشی چیتوں کی طرح استعمال کرتا ہے کہ وہ زمین کسی اور فصل کے لیے بنجر ہو جائے اور اس وحشی پن کا نام ہم نے love-making رکھا ہوا ہے۔ یہاں آج کی عورت طوائف ہے یا ماں ہے۔ یہاں طوائف خانے بند ہو گئے ہیں۔ مگر ان کی جگہ شرفاء کے گھروں نے لے لی ہے۔ یہاں آج بھی عورت کی مرضی مرد کے پیر کے نیچے مسلی جانے کی چیز ہے۔ یہاں آج بھی مرد دو ٹانگوں کے درمیان کا غلام ہے، یہاں آج بھی مرد، وہ مرد ہے جس کے بارے میں ایک ہندستانی فلم کا ڈائیلاگ تھا "مرد کو کبھی درد نہیں ہوتا"

یہاں آج بھی مرد کا رویہ انسانی نہیں حاکمانہ ہے، ظالمانہ ہے، وہ جذباتی و جسمانی درد کو تو درد سمجھتا ہی نہیں۔ محبت اور سیکس آج بھی اس کا کھیل ہے، خواہ کوئی اس کی چاہت میں اپنی جان سے ہی کیوں نہ چلا جائے۔ مرد آج بھی محفلوں میں بیٹھ کر اپنے معاشقوں کے قصے کہانیاں فخر سے اور مزے لے لے کر سناتا ہے۔ مرد آج بھی ہر اس عورت کی بھی کردار کشی محفلوں میں کرتا ہے جو اس کے قابو نہیں آئی ہوتی اور جو اس کے جال میں پھنس جاتی ہے اور جس سے اس کا کوئی واسطہ بھی نہیں ہوتا۔ صرف یہ ثابت کرنے کے لئے کہ وہ بہت بڑا ہیرو ہے۔ بے لگام گھوڑی کو بھی نکیل ڈال لیتا ہے۔ جبکہ اس عورت کی دور کی مہک سے

بھی وہ واقف نہیں ہوا۔ آج بھی یہاں مرد اپنی استعمال شدہ گرل فرینڈ دوست کو دے دیتا ہے اس لئے کہ اس کے ہاں دوسرے کی بیٹی بہن کی عزت اور جذبات بالکل اہمیت نہیں رکھتے۔ وہ آج بھی شرطیں لگا کر عورت پھنساتا ہے اور پھر اس کو سر بازار لے جا کر ہار جاتا ہے۔ کم تر سے کم تر مرد کے بھی ذرا پیر زمین سے اٹھتے ہیں تو ہر عورت کو اپنا جائز جنسی غلام سمجھنے لگتا ہے جو ذرا مغرور ہے وہ اپنے آپ کو چوزی ثابت کرنے کے لئے اعلیٰ عورتوں کے جذبات سے ہوتا اپنی آخری خواہش ہوس کا کھیل کھیلتا ہے۔ عورت کی جذباتی و معاشی مجبوریوں سے اسے خرید لیتا ہے۔ کچھ تو اس کی بھی پروا نہیں کرتے۔ کہ وہ مجبور ہے یا نہیں۔ مرد کو بس کسی بھی صورت نیا پیس (یعنی نئی عورت) چاہیئے ہوتا ہے۔ اس میں مرد کی عمر کی کوئی قید بھی نہیں البتہ عورت جوان ہونی چاہیے۔ حالیہ ہراسمنٹ کے جو کیسز سامنے آئے ہیں اس نے ان حقیقتوں کو بے نقاب کیا ہے۔

یا درویش دیکھئے ناں آپ کو چائے کی طلب ہے تو آپ شہر بھر میں بنے اپنے کسی پسندیدہ یا افورڈ ایبل چائے خانہ میں جائیں گے ناں، مہذب ہونے کا طریقہ کار واصول تو یہی ہے۔ اب اگر آپ گھر گھر دروازہ کھٹکھٹا کر کہیں کہ مجھے چائے کی طلب ہے۔ آپ کے ہاں سے پینا چاہتا ہوں۔ یہ کہاں کی تہذیب ہے یہ تو ٹھیک ہے؟

یہاں ابھی بھی مرد طلب کی بھیک میں ہے۔ وہ چائے خانہ جا کر اپنی طلب کی قیمت تک ادا کرنے کو تیار نہیں۔ اور خود کو بھکاری سمجھتا بھی نہیں۔

وہ کشکول میں مظلومیت ڈال کر پھرتا ہے۔ مظلوم اس کی بیوی ہے یا بیویاں ہیں۔ جوان سے لڑتی ہیں، ان پڑھ جاہل ہیں۔ انہوں نے زندگیاں عذاب بنائی ہوئی ہیں وغیرہ وغیرہ یا مظلوم کے گھر والوں نے اس پہ ستم کئے کہ اس کی بیوی اپنی پسند سے لائے ہیں۔ اس کی شادی نہیں کی، بھلے اس کی دس شادیاں ہو چکی ہوں اور در جنوں خفیہ معاشقے ہوں۔ مگر وہ بے چارہ مظلوم ہے۔

والله ۔۔۔ اے درویش! بس اتنا ہی کہ یہاں مرد و عورت بستے ہیں۔ جن کی زندگی کا محور لذت ہی لذت ہے۔

اُف مگر افسوس کہ میڈیکل سائنس ہمیں جو کچھ بتاتی ہے۔ وہ اس کے اتنا برعکس ہے کہ یہ کھلے مرد نہیں سمجھ پائے کہ کسی ظالم عورت نے یہ سائنس پڑھی بھی ہو سکتی ہے اور اس بے چارے کالطیفہ بھی بنا سکتی ہے۔

اب معاشرے میں وہ بات نہیں رہی اب لڑکیاں مردوں کے نام لے کر ان کے کردار کو ڈسکس کرتی ہیں۔ جیسے مرد کرتے تھے۔ اب وہ ان کے ساتھ گزرے لمحات کا ذکر ویسے ہی کرتی ہیں، جیسے وہ کرتے تھے۔ اب وہ تکیوں میں منہ دے کر بے وفائی کا رونا نہیں روتیں۔ زندگی کا ایک زخم سمجھ کر آگے بڑھ جاتی ہیں۔

اب چونکہ لڑکیوں کی تعداد بھی زیادہ ہے اور وہ پڑھ لکھ بھی زیادہ گئی ہیں اس کے برعکس لڑکے، خصوصاً شہری لڑکے خالی مردانگی پہ جی رہے ہیں۔ تو میرے عزیز درویش یہاں لڑکی سے کھیلنے کا سب سے آسان ذریعہ ہے اسے شادی کا خواب دے دو۔

والدین یونہی لڑکیوں کی ایسی تربیت کرتے ہیں جیسے شوہر مرد وانسان نہیں کوئی نجات دھندہ ہے۔ کوئی سپر مین ہے، جو اسے سیدھا جنت میں لے جائے گا۔ در حقیقت والدین اپنی محرومیوں کا بوجھ اس سپر مین پہ ڈال رہے ہوتے ہیں۔

یوں یہ خواب کا سفر چکنا چور ہو جاتا ہے۔ شادی سے پہلے بھی بعد میں بھی۔

پہلے وہ اس خواب میں کھلونا بنتی ہے۔۔۔۔۔۔ بعد میں وہ کانچ کی گڑیا کی طرح ٹوٹ جاتی ہے۔

مترنم ہوائیں بھلی لگ رہی ہیں۔ صبح نے آنکھیں کھول لی ہیں۔ اب یہ آنکھیں ملانے کو تیار ہے۔ ہوا کی خوشبو بتا رہی ہے، کہیں برس کر آئی ہے۔ رابعہ کے سامنے جامن کا پیڑ ہوا کے سنگ رابعہ کا ایک پسندیدہ نغمہ گنگنا رہا ہے۔

نہ اس منظر سے جدا ہونے کا دل ہے، نہ اس خوش گوار ہوا سے، نہ تخلیق سے دوری کا من ہے، نہ فطرت

سے ہجر کی تمنا ہے۔ لیکن طوالت بہت ہو گئی ہے۔ اور رابعہ کی بات بھی قدرے مکمل ہو چکی ہے وہ درویش کو حالات و واقعات جس پہ اس کا اختیار نہیں تھا۔ سب بتا چکی ہے۔ درویش کو اپنے تئیں اپنا نقطہ نظر بیان کر چکی ہے. جسے درویش اپنی فکر میں ہوم ورک کہتا ہے۔

یاد رویش! پاس ہی سے فاختہ کے خوش ہونے کی آواز آ رہی ہے چڑیاں چہچہا رہی ہیں۔ کوئی اپنے گیت گا رہے ہیں۔

رابعہ خوابوں کے سفر پہ جانا چاہتی ہے۔ اپنی زندگی میں تو عشق کے چالیس اصول سمجھنے کا وقت نہیں مل رہا شاید خواب میں ہی وقت میسر آ جائے۔

خواب بخیر اے درویش۔

چوتیسواں خواب نامہ

ہر زندگی ایک کلیہ مانگتی ہے

۸ جون ۲۰۱۸

یا درویش! بہت دنوں بعد آمد مگر سلام صبح روشن قبول کیجئے

یہ دن بھی زندگی کے لرنگ پروسس تھے۔ زندگی کی بھٹی میں کچھ تجربے زندگی کے کچھ نئے کلیے بنا رہے تھے۔

یہ زندگی بھی بہت عجیب سوال ہے اور اس کا جواب اس سے بھی زیادہ حیران کن۔ اور انسان غافل ہر نئے جواب کو نیا کلیہ سمجھ کر اسی سے باقی زندگیوں کو جمع تفریق کرنے لگتا ہے اور سمجھنے لگتا ہے کہ اس کا جواب بھی اب نکل آئے گا۔ لیکن ہوتا یوں نہیں۔ یہ کلیہ ایک نئے سوال کو جنم دے دیتا ہے۔ گو دنیا میں جتنے انسان ہیں اتنے ہی کلیے ہیں، آپ کسی ایک کلیے سے کبھی بھی سب زندگیوں کے بھرپور اور حتمی جواب نہیں دے سکتے۔ ہر زندگی اپنا کلیہ مانگتی ہے۔ ہر انسان کی ایک الگ چابی ہوتی ہے۔ جس سے اس کے اندر کا تالا کھلتا ہے۔ ورنہ ہم انسان ساری عمر ایک بند انسان کے ساتھ گزار دیتے ہیں اور مطمئن نہ ہونے کا عجب گلہ کرتے ہیں کیونکہ ہمارے پاس اس کی چابی نہیں ہوتی اور یہ چابی بھی دینے والے نے جس دوسرے انسان کو دی ہوتی ہے کبھی تو وہ آپ کی زندگی میں آجاتا ہے اور کبھی عمر بھر ایسا نہیں ہو پاتا۔ اور دونوں ایک خالی خالی زندگی گزار کر عالم فانی سے کسی اور عالم منتظر میں منتقل ہوتے ہیں۔۔۔۔۔ شاید یہی غالب انکل فرماتے

ہیں

میرے کے بھی چین نہ پایا تو کدھر مڑ جائیں گے

جانا اصل میں کہیں بھی نہیں یہ دائروی سفر ہے، اندھیرا آتا ہے، تو انسان گھبرا جاتا ہے، روشنی ہوتی ہے، تو انسان اترا جاتا ہے، جیسے اب یہ ہمیشہ رہے گی اور جیسے اس نے سب کچھ فتح کر لیا ہو۔

لیکن وہ یہ بھول جاتا ہے۔ مشاہدہ نہیں کرتا کہ نا اندھیرا اس کے بس میں تھا، نا ہی روشنی اس کے اختیار میں ہے۔

البتہ یہ وقتی احساساتی مد و جزر ہیں، جو اس کے اپنے ہی پیر کی زنجیر بن کر اس کو کسی اور وجود کی طاقت کا احساس دلاتے ہیں۔

ابھی پچھلے دنوں ہی پڑھا کہ ایک معروف نفسیات دان انسانوں کے حوالے سے لکھتے ہیں کہ انسان دو قسم کے ہوتے ہیں

انہوں نے ان دو اقسام کے لئے دو تشبہات استعمال کی ہیں : باسکٹ اور ڈائر۔

باسکٹ : یہ ایسے انسان ہوتے ہیں کہ جب آپ سے ملتے ہیں تو آپ کی قدرتی صلاحیت میں نکھار آنے لگتا ہے۔ یہ آپ کے لئے فائدہ مند ہوتے ہیں، آپ کے دوست ہوتے ہیں اور یہ سب شعوری طور پہ بھی نہیں ہو رہا ہوتا۔

ڈائر : یہ ایسے انسان ہیں کہ جب آپ سے ملتے ہیں تو آپ کی صلاحیتوں کو کھا جاتے ہیں۔ آپ کی فطری قوتوں کو ضائع کر دیتے ہیں، ان کے آتے ہی زندگی میں ہلچل آ جاتی ہے۔ یہ آپ کی قوتوں کو یوں ضائع کرتے ہیں جیسے سوئی کو کچھ دیر مقناطیس کے ساتھ رگڑا جائے تو وہ اس کی قوت بھی چھین لیتی ہے۔

اس طرح کے انسان کبھی بھی دوست ثابت نہیں ہوتے۔

یا درویش ! حسن اتفاق و خوش بختی رابعہ کو ڈائرز بھی دیکھنے کا موقع ملا، باسکٹس بھی۔

اور وہ اس نتیجے پہ پہنچی کہ زندگی کے ساتھ ایک ان دیکھی چھلنی لگی ہوئی ہے۔ جس میں سے ملنے والے انسان خود بخود تجربے و مشاہدے سے چھنتے چلے جاتے ہیں اور آخر میں اپنی مطابقت کے لوگ رہ جاتے ہیں کیونکہ اس چھلنی کے سوراخ انہیں خود سے باہر نکال نہیں پاتے۔ اس لئے کہ ان کا وجود بڑا اور بھرا ہوتا ہے۔

اور یہ مطابقت کے قبائل یا ہم روح، ہم قبیلہ ہوتے ہیں اور ہم روح، ہم قبیلہ جب ملتے ہیں تو انہیں خود کہیں اور سکون نہیں آتا۔ یہ ایک کیمسٹری ہے۔ جس کو اب سائنس بھی اپنی لیبارٹری میں سمجھنے کے لئے لے گئی ہے۔ کچھ ان کی سمجھ میں آ گیا ہے۔ باقی تحقیقات سے آ جائے گا۔

اور ایک دن وہ بھی آئے گا جب سائیکی کا معنی "ذہن" بھی بدل جائے گا۔

رابعہ سے درویش نے ہوم ورک کا پوچھا ہے۔ درویش جس کو ہوم ورک کہتا ہے۔ رابعہ اس کو بے اختیار و بے بس حالات کہتی ہے۔ جو کوشش محنت اور ہمت کے باوجود نہیں بدلتے۔ اور کسی حد تک پیدائش کے ساتھ ہی انسان کے ساتھ آ جاتے ہیں اور خوشبو بنے چپکے رہتے ہیں۔۔ لاکھ نہائیں دھویں تپسیا کریں۔ نتیجہ حیرت کے سوا کچھ نہیں نکلتا۔ اب یہ حیرت خوشگوار بھی ہو سکتی ہے ناخوشگوار بھی، قبول بھی کی جا سکتی ہے، رد بھی۔

قبولیت کی صورت میں یہ زندگی کا سچ بن جاتا ہے۔ رد کی صورت اضطراب میں ڈھل کر اک نیا سوال بن جاتا ہے۔ جسے پھر نئے مگر اپنے کلیئے کی چابی درکار ہوتی ہے۔ جو کائنات میں نجانے کس کو دے دی گئی ہوتی ہے۔ اس چابی تک پہنچ خود اک نئے سفر کو جنم دے دیتی ہے۔ نئے حالات، نئے واقعات رونما ہوتے ہیں۔ جو ماضی کا پیش خیمہ تھے۔ اور اچانک کوئی حادثہ یا تو آپ کو آپ کی چابی سے ملا دیتا کہ یا سفر جاری رہتا ہے۔ یا چابی والا آپ کے پاس سے اک کشش لئے گزر جاتا ہے اور آپ کے تعلق کا تالا تیز ہواؤں سے ہلتا ہوا بند کا بند ہی رہ جاتا ہے کبھی تو یہ زنگ آلود بھی ہو جاتا ہے۔

سو رابعہ باوجود کوشش شعوری طور پہ کوئی ہوم ورک نہیں کر سکی۔ البتہ حالات کی کشتی خود اسے موسیٰ کی کشتی کی طرح کسی نا کسی ان چاہی ان دیکھی دنیا تک لے گئی۔

جہاں اور جب وہ پیدا ہوئی اس کی چوائس نہیں تھی۔ جو حالات آس پاس تھے اس کے پیدا کردہ نہیں تھے۔ نا ہی اس کا انتخاب تھے۔ جو حالات اس نے پیدا کرنا چاہے، ان کا abortion ہو گیا۔ اب جو تھا سو اسے قبول کرنا تھا۔ اپنے والدین کی پہلی اولاد تھی۔ اس کے بعد سب بھائی تھے۔ اس دور کے مطابق چھوٹا سا جوائنٹ فیملی سسٹم تھا تایا جان اور بابا اکٹھے ماڈل ٹاون میں رہتے تھے۔ تایا جی کے بھی چار بیٹے ہی تھے۔ یوں یہ آٹھ بھائی ہی نہیں، آٹھ مردانہ نفسیات بھی تھیں۔

وقت سفر کرتا گیا ننھیال و ددھیال میں اس کی اتیج گروپ میں اس پاس کوئی لڑکی نہیں تھی۔ لاڈلی بن گئی۔ رابعہ اپنے بچپن گزار چکی تو خاندان میں لڑکیوں کی پیدائش شروع ہوئی۔ اب وہ رابعہ کی دوست تو بن نہیں سکتی تھیں۔ بچپن میں بھی بابا لڑکیوں کے ساتھ نہیں کھیلنے دیتے تھے۔ ان کو اپنی اکلوتی بیٹی منفرد چاہئے تھی۔ یوں در جنوں نفسیات و کردار تو رابعہ کے آس پاس ہی تھے۔

رابعہ کی خوش بختی کہ اس کو بھائیوں کے ساتھ، کزنز کے ساتھ کھیل کود کی آزادی تھی۔ یوں شروع میں تو وہ ٹام بوائے بھی بنی کہ عید پہ اس کے اور بھائیوں کے کپڑے بھی ایک جیسے آتے تھے۔ لیکن وقت کے ساتھ ساتھ اسے سمجھ آگیا کہ لڑکی کا لڑکی پن میں ہی اچھی لگتی ہے۔ فطرت کا حسن فطرت میں، ہی ہے۔ اس کو اب لڑکی بننے میں شرم آتی تھی۔ یہ پپل کراس کرتے بھی اسے وقت لگا۔ لیکن آخر کار زندگی اس پہ خود بخود کھلنے لگی۔ میگزینز سے، رسائل سے۔ اور نجانے کتنے ان دیکھے، بنا محسوس کئے قدرتی حالات و واقعات ہو نگے۔ جو اس کے شعور و لاشعور میں بھی نہیں ہیں۔

مگر اس کی بھائیوں سے محبت کم نہیں ہوئی، برتری کم تری کا احساس نہیں ہوا۔ حسن کا احسان ہوا کہ مرد مردانہ پن میں اور عورت زنانہ نزاکت میں ہی حسین لگتی ہے۔ فطرت یہی ہے کہ فطرت میں رہ کر جیا جائے۔ فطرت سے بغاوت بے سکونی اور اضطراب کا باعث بنتے ہیں۔ اور ان دونوں حالتوں میں کوئی کلیہ کوئی فلسفہ جنم نہیں لے پاتا۔ جو مفروضے بنتے ہیں۔ ان کی زندگی نہیں ہوتی، وہ کھوکھلے نعرے بن کر باتوں کا حصہ رہ جاتے ہیں۔ فلفسے اس کے بعد شروع ہوتے ہیں۔ جب فطرت کو اس کی تمام تر خوبیوں و خامیوں کے ساتھ قبول کر لیا جائے۔ کیونکہ بے بس انسان تو یہ بھی نہیں جانتا کہ فطرت کی خامی اس کے لئے کتنی فائدہ

مند ہے،اور خامی میں کتنی بڑی خوبی چھپی ہوئی ہے۔ بہت سی باتیں ہمیشہ کی طرح رہ گئیں۔

یادرویش !

ابھی یہ واقعہ رابعہ کو تحریر سے جدا کر رہا ہے کہ اس کے موبائل کی بیٹری اب اس کا ساتھ دینے کو تیار نہیں کیونکہ رابعہ اسے بھی روزہ دار سمجھی اور چار جرسے وصل کے لئے تنہا نہیں چھوڑا۔

صبح کے ساڑھے چھ بجے شب بخیر

کیونکہ رات درویش کے آنگن میں پر پھیلائے راج کر رہی ہو گی۔

رابعہ کے ربّ کے حوالے

رابعہ کو ایک شعر یاد آ رہا ہے۔ غلط ہو جائے تو معافی چاہتی ہے۔

وقت کرتا ہے پرورش برسوں

حادثہ یک بیک نہیں ہوتا

پینتیسواں خواب نامہ

Spirituality, Insanity, Creativity

۸ جون ۲۰۱۸

سات سمندر پار کی رابعہ کو آداب!

درویش کو رابعہ کے خطوط پڑھ کر اندازہ ہو رہا ہے کہ وہ گہرے پانیوں میں بہت دور جا چکی ہے جہاں نہ ساحل نظر آتا ہے نہ منجدھار۔ اس کے الفاظ میں ایک طلسماتی رنگ پیدا ہو رہا ہے اور اس کے خطوط میں خود آگہی کی قوسِ قزح کے سات رنگ بکھر رہے ہیں۔ یہ ایسا ہی ہے جب سورج کی روشنی پانی کے قطروں سے گزرتی ہے تو سات رنگوں میں بکھر جاتی ہے۔ یہ روشنی یہ قوسِ قزح رابعہ کے اندر ہے جو اس کے قلم سے گزر کر کاغذ پر یا کمپیوٹر کی سکرین پر پھیل جاتی ہے۔ درویش کو دھیرے دھیرے اندازہ ہو رہا ہے کہ اگرچہ رابعہ اور درویش دونوں سچ کی تلاش میں نکلے ہوئے مسافر ہیں لیکن اپنی شخصیات اور نظریات اور تجربات کی وجہ سے مختلف راستے اپنائے ہوئے ہیں۔ درویش یہ سوچ کر مسکراتا ہے کہ رابعہ نفسیاتی حقائق کو روحانیت کے آئینے میں دیکھتی ہے جب کہ درویش روحانی تجربات کو سائنس اور نفسیات کی عینک سے دیکھتا ہے۔

درویش سوچتا ہے کہ اس کا زندگی کے بارے میں رویہ اور فلسفہ شاید اس کے بچپن کے تجربات کا ماحصل ہوں۔ درویش نے اپنے کو رابعہ کو ایک خط میں لکھا تھا کہ جب اس کے والد عبدالباسط اپنی زندگی میں ایک نفسیاتی بحران کا شکار ہوئے تھے تو ان کی عمر چالیس برس اور درویش کی عمر دس برس تھی۔ بحران سے پہلے وہ گورنمنٹ کالج کوہاٹ میں ریاضی کے پروفیسر تھے۔ وہ قیمتی سوٹ اور ٹائی پہن کر اور کلین شیو کر کے طلبا کو

پڑھانے جاتے تھے۔ نظریاتی حوالے سے وہ دہریہ تھے۔ ایک سال کے بحران کے بعد جب وہ روبصحت ہوئے تو انہوں نے کالج کی ملازمت سے استعفیٰ دے کر پشاور کے ایک ہائی سکول میں پڑھانا اور اسلام کا سنجیدگی سے مطالعہ کرنا شروع کر دیا۔ قرآن پڑھا تفسیر پڑھی اور روحانیت کی راہ پر چل پڑے۔ سادہ لباس سادہ خوراک اور سادہ طرزِ زندگی اپنا لیا۔ لوگ انہیں صوفی صاحب کہنے لگے۔ صوفی بننے کے بعد جو پہلی کتاب وہ گھر لائے اور درویش نے پڑھی وہ تزکرۃ الاولیا تھی۔ اسی میں اس نے پہلی دفعہ رابعہ بصری کی کہانی پڑھی اور اتنا متاثر ہوا کہ اس نے اپنی زندگی کا پہلا مضمون رابعہ بصری کے بارے میں لکھا جو رسالہ 'بچوں کی دنیا' میں چھپا۔ درویش کی پہلی تخلیق کے لیے رابعہ بصری میوس MUSE بنیں جیسے جیسے اب ان خطوط کے لیے رابعہ میوس بن رہی ہے۔

درویش کا خیال ہے کہ اس کے والد کے نفسیاتی بحران کے تجربے نے اسے لاشعوری طور پر ایک ماہرِ نفسیات بننے، انسانی ذہن کے راز جاننے اور نفسیاتی مسائل کی گتھیاں سلجھانے کے لیے MOTIVATE کیا ہو گا۔

درویش نے مغرب میں ماہرِ نفسیات بننے کے بعد ایک دفعہ برازیل کی ایک بین الا قوامی کانفرنس میں شرکت کی اور ''مہاجروں کے نفسیاتی مسائل'' پر ایک پیپر پڑھا۔ اپنا پیپر پڑھنے کے بعد اس نے ایک سیمینار اٹینڈ کیا۔ اس سیمینار میں اس کی آئس لینڈ کے ماہرین اور محققین سے ملاقات ہوئی۔ ان ماہرین نے آئس لینڈ کے ذہنی مریضوں کے ہسپتال میں تحقیق کی تھی۔ انہوں نے ذہنی مریضوں کی تین نسلوں کے انٹرویو لیے۔ اس تحقیق سے یہ پتہ چلا کہ ذہنی مریضوں کے خاندانوں میں ادیبوں، شاعروں، فنکاروں اور دانشوروں کی تعداد عام لوگوں کے خاندانوں سے تین گنا زیادہ ہے۔ ماہرین کا خیال ہے کہ creativity اور insanity کی Genes ایک ہی ہیں۔ جب کسی تخلیقی بچے کو سازگار حالات ملیں تو وہ کامیاب فنکار بن جاتا ہے جب حالات ناساز گار ہوں تو وہ نفسیاتی مسائل اور دیوانگی کا شکار ہو جاتا ہے۔

درویش نے جب فنکاروں کی سوانح عمریاں پڑھیں تو ماہرین کے موقف کو تقویت ملی۔ درویش کے اپنے دھیان میں بھی creavity and insanity ساتھ ساتھ چلتے رہے ہیں۔ درویش نے جب

شاعروں، ادیبوں، فنکاروں اور دانشوروں کی سوانح عمریاں پڑھیں تو اسے یہ جان کر حیرت ہوئی کہ بعض نے تو نفسیاتی بحران میں خود کشی کر لی جن میں ورجینیا وولف، سلویا پلیتھ، ارنسٹ ہمینگوے اور ونسنٹ وین گو جیسے فنکار شامل ہیں لیکن جو اس بحران سے زندہ باہر نکلے ان میں سے بعض نے درویش کے والد کی طرح روحانیت کی راہ اختیار کر لی۔ ان سوانح عمریوں سے درویش کو اندازہ ہوا کہ creavity, insanity and spirtuality کا بھی آپس میں گہرا اور پر اسرار رشتہ ہے۔ اس رشتے کے راز کو جاننے کے لیے درویش نے جن تین خود نوشتہ سوانح عمریوں کا انتخاب کیا وہ بو حمید غزالی، لیو ٹولسٹائی اور کارل ینگ کی تھیں۔

یہ تینوں دانشور اپنی جوانی میں ادبی طور پر بہت کامیاب اور مشہور تھے لیکن پھر انہیں احساس ہوا کہ ان کی کامیابی سطحی ہے، دنیاوی ہے، مادی ہے۔ اس احساس کے بعد وہ ایک تکلیف دہ نفسیاتی بحران سے گزرے۔ ڈیپریشن کا شکار ہو گئے اور تخلیقی طور پر مفلوج ہو گئے۔ وہ ایک طویل عرصے تک روز مرہ کے کام بھی نہ کر سکے۔ لیکن جب وہ رو بصحت ہوئے تو ان تینوں نے روحانیت کی راہ اختیار کر لی۔

درویش کے لیے یہ بات نہایت دلچسپ تھی کہ روحانیت کی راہ اختیار کرنے کے بعد ان تینوں دانشوروں کے نظریات میں اہم تبدیلیاں آئیں۔

غزالی جو ایک زمانے میں فلسفے کے حق میں تھے اس کے خلاف ہو گئے۔ وہ اس نتیجے پر پہنچے کہ مذہب اور سائنس، فلسفے اور روحانیت میں تضاد ہے۔ انہوں نے مسلمانوں کو مشورہ دیا کہ وہ مذہب اور روحانیت کو قبول کر لیں اور سائنس اور فلسفے کو رد کر دیں۔ غزالی کے نظریات کی پیروی کرنے والے نجانے کتنے مسلمان ہیں جنہوں نے پچھلی کئی صدیوں سے سائنس اور فلسفے کو خیر باد کہہ رکھا ہے۔

لیو ٹولسٹائی جنہوں نے وار اینڈ پیس War And Peace جیسے معرکتہ الآرا ناول لکھے تھے فکشن لکھنے سے کنارہ کش ہو گئے اور عیسائیت اور امن کی تبلیغ کرنے لگے۔ انہوں نے عیسائیوں سے کہا کہ عیسائیت امن کا مذہب ہے۔ ٹولسٹائی کی پیروی کرنے والے ان گنت عیسائیوں نے فوج کی نوکری سے استعفیٰ دے دیا۔

کارل یونگ غزالی اور ٹالسٹائی سے مختلف نکلے۔ انہوں نے اپنے روحانی تجربات کو اپنی ریڈ بک Red Book میں رقم تو کیا لیکن انہیں چھپایا نہیں۔ وہ کتاب ان کے فوت ہونے کے کئی دہائیوں بعد چھپی ہے جسے درویش کو اس کی دوست ہلڈی ابرمز Hildy Abrams نے تحفے کے طور پر دی ہے۔ یونگ کا موقف تھا کہ مذہب اور سائنس، روحانیات اور نفسیات ایک ہی حقیقت ایک ہی سچ کے دو رخ ہیں۔ ان میں بنیادی طور پر کوئی تضاد نہیں۔ ایک حقیقت کو منطقی اور دوسرا وجدانی سطح پر جاننے کا نام ہے۔ یونگ کا موقف تھا کہ روحانی تجربہ بنیادی طور پر ایک ذاتی تجربہ ہوتا ہے۔ وہ ساری انسانیت کے لیے اس وقت قابل قبول ہوتا ہے جب وہ سائنس اور نفسیات کی کسوٹی پر بھی پورا اترے۔ اسی لیے یونگ نے اپنے روحانی تجربات کو نفسیات کی کسوٹی پر پرکھنے کے بعد پیش کیا۔ یونگ کے تصورات میں سے اجتماعی لاشعور کا تصور کافی مشہور ہوا۔ یونگ کا موقف تھا کہ سائنسدان فلسفی اور صوفی اگر سچ کی تلاش میں نکلے ہوئے مسافر ہیں اور اپنی تلاش میں مخلص ہیں تو راستے جدا ہونے کے باوجود وہ ایک ہی منزل پر پہنچیں گے۔

درویش کو یونگ کی یہ بات بھی پسند آئی کہ جوں جوں انسان کی عمر بڑھتی ہے تو زندگی کے تجربے اسے دانا بنا دیتے ہیں۔ پھر وہ شخص دولت اور شہرت سے بہت آگے نکل جاتا ہے۔ اس سے اوپر اٹھ جاتا ہے۔ اپنی ذات کو پہچان لیتا ہے اور پھر کائنات کے راز جان لیتا ہے۔

غزالی، ٹالسٹائی اور یونگ کی سوانح عمریوں نے درویش کو اپنے والد، چچا، پھوپھی اور دادا کو سمجھنے میں مدد دی۔ درویش خوش بخت ہے کہ اسے ننھیال کی روایتی محبت اور ددھیال کی غیر روایتی دانائی ورثے میں ملی جس نے اسے ایک شاعر، ایک ادیب اور ایک انسان دوست ماہرِ نفسیات بنا دیا تاکہ وہ اپنے passion and profession سے انسانیت کی خدمت کر سکے۔

جب درویش اپنی کتاب Mysteries of Mysticism کے لیے تحقیق کر رہا تھا تو اسے اندازہ ہوا کہ ایک وہ زمانہ تھا جب روحانیات کا ذکر صرف مذہبی کتابوں میں ملتا تھا لیکن پچھلی دو صدیوں میں بہت سے طب، سائنس اور نفسیات کے ماہرین نے انسانی روحانیات پر تحقیق کی ہے اور روحانی تجربات کا سائنسی اور نفسیاتی تجزیہ کیا ہے۔ اکیسویں صدی کے بہت سے سیکولر دانشوروں اور سائنسی محققین کا خیال ہے کہ

روحانیت انسانیت کا حصہ ہے اور روحانی تجربات ایسے لوگوں کو بھی ہو سکتے ہیں جن کا کسی خدا اور مذہب پر ایمان نہ ہو۔ایسے تجربات انسان کے دائیں دماغ کے ٹمپورل لوب Right Temporal Lobe کو متحرک کرنے سے ہو سکتے ہیں۔ فرق یہ ہے کہ مذہبی لوگ روحانی تجربات کی تعبیر و تفہیم اپنی مذہبی روایات کے حوالے سے کرتے ہیں اور ان کا تعلق اپنے خدا اور مذہب سے جوڑتے ہیں جبکہ سیکولر ماہرین ان تجربات کو انسانی دماغ،ذہن،شخصیت اور لاشعور کی روشنی میں دیکھنے اور سمجھنے کی کوشش کرتے ہیں۔اسی لیے درویش نے اپنی کتاب میں اپنا موقف ان الفاظ میں رقم کیا تھا کہ

Spirituality is part of humanity not divinity.

درویش جانتا ہے کہ درویش سائنس اور نفسیات کے جبکہ رابعہ ادب اور روحانیات کے زیادہ قریب ہے۔ ان کے راستے جدا سہی لیکن ان کی منزل ایک ہے۔ وہ دونوں اپنی اپنی تلاش میں مخلص ہیں۔ وہ ایک دوسرے کی عزت کرتے ہیں اور ایک دوسرے کے سچ کا احترام کرتے ہیں اور یہی ان کی سات سمندر پار کی تخلیقی دوستی کی بنیاد ہے۔

درویش اس حقیقت سے تو باخبر ہے کہ رابعہ نے ادب کا گہرا مطالعہ کیا ہے اور اردو افسانے پر تحقیق بھی کی ہے اور اس سلسلے میں اس کی بہت سی ادبی شخصیتوں سے ملاقاتیں ہوئی ہیں لیکن وہ یہ نہیں جانتا کہ رابعہ کن شخصیتوں سے متاثر ہوئی اور کون سی ملاقاتیں دلچسپ تھیں۔ درویش کے اس تجسس میں ایک خود غرضی بھی پوشیدہ ہے کیونکہ وہ خود رابعہ سے ایک ادبی شخصیت سے ملاقات کے بارے میں چند دلچسپ واقعات شیر کرنا چاہتا ہے۔درویش خود غرض سہی لیکن کم از کم اپنی خود غرضی کا اعتراف تو کر رہا ہے۔

درویش کو خط لکھتے ہوئے اندازہ ہی نہ ہوا کہ نیند اس کی خواب گاہ پر کب سے دستک دے رہی ہے۔اس لیے وہ رابعہ سے اجازت چاہتا ہے۔

چھتیسواں خواب نامہ

یہ حساس ہونا بھی کتنا حسین مرض ہے

۱۰ جون ۲۰۱۸

یاد رویش!

رابعہ مس فٹ معاشرے سے صبح شام کا سلام کہتی ہے رابعہ کو پچھلے خطنے متاثر کیا مگر ابھی وہ اس حال میں نہیں کہ تحریر کو ای میل کے سینے پہ سجائے۔ وہ اچانک بیمار ہوگئی ہے اور اس وقت اس کا دل چاہ رہا ہے کہ کوئی کتاب پڑھے۔ مگر وہ پڑھ بھی نہیں سکتی، درد کی شدت آنسو بنی ہوئی ہے۔ یہ حساس ہونا بھی کتنا حسین مرض ہے۔ درد دینے والا اپنی مادی خواہش کا غلام یہ تک نہیں سمجھتا فقیروں درویشوں کے لئے یہ سب کتنا بے معنی ہے۔ ان کے سکون کی آبشاریں تو کہیں اور سے پھوٹ رہی ہوتی ہیں۔ وہ تو کسی اور ہی وادی کے مسافر ہوتے ہیں کسی اور ہی قبیلے کی روحیں ہوتے ہیں۔ وہ من سے جیتے ہیں، تن سے نہیں۔

یاد رویش! یہ جس خواہش کو آپ نے خود غرض کہا ہے، یہ خود غرضی نہیں کوئی گوہر تخلیق کار کو مجبور کر رہا ہے کہ مجھے اب خود سے باہر نکال دو، میں دوسروں کے حوالے ہونے کو تیار ہوں۔۔۔۔۔آہ۔۔۔۔۔درویش نے رابعہ سے بھی فرمائش و خواہش کی ہے کہ وہ بھی ان یادداشتوں کو برقی خط میں قید کر دے لیکن رابعہ کی طرف یہ ابھی گوہر نہیں بنا۔ اس لئے رابعہ درویش کو باخوشی اجازت دیتی ہے کہ وہ اس تخلیق کار سے ملاقات کی یادداشت رقم کر دے۔ رابعہ پڑھنا چاہتی ہے یوں شاید رابعہ کو بھی تحریک ملے اور اس کی مٹی سونا بن جائے۔

اے درویش یہ زندگی بڑی عجیب شے ہے، جینے کے لئے دل پتھر کا اور حس بے حسی کی ہونی چاہئے تا کہ آپ کم از کم جذباتی درد کو درد ہی نا سمجھیں۔ آج رابعہ ٹی وی دیکھ رہی تھی، گرچہ وہ ٹی وی نہیں دیکھتی مگر جب کبھی بابا کے پاس بیٹھی ہوتی ہے تو دیکھ لیتی ہے۔ ایک خاتون اپنی بیٹی کے قتل کر دیئے جانے پہ مصنوعی آنسو، جو آنکھ سے جدا بھی نہیں ہو رہے تھے، بہا بہا کر با آواز بلند انصاف کی طلب گار تھی۔ اس کی بیٹی کو اس کے اکلوتے مجازی خدا نے بد کرداری کے بہتان میں غیرت کے نام پر چھڑیوں سے مار کے دنیا سے واپس عالم ارواح میں بھیج دیا۔ ناصر تاج کے چہرے پہ ملال تھا، ناماں کے چہرے پہ درد۔ اچھا ہوا وہ زندہ نہیں بچی۔ بس دونوں کے لئے اس وقت اہم بات یہ تھی کہ وہ ٹی وی پہ آ رہے ہیں تو ہیرو بن گئے ہیں۔ گویا انصاف ہو گیا۔

آہ درویش۔۔۔۔ آہ۔۔۔ درویش کو علم ہے ہمارے معاشرے میں عورت کی ایک قسم وہ بھی ہے جو "ماں" کے نام پہ ہر وقت مادی لوٹ مار میں مصروف ہے۔ ہائے بیوی کو شوہر پہ مان ہی ہے ناں تو اسی کو کہے گی، اور میاں صاحب کی جیب خالی۔۔۔ ہائے بہن بھائی پہ مان نا کرے تو کس پہ کرے۔ لو جی۔۔۔ ہائے ماں کا یہ بیٹے پہ مان ہی ہے ناں اب وہ جہاں سے مرضی کرے جیسے مرضی کرے۔۔۔ ہائے باپ پہ مان نہ کرے تو پھر کون بچا۔۔ اف۔۔۔

درویش رابعہ اس گراوٹ سے تنگ آ گئی ہے۔ کوئی بھی رشتہ ہے ساتھ کا ہے، خلوص کا ہے محبت کا ہے، جب یہ مان کی سولی پہ چڑھتا ہے تو اس میں سے اخلاص محبت بے لوثی سب دم توڑ جاتے ہیں گویا مشکل وقت میں یہاں مرد تنہا اور دنیا کا سب سے غیر ذمہ دار بندہ بن گیا۔ اف درویش دنیا چاند سے آگے سفر کر گئی، ہم مان کی جذباتی بلیک میلنگ سے مزے لے رہے ہیں۔ یہ بھیک کی ہی ایک قسم لگتی ہے رابعہ کو۔ جو آخر کار انسان کو نظروں سے گرا کر دل سے اتار دیتی ہے۔ درویش نے پوچھا ہے رابعہ کس سے متاثر ہوئی ہے۔۔۔ کاش یہ بات دس سال پہلے پوچھی ہوتی تو جواب میں سہولت ہوتی۔ لیکن اب رابعہ کے لئے یہ سوال بہت مشکل ہو گیا ہے کیوں کہ اس کے ہاں متاثر ہونے کے معنی بدل گئے ہیں۔ اب وہ صرف ملتی ہے۔ متاثر شاید چند ملاقاتیں کرتی ہیں۔ بار بار ملنے سے شاید متاثرہ پہلو کا رخ بھی بدل جاتا ہے۔ وہ جو کہا جاتا ہے بہت قریب اور بہت دور سے چیزیں صاف دکھائی نہیں دیتیں۔ گویا اک خاص فاصلہ ضروری ہے۔ یوں

بھی رابعہ کو معصومیت و شرم و حیا متاثر کرتی ہے۔ وہ چہروں کی ہو، جذبوں کی ہو، یا محبت کی ہو، گفتگو کی ہو، یہ بہت خالص چیزیں ہیں۔ بس رابعہ یہاں لمحہ بھر کو ٹھہر جاتی ہے۔ لمحہ بھر کیا وہ عمر ٹھہر بھر ٹھہر سکتی ہے۔ مگر جب معصومیت و شرم و حیا اسے، ان سب کو چھین لینے کا تقاضا کرتی ہے۔ تو اسے اپنا رستہ بدلنا پڑتا ہے۔ کیونکہ انسانی اکثریت نے ابھی اس حسن کے سکوت و سکون کی معراج میں زندگی بسر کرنے کا مزہ نہیں لیا۔ خیر رابعہ درویش کے برقی پتر کی منتظر ہے جو یاداشت پہ مشتمل ہو گا۔

دن چڑھ چکا ہے۔ وقت بہت سے سوال لئے بیٹھا ہے۔ رابعہ کا دل چاہ رہا ہے وہ دنیا کے کسی اور کونے میں چلی جائے، جہاں سب اپنی زندگی آپ گزارتے ہیں۔ انسان انسانوں کے سامنے جھوٹی ضروریات کے امیر بھکاری نہیں ہیں، انسان انسان کی عزت کرتے ہیں۔ اس کے ہنر کی قدر کرتے ہیں۔ ہنس کے ملتے ہیں۔ درویش نے کبھی نوٹس کیا یہ زندگی کچھ بھی نہیں۔ ''یہ چند لمحاتی فیصلوں کے ستونوں پہ کھڑی اک عمارت ہے''۔ باقی سب ریت بجری پانی مٹی مزدوری کی آمیزش ہے۔ کتنے مقدر والے ہوتے ہیں جن کے فیصلوں کے ستون، اک پر سکون امارت بنا کر، اس میں خالق کو محفوظ کر لیتے ہیں۔ تڑپنے کے لئے در بدر نہیں ہونے دیتے۔ اچھا درویش اجازت دیجئے اندر باہر کا درد اک بار پھر مل کر آنکھ تک آ رہا ہے۔ یہاں سائنس نفسیات طب روح سب اک ہی جواب و دوا دیتے ہیں۔ جو رابعہ کی دسترس میں نہیں ہے۔ بے حسی، یہ اک چشمے میں سیورج ملانا چاہتے ہیں۔

رابعہ پر سکون صبح شب بخیر کہتی ہے۔

سینتیسواں خواب نامہ

جوگندر پال سے ملاقات

۱۱ جون ۲۰۱۸

درویش رابعہ کے خوابوں اور آدرشوں کی خدمت میں سلام عرض کرتا ہے اور اس کی بلند حوصلگی کو داد دیتا ہے۔

درویش اپنی زندگی میں بہت سے شاعروں، ادیبوں اور دانشوروں سے ملا، ان سے مکالمہ کیا، ان کے انٹرویو لیے لیکن وہ بہت کم دانشوروں سے دل کی گہرائیوں سے متاثر ہوا اور جن سے متاثر ہوا ان میں سے ایک جوگندر پال تھے۔ درویش رابعہ کو اس ملاقات کے بارے میں بتانا چاہتا ہے۔

درویش اپنے ہندوستان کے سفر کے دوران دہلی میں اپنے بزرگ دوست شارب ردولوی کے ہاں ٹھہرا جو اردو زبان اور ادب کے اہم نقاد اور پروفیسر ہیں۔ شارب ردولوی نے درویش کو بتایا کہ انہوں نے اپنے بہت سے دوستوں کو اس شام گھر بلایا ہے تاکہ وہ ان سب سے مل سکے۔ مہمانوں کی فہرست میں ارتضیٰ کریم اور قمر رئیس کے ساتھ جوگندر پال بھی شامل تھے۔ جوگندر پال کا نام سن کر درویش چونکا کیونکہ اس کی نگاہ میں وہ اردو افسانے کا ایک اہم نام تھے۔

''ہم نے انہیں بلایا تو ہے''، شارب کہنے لگے، لیکن وہ یہاں سے چالیس کلومیٹر کے فاصلے پر رہتے ہیں اور وہ گاڑی بھی نہیں چلاتے''

’’کاش وہ آ سکیں،‘‘ درویش کے دل میں ایک خواہش نے سرگوشی کی

درویش نے شارب ردولوی سے پوچھا ’’آپ مجھے جوگندر پال کے بارے میں کچھ بتائیں؟‘‘

’’میں ایک دفعہ ان سے ملنے گیا،‘‘ شارب کہنے لگے ’’میری خواہش تھی کہ وہ ایک انگریزی ناول کا اردو میں ترجمہ کریں۔‘‘ میں نے ان سے اس کتاب کا ذکر کیا تو انہوں نے معذرت کرتے ہوئے کہا ’’میں اپنی نوکری سے استعفیٰ دے رہا ہوں‘‘

’’وہ کیوں؟‘‘

’’میں ایک ناول لکھنا چاہتا ہوں۔۔ نابیناؤں کے بارے میں ناول۔ ایسے گھر کے بارے میں ناول جہاں سب نابینا رہتے ہیں۔ میں ان کی محبتوں ان کی رفاقتوں اور ان کی رقابتوں کے بارے میں لکھنا چاہتا ہوں اور اس ناول کے لیے مجھے یکسوئی چاہیے اور یہ تخلیقی کام ملازمت کے دوران نہیں کیا جا سکتا۔ اس لیے میں نوکری سے استعفیٰ دے کر دن رات اس ناول پر کام کرنا چاہتا ہوں ‘‘

ابھی درویش اور شارب ردولوی یہ باتیں کر ہی رہے تھے کہ دروازہ کھلا اور ایک سفید بالوں والے دراز قد بزرگ شلوار قمیص اور نیلا سویٹر پہنے کمرے میں داخل ہوئے اور سیدھا درویش کے پاس آ کر کہنے لگے

’’میں جوگندر پال ہوں،‘‘ اور درویش کو بڑی شفقت اور محبت سے گلے لگا لیا۔ ’’آؤ میرے پاس بیٹھو میں خاص تم سے ملنے اور چند باتیں کرنے آیا ہوں ‘‘

درویش کو یوں لگا جیسے اس نے محبت کے سمندر کو چھو لیا ہو۔ جوگندر پال کے انداز میں اتنی اپنائیت تھی کہ درویش کو یوں لگا جیسے وہ انہیں صدیوں سے جانتا ہو۔ جوگندر پال نے درویش سے کہا ’’میں نے تمہارا ناول ’ٹوٹا ہوا آدمی‘ پڑھا ہے۔ میں تمہاری جرات کی داد دیتا ہوں تم الفاظ اپنی ذات کے اظہار کے لیے استعمال کرتے ہو آج کل بہت سے ادیب الفاظ کو اپنی ذات کو چھپانے کے لیے استعمال کرتے ہیں میں تمہیں مبارک باد دینے آیا ہوں،‘‘ تھوڑی دیر کے توقف کے بعد کہنے لگے

’’ادب تخلیق کرنے کے لیے جس شوق جس جذبے جس لگن اور جس قربانی کی ضرورت ہے وہ تمہارے دل میں موجود ہے۔‘‘ پھر جو گندر پال نے اپنا تازہ افسانوں کا مجموعہ ’’کھلا‘‘ آٹوگراف کر کے درویش کو دیا۔

کھانے کے بعد درویش نے جو گندر پال سے پوچھا ’’آپ کے لیے کہانی لکھنے کا تخلیقی عمل کیسا ہے؟‘‘ فرمانے لگے، ’’میرے لیے کہانی لکھنا دھند میں گاڑی چلانے کی طرح ہے۔ قاری میرا مسافر میرے ساتھ چل رہا ہوتا ہے جوں جوں ہم آگے بڑھتے ہیں مجھ پر نئے راستے اور نئے موڑ منکشف ہوتے ہیں اور قاری پر بھی۔ کہانی لکھنا اور پڑھنا دھیرے دھیرے انکشاف کا عمل ہے۔ میں ان لکھاریوں کو پسند نہیں کرتا جن کا کہانی کے شروع میں ہی پتہ چل جاتا ہے کہ وہ کن راستوں سے گزر کر کس منزل تک پہنچیں گے‘‘

تھوڑی دیر کے توقف کے بعد کہنے لگے ’’ایک جینون لکھاری ہر نئے تجربے کے لیے تیار رہتا ہے اور پھر نئے تجربے کو نئے انداز سے پیش کرنے کے لیے کوشاں رہتا ہے۔ نئے تجربات ہمیں نئے انداز سے لکھنے کی تحریک دیتے ہیں۔ ورنہ ہم خود اپنے کلیشے کا شکار ہو جاتے ہیں۔‘‘

جاتے ہوئے جو گندر پال نے درویش کو گلے لگا یا اور کہا ’’یہ ملاقات بہت مختصر تھی آئندہ ہندوستان آنا تو پورا ایک دن میرے ساتھ گزارنا۔ پھر ہم بہت سی باتیں کریں گے‘‘

درویش کی جو گندر پال سے ملاقات مختصر تھی لیکن وہ بہت سے ادیبوں کی طویل ملاقاتوں پر بھاری تھی۔

درویش رابعہ سے جو گندر پال کی ملاقات کا ذکر اس لیے کر نا چاہتا تھا کیونکہ رابعہ بھی افسانہ نگار ہے اور اب درویش کے ساتھ مل کر خواب نامے تحریر کرنے کا

ایک نیا تخلیقی تجربہ کر رہی ہے اُ

اڑ تیسواں خواب نامہ

خطوطی پینٹنگ

۱۲ جون ۲۰۱۸

درویش کار تجگا کرنے والی رابعہ کو سلام

درویش نجانے کب سے یہ سوچ رہا ہے کہ رابعہ اور درویش کے خطوط کا سلسلہ ایک پینٹنگ کی صورت اختیار کرتا جا رہا ہے۔ ایسی پینٹنگ جس میں وقت کے ساتھ ساتھ مختلف رنگ ابھرتے آ رہے ہیں۔ درویش نے جب ان خطوط کو غور سے پڑھا تو اسے ان میں قوسِ قزح کی طرح سات رنگ دکھائی دیے۔ وہ جانتا ہے کہ کچھ رنگ ایسے بھی ہیں جو اس کی نگاہ سے ابھی اوجھل ہیں

پہلا رنگ ایک مکالمے کا ہے

دوسرا رنگ آپ بیتی کا ہے

تیسرا رنگ جگ بیتی کا ہے

چوتھا رنگ ادب کا ہے

پانچواں رنگ روحانیات کا ہے

چھٹا رنگ نفسیات کا ہے

ساتواں رنگ دوستی کا ہے اور یہ رنگ آہستہ آہستہ باقی رنگوں پر غالب آتا جا رہا ہے کیونکہ اس دوستی میں خلوص بھی ہے اپنائیت بھی، عزت بھی ہے احترام بھی اور سب سے اہم بات ایک دوسرے سے کچھ سیکھنے کا عمل بھی شامل ہے۔ درویش رابعہ کی نثر سے بہت متاثر ہوا ہے۔ اس نثر میں شاعری ہے، روانی ہے اور دانائی ہے۔ یہ مکالمہ دو ایسے ادیب دوستوں کا مکالمہ ہے جو سچ کی تلاش میں نکلے ہوئے مسافر ہیں۔

درویش کا برسوں کا خواب تھا کہ کسی رابعہ کے ساتھ ادبی خطوط کا تبادلہ کرے کیونکہ وہ جانتا تھا کہ خطوط کا دامن غزل، نظم، افسانے، مقالے اور ڈرامے سے زیادہ وسیع اور کشادہ ہے کیونکہ خطوط میں شعور اور لاشعور کی رو میں بہہ کر خیالات جذبات، نظریات اور تجربات جب الفاظ میں ڈھلتے ہیں تو وہ باقی اصناف سے مختلف ہو جاتے ہیں۔ درویش کا خیال ہے کہ خطوط کو اردو ادب میں وہ مقام نہیں ملا جس کے وہ مستحق تھے۔ خطوط کو ذاتی تحریر سمجھ کر نظر انداز کیا گیا ہے۔ غالب کے خطوط کو عزت ملی لیکن وہ خطوط بھی یک طرفہ ٹریفک تھے۔ درویش خطوط کی دو طرفہ ٹریفک کے بارے میں سوچا کرتا تھا لیکن اس کے لیے ایک اور لکھاری کی ضرورت تھی۔ درویش نے ایک دو دفعہ کوشش بھی کی اور دو ادیب فرضی طور پر رابعہ بھی بن گئے اور چند خطوط کا تبادلہ بھی ہوا لیکن پھر وہ سلسلہ چند وجوہات کی وجہ سے منقطع ہو گیا۔ درویش کو بالکل اندازہ نہ تھا کہ اسے ایک دن سات سمندر پار ایک حقیقی رابعہ مل جائے گی اور اس کا ادبی خواب شرمندہِ تعبیر ہو جائے گا۔ درویش رابعہ سے علمی، ادبی، سماجی اور نظریاتی تبادلہِ خیال سے بہت خوش ہے اور اس کا تہہِ دل سے شکریہ ادا کرنا چاہتا ہے۔

درویش رابعہ سے کبھی نہیں ملا لیکن پھر بھی اس سے ایک ادبی تعلق محسوس کرتا ہے۔ دوستی کی ایک تعریف یہ ہے کہ اس میں فریقین ایک دوسرے کی بہترین صفات کو اجاگر کرتے ہیں۔ آج کے دور میں کسی مشرقی مرد اور عورت کی تخلیقی دوستی نایاب نہیں تو کمیاب ضرور ہے۔ رابعہ کا اس کے بارے میں کیا خیال ہے؟

انتالیسواں خواب نامہ

عورت کی دانائی

۱۳ جون ۲۰۱۸

یا درویش! سات سمندر پار سات آسمانوں کے نیچے اور نجانے کتنی کائناتوں کے درمیان سے رابعہ آداب عرض کرتی ہے۔

رابعہ کو درویش کی گرین زون تھیراپی جاننے کا اشتیاق ہو رہا ہے؟ جس کی شہرت مغرب سے یہاں تک پہنچ چکی ہے۔

جو گندر پال دیکھئے ”ہم بھی تو شاید نابیناؤں پہ ہی بات کر رہے ہیں۔،،

رابعہ کو بھی خوشی ہے کہ نظریاتی تجرباتی مشاہداتی مطالعاتی تضاد کے باوجود درویش نے کسی نقطے کو ابھی تک انا کی سولی نہیں چڑھایا اور اس بات پہ خوشگوار حیرانی و مسکراہٹ کہ درویش نے رابعہ کے لئے دانائی کا لفظ استعمال کیا کیونکہ رابعہ کے سات سمندر ادھر عورت اور دانائی ایک ساتھ استعمال نہیں کئے جاتے۔ عورت سے نہ دانائی کی بات کی جاتی ہے، نہ ہی سننا گوارا ہوتا ہے اور اگر مجبوراً عورت کے ساتھ اس لفظ کو لگانا پڑ جائے یا وقت لگا دے تو ہم اس عورت سے اپنے گھر کی عورت کا پردہ کروا دیتے ہیں۔ اس عورت کی دانائی اپنی مردانگی تک محدود رکھتے ہیں۔ ہم نے عورت کو خالصتاً جنس کے لئے رکھا ہوا ہے۔ جسے دیکھتے ہی ہیجانی و جبلی مگر گونگے بہرے جذبات برساتی طوفان یا برساتی پتنگوں کی مانند یا کئی سو کلو میٹر کی رفتار سے چلنے والی

تیز آندھی کی طرح یوں امنڈ آتے ہیں کہ حواس باقی نہیں رہتے۔

رابعہ توان طوفانوں جیسے جذباتی خطے میں رہتی ہے۔ تو وہاں کیسے ایک مرد اور عورت کی اس طرح کی دوستی ہو سکتی ہے۔ نایاب بھی ہے، کم یاب بھی ہے۔ دونوں صورتوں میں بھی ایسی دوستی عمر کے ان حصوں میں ہوتی ہے جب دونوں کو دیسی حکیمی کشتوں کی ضرورت ہوتی ہے۔

یہاں تو عورت کو عزت بھی اس عمر میں جا کر ملتی ہے۔ جب وہ جنسی میدان میں میچ کھیلنے کے قابل نہیں رہتی۔ جب تک وہ اس قابل ہوتی ہے اس کے عزت والے رشتے بھی اسے مشکوک عزت دیتے ہیں۔ جب انہیں یقین ہو جاتا ہے کہ اب وہ اس میدان کی کھلاڑی نہیں رہی تو اس کو عزت دی بھی جانے لگتی ہے اور اس کی عزت کروائی بھی جانے لگتی ہے۔

اے درویش! یہاں سوسائٹی ذہنی امراض کے ماہر افراد کے کاندھوں پہ کھڑی بھی ہے اور چل بھی رہی ہے۔

بہر حال رابعہ کو عورت کے دانا ہونے پہ کوئی شک نہیں۔ عورت کو دماغ کے استعمال کی جگہ نہیں ملتی، تب ہی تو وہ سارا دماغ خاندانی سیاست پہ لگا دیتی ہے۔ جس کا مقابلہ پھر خاندان کے مرد نہیں کر سکتے۔ ایشیائی ممالک کے تمام کامیاب انٹرٹینمنٹ چینلز اسی خاندانی سیاست کو موضوع بنائے ہوئے ہیں، کامیاب ڈرامے پیش کر رہے ہیں۔ یہ سب عورت کی دانائی کا ہی کمال ہے۔

اے درویش رابعہ کو بھی خوشی ہے کہ وہ ایک ایسے تخلیقی پروجیکٹ پہ کام کر رہی ہے جس کا دل و دماغ بہت کشادہ ہے۔ بہت سخی ہے۔

رابعہ کو لوگ بھی ایسے ہی پسند ہیں لیکن رابعہ کے آس پاس ایسے لوگ نہیں ہیں۔

یہاں یا تو آپ دل کے سہارے چل سکتے ہیں یا پھر عقل کی بیسا کھی پہ۔ اور عورت کے ساتھ یا تو آپ دل و جھوٹی زبان کے سہارے چل سکتے ہیں یا جنس پہ۔ اس کے سوا کوئی رستہ کم از کم عمر کے طاقت ور حصے میں

ممکن نہیں۔

اگرچہ رابعہ کا یہ بھی خیال ہے کہ زندگی میں کچھ بھی ناممکن نہیں۔

یہاں حیا عورت کا تو زیور ہے، مرد کا نہیں۔ مرد کی عظمت کسی حد تک بے حیائی میں ہی ہے۔ ہم اسے مردانگی کہتے ہیں۔

اسی لئے یوسف کو ناپسند بھی کیا جاتا ہے۔ اور عورت کو امپریس کرنے کے لئے سب سے پہلے مرد خود کے لئے یوسفِ ثانی ہی کا استعارہ استعمال کرتا ہے۔ پھر اپنے مردانہ جوہر اور مردانگی سے بھرپور ماضی کے قصے مظلوم بن کر سناتا ہے جس میں اس کے ماضی میں آنے والی ہر عورت مثل زلیخاں ہوتی ہے۔ جو اسے گناہ کی دلدل میں گھسیٹ کر لے جاتی ہے۔ کئی مردوں کی تو فخریہ پیش کش ہوتی کہ فلاں فلاں بااثر خاتون نے اس کا سیپ کر لیا(یہ نہیں علم کہ یہ واقعہ ہوتا ہے یا خواہش)اور اس کی عزت لٹ گئی۔ وہ بے چارہ اتنا مظلوم ہے۔(اس ڈرامے کے ڈائریکٹر پروڈیوسرز کو اب کہانی بدل دینی چاہئے)

اور بتانے والا سننے والی کو دانائی سے پیدل سمجھتا ہے۔ اسی لئے یہ کافی ہنر مندی سے یہ تضاد فخریہ اشتہار کی طرح پیش کئے جاتے ہیں۔

اگرچہ یہ ہنر مندی اب نئی نسل میں لڑکیوں کو بھی آ گئی ہے۔

بحر حال رابعہ کے لئے یہ مضحکہ خیز ہے۔ مگر رابعہ کے آس پاس والوں کو اس کی خبر بھی نہیں۔ کہ ان حماقتوں کو سن کر رابعہ کو ان پہ ترس آتا ہے۔(یہ ترس منفی معنی میں ہے)

رابعہ نے درویش کے ایک گزشتہ خط میں پڑھا کہ فنکار کو ناساز گار حالات نفسیاتی مسائل کی طرف لے جاتے ہیں۔

رابعہ کا مشاہدہ کہتا ہے کہ بعض اوقات ناساز گار حالات اس کو فنکار بنا بھی دیتے ہیں۔ اس کے اندر کے فنکار کو ابھار بھی دیتے ہیں۔

رابعہ یہ بھی مانتی ہے کہ creativity and insanity کے ایک ہی جینز سے ہیں۔

رابعہ کو مسرت اس بات کی ہے کہ دو الگ رستوں کے مسافر کی منزل ایک ہی ہے۔ دونوں سچ کی تلاش کے مسافر ہیں۔

رابعہ درویش سے اس کے یادگار ترین مریضوں کے حوالے سے بھی جاننا چاہتی ہے۔

لیکن آج رابعہ درویش کو ایک پرانے سوال کا جواب بھی دینا چاہتی ہے۔

درویش نے اسے شادی کے حوالے سے پوچھا تھا۔ یہ سوال رابعہ کے لئے آج تک ایک خود ایک سوال ہے۔

رابعہ کا خیال ہے شادی ایک حادثہ ہے۔ جو کسی وقت بھی پیش آ سکتا ہے۔ یہ چونکہ حادثہ ہے، اس لئے خوشگوار بھی ہو سکتا ہے ناخوشگوار بھی۔

رابعہ جب چھوٹی تھی کسی شادی پہ جاتی تھی تو اسے دولہا دلہن کارٹون لگتے تھے۔ رابعہ نے آج تک یہ بات کسی کو نہیں بتائی۔ تب سے رابعہ سوچتی تھی کہ کارٹون بنے بنا کیا یہ واقعہ رونما نہیں ہو سکتا؟ رابعہ نہ تو کارٹون بننا چاہتی تھی، نہ کارٹون کے ساتھ کھڑے ہونا چاہتی تھی۔ سادگی و سٹائل کی اک نئی ریت کو جنم دینا چاہتی تھی۔ مگر حالات کے مد و جزر نے وہ وقت نہیں آنے دیا۔ لڑکی چاند صورت ہونے سے، بچے کیوٹ پیدا نہیں ہوتے۔ رابعہ اس دھوکے جیسے گمان سے بھی متفق نہیں تھی، اس کا خیال تھا کہ کیوٹ بچوں کے لئے، کیوٹ جینز چاہئے ہوتے ہیں۔ البتہ عورت کی تربیت و گود میں اتنی طاقت ضرور ہے کہ جب بچے جوان ہو جاتے ہیں تو شوہر اپنی تمام تر عظمت کے ساتھ ہار چکا ہوتا ہے، ماں جیت چکی ہوتی ہے۔

رابعہ بھی عام سی، روایتی سی، لڑکیوں کی طرح تیار تھی کہ اس کے والدین اس کی شادی کر ہی دیں گے۔ اسے بھی یہ سب روایت یونہی نبھانی ہے۔ کہ جب اس کا شوہر اسے تنگ کرے گا۔ وہ آ کر ماں کو بتائے گی تو ماں ہنس کر تال دے گی "تیرے ابا بھی ایسے ہی تھے، بیٹا سب مرد ایسے ہی ہوتے ہیں،"

رابعہ ذہنی طور پہ تیار تھی کہ ایک عام روایتی لڑکی کی طرح اسے نجانے کتنے بچے پیدا کرنے اور انکے پیمپر

چیلنج کرنے ہیں۔

رابعہ نے آج والی ربّاء کا کبھی تصور بھی نہیں کیا تھا، وہ وہم و گمان میں ہی نہیں تھا۔ ایسے خیال و خواب کی گزر گاہوں سے بھی نہیں گزری تھی۔

رابعہ ہر روایت کی سولی پہ چڑھنے کو ذہنی طور پہ اس لئے تیار تھی کہ بیٹی پیدا ہوتے ہی، ہم اس کی تربیت ہی ایسی کرتے ہیں کہ اسے یہاں سے چلے جانا ہے، یہ اس کا گھر نہیں ہے، پیا کا گھر اس کا ہو گا۔

لیکن یہ بھی سچ ہی ہے کوئی گھر اس کا نہیں ہوتا، وہ ہر گھر میں اجنبی اور تنہا ہوتی ہے۔

رابعہ نے مشاہدہ کیا کہ ہم بیٹی کو بس خواب دیتے ہیں بلکہ خوابوں کے محل دیتے ہیں۔ اس کا شہزادہ بادشاہ کی حیثیت رکھتا ہے۔ اور باقی سب اس کی رعایا ہوتی ہے۔ پوری دنیا پہ اس کی حکومت ہوتی ہے اور وہ بہت محبت کرنے والا، جان نثار کرنے والا، اس کے لئے دنیا سے لڑ پڑنے والا سپر مین ہوتا ہے۔ وہ man ہو اتنا ہی کافی ہوتا ہے۔ مگر چونکہ خواب کم شکل ہو گا تو بکے گا۔ اس لئے اس کو سپر مین پیش کیا جاتا ہے۔

گویا والدین اپنی محرومیوں کا خواب بیٹی کے گلے میں ڈال دیتے ہیں۔ جب یہ خواب ٹوٹتا ہے تو لڑکی بکھر جاتی ہے، اسے ہم تقدیر کہہ کر صبر کے پھانسی گھاٹ پہ بٹھا دیتے ہیں۔

پھر یہ خواب وہ لڑکی اپنی اگلی نسلوں میں منتقل کر دیتی ہے۔ حقیقت کے کانٹے ہم خوابوں کو چبھنے بھی نہیں دیتے۔

یا درویش !

بات جاری رکھیں گے

ابھی رابعہ کو اپنے اللہ سے ہیلو ہائے کرنی ہے۔ تا کہ کل کو وہ کہہ سکے، میں نے رابطے تو ختم نہیں کئے تھے، جو کسی بھی تعلق کی پہلی سیڑھی ہے۔ جو محبت کے پودے کو پھل دار درخت بنا دیتا ہے۔ یوں رابعہ کو ''جواب شکوہ''، نہیں لکھنا پڑے گا۔

رابعہ سونا چاہے گی کاش اس کو درویش کی طرح لیٹتے ہی نیند کی وادیاں اپنی اور بلا لیا کریں۔

وہ ٹوائلٹ کر کے بھی آدھی دنیا تصور میں گھوم آتی ہے، تب کسی وادی میں اچانک آنکھ لگ جاتی ہے۔

شب بخیر درویش ۔

چالیسواں خواب نامہ

گرین زون کا فلسفہ

۱۳ جون ۲۰۱۸

درویش کا تنہائی، خاموشی اور دانائی کے رازوں سے واقف رابعہ کو آداب!

درویش جب رابعہ کا خط پڑھتا ہے تو اس کی تہہ در تہہ فلسفیانہ معنوں میں اتنا کھو جاتا ہے کہ اس کے ایک خط کا جواب تین خطوں میں دینا چاہتا ہے لیکن پھر خطوط کی تعداد اور طوالت کا سوچ کر خاموش ہو جاتا ہے۔

درویش کو اندازہ ہو رہا ہے کہ درویش اور رابعہ نے مل کر جو مکالمے کی پٹڑی بنائی ہے اور اس پر خطوط کی جو گاڑی چلائی ہے اور وہ کافی تیزی سے انجانی منزلوں کی طرف چل رہی ہے۔

درویش نے زندگی میں کبھی کسی دوست کے ساتھ اور وہ بھی قلمی دوست penfriend کے ساتھ، جس سے اس کی کبھی ملاقات نہ ہوئی ہو' اتنا طویل مکالمہ نہ کیا تھا۔ اتنا کچھ لکھنے بعد پھر بھی لگتا ہے ابھی اور بھی بہت کچھ کہنے کو باقی ہے۔

درویش رابعہ کو خط لکھتے ہوئے کبھی شاعر، کبھی ادیب، کبھی ہیومنسٹ کا ہیٹ پہن لیتا ہے لیکن آج وہ ایک گرین زون تھیریپسٹ کا ہیٹ پہننا چاہتا ہے تا کہ رابعہ سے چند پیشہ ورانہ تجربات شیر کر سکے۔ درویش رابعہ سے پیشگی معذرت چاہتا ہے کیونکہ عین ممکن ہے کہ یہ خط طویل ہو جائے اور رابعہ کو ایک سے زیادہ قسطوں میں پڑھنا پڑے۔

درویش نے جب پاکستان میں پانچ سال طب کی اور کینیڈا میں چار سال نفسیات کی تعلیم حاصل کی تو اسے اندازہ ہوا کہ اکثر ڈاکٹر اور سائیکاٹرسٹ ذہنی مریضوں کا ادویہ سے علاج کرتے ہیں۔ درویش کی خواہش تھی کہ ادویہ کو کم از کم استعمال کیا جائے اور مریضوں کا گفتگو سے علاج کیا جائے۔ درویش کا پیشہ ورانہ خواب تھا کہ وہ اپنے مریضوں کے لیے ایک اپنی مدد آپ پروگرام Self-Help Program بنائے تاکہ زیادہ سے زیادہ لوگ اس سے استفادہ کر سکیں۔ درویش کا وہ خواب کیسے شرمندۂ تعبیر ہوا اور درویش اس خط میں رابعہ کو وہ کہانی سنانا چاہتا ہے۔

ایک شاعر اور ادیب ہونے کے ناطے درویش ان لمحوں کی اہمیت سے واقف ہے جن لمحوں میں کوئی تازہ خیال، کوئی نیا جذبہ، کوئی گہری بصیرت انسانی ذہن میں بیج بن کر آتی ہے اور آہستہ آہستہ درخت بن کر پھل دیتی ہے۔ درویش جانتا ہے کہ وہ لمحات کتنے قیمتی ہوتے ہیں۔ درویش کو اپنے کلینک میں ایک ایسے ہی تخلیقی لمحے کا تجربہ ہوا۔

درویش کی ایک جوڑے سے ملاقات ہوئی جس میں شوہر غصے میں آ کر اپنی بیوی سے تحقیر آمیز لہجے میں بات کرتا تھا۔ اسے ڈانٹتا تھا۔ اسے کوستا تھا۔ بیوی نے پہلے اسے پیار و محبت سے سمجھانے کی کوشش کی لیکن جب وہ باز نہ آیا تو اس نے صاف صاف کہہ دیا کہ اگر تم نے اپنا نفسیاتی علاج نہ کروایا تو میں تمہیں چھوڑ کر چلی جاؤں گی اور اپنے بیٹے کو بھی ساتھ لے جاؤں گی۔ چنانچہ دونوں مشورہ کرنے اپنے فیملی ڈاکٹر کے پاس گئے جس نے انہیں درویش کے پاس بھیجا۔ وہ ڈاکٹر پہلے بھی کئی مریض درویش کے پاس بھیج چکا تھا۔

جب درویش اس جوڑے سے ملا تو پتہ چلا کہ شوہر کا نام بل Bill اور بیوی کا نام نینسی Nancy ہے۔ بل نے درویش کو بتایا کہ وہ اپنی بیوی سے بے پناہ محبت کرتا ہے اور اسے کھونا نہیں چاہتا۔ بل نے درویش کو بتایا کہ وہ جس خاندان میں پلا بڑھا تھا وہاں اس کے والد اس کی والدہ کی نہ صرف ہتک کرتے تھے بلکہ غصے میں آ کر مارتے پیٹتے بھی تھے۔ اس کی والدہ اس کے والد سے خوف زدہ رہتی تھیں۔ بل نے اعتراف کیا کہ اس کے رول ماڈل اچھے نہ تھے۔

ایک انٹرویو میں بل نے اپنے بیٹے کا بڑی محبت سے ذکر کیا۔ درویش نے کہا

''تم کیا چاہتے ہو کہ تمہارا بیٹا جوان ہو کر کیا بنے؟''

''شہزادہ،'' بل نے بے ساختگی سے کہا

درویش نے جواب دیا''اگر تم چاہتے ہو کہ تمہارا بیٹا بڑا ہو کر شہزادہ بنے تو تمہیں اس کی ماں کے ساتھ ملکہ جیسا سلوک کرنا چاہیے۔ اگر تم اس کے ساتھ کنیزوں جیسا سلوک کرو گے تو تمہارا بیٹا کبھی شہزادہ نہیں بن سکتا''

ایک دن درویش نے بل سے پوچھا''اگر تم اپنی بیوی سے محبت کرتے ہو تو پھر اس کی تذلیل کیوں کرتے ہو؟''

بل کہنے لگا''مجھے کچھ ہو جاتا ہے۔ میں کسی چھوٹی سی بات پر اکھڑ جاتا ہوں اور بے قابو ہو جاتا ہوں۔ پھر میں ایسی باتیں کہہ جاتا ہوں جن کے بارے میں بعد میں مجھے بہت شرمندگی ہوتی ہے۔ اگلے دن میں نادم ہو جاتا ہوں اور فیصلہ کرتا ہوں کہ آئندہ کبھی ایسا نہ کروں گا لیکن چند دنوں کے بعد میں پھر آپے سے باہر ہو جاتا ہوں۔ نجانے یہ سلسلہ کب سے چل رہا ہے''

درویش نے بل کی آنکھوں میں آنکھیں ڈال کر پوچھا''جب تم کار چلا رہے ہوتے ہو اور تمہارے سامنے ٹریفک کی بتی پیلو yellow ہو جاتی ہے تو تم کیا کرتے ہو؟''

''میں ایکسیلیریٹر پر پاؤں رکھتا ہوں''بل نے کہا

''وہ کیوں؟''درویش نے پوچھا

''میں ہمیشہ جلدی میں ہوتا ہوں۔ کام پر جانے کی جلدی۔ بے بی سٹر سے بیٹے کو اٹھانے کی جلدی۔ گھر جانے کی جلدی''

''بل ایک ذہین اور سمجھدار آدمی پیلو بتی کو دیکھ کر بریک پر پاؤں رکھتا ہے ایکسیلیٹر پر نہیں۔ اور اس وقت تک آگے نہیں جاتا جب تک بتی گرین نہ ہو جائے۔ جب تم غصے میں ہوتے ہو تو نفسیاتی طور پر تم پیلو زون

Yellow Zone میں ہوتے ہو۔ تمہیں اس وقت رک جانا چاہیے اور کمرے سے باہر چلے جانا چاہیے جب تم غصے میں نہیں رکتے تو تم ریڈ زون Red Zone میں چلے جاتے ہو اور آپے سے باہر ہو جاتے ہو۔ تمہیں اس وقت تک انتظار کرنا چاہیے جب تک تم واپس اپنے پر سکون گرین زون Green Zone میں نہ آجاؤ۔''

درویش کی باتیں سن کر بل نے وعدہ کیا کہ وہ درویش کے مشورے پر عمل کرے گا۔

دو ہفتوں کے بعد جب نینسی درویش سے ملنے آئی تو بہت خوش تھی کہنے لگی آپ نے کیا کرامت دکھائی ہے بل کافی بہتر ہو رہا ہے۔

درویش کو یہ جان کر مسرت ہوئی کہ بل اپنے علاج کے بارے میں سنجیدہ تھا۔ چونکہ وہ اپنی بیوی اور بیٹے سے محبت کرتا تھا اور انہیں کھونا نہیں چاہتا تھا اس لیے ایک بہتر شوہر اور باپ بننے کی کوشش کر رہا تھا۔ بل چند ماہ کے علاج کے بعد بہتر ہو گیا اور اس نے اپنے غصے پر قابو پانا سیکھ لیا۔

بل کے علاج کے بعد درویش نے گرین، پیلو اور ریڈ زون کے تصور پر سنجیدگی سے غور کیا۔ اسے یوں لگا کہ ٹریفک لائٹس کے تصور میں ایک نفسیاتی راز چھپا ہوا ہے۔ درویش نے اس تصور کا کئی اور جوڑوں سے تعارف کروایا تو سب نے اسے سود مند پایا۔ وہ تصور بیج کی طرح درویش کے ذہن میں پلتا بڑھتا رہا اور چند سالوں میں وہ ایک درخت بن گیا اور پھل دینے لگا۔ اس طرح گرین زون فلسفے نے ایک اپنی مدد آپ کے فلسفے کا روپ دھارا۔

درویش نے اس فلسفے پر کئی کتابیں لکھی ہیں اور ایک ویب سائٹ www.greenzoneliving.ca بنائی ہے۔ وہ اپنے مریضوں سے اس کا تعارف ان الفاظ میں کرتا ہے۔ 3 zones: Green Zone, Yellow Zone, Red Zone

گرین زون فلسفے کی بنیاد تین زونز ہیں۔

جب ہم خوش و خرم ہوتے ہیں اور زندگی سے لطف اندوز ہو رہے ہوتے ہیں تو ہم اپنے گرین زون میں ہوتے ہیں۔

جب ہم تھوڑے سے پریشان تھوڑے سے فکر مند اور تھوڑے سے ناراض ہوتے ہیں تو ہم اپنے یلو زون میں ہوتے ہیں۔

جب ہم غصے میں آپے سے باہر ہو جاتے ہیں یا غم سے بہت دکھی ہو جاتے ہیں تو ہم اپنے ریڈ زون میں ہوتے ہیں۔

3Rs: Recognizing, Recovering, Restraining

Recognizing میں ہم جاننے لگتے ہیں کہ ہم ایک زون سے دوسرے زون میں کب اور کیسے جاتے ہیں

Recovering میں ہم سیکھتے ہیں کہ یلو اور ریڈ زون سے ہم کیسے واپس گرین زون میں جا سکتے ہیں

Restraining جب ہمیں اندازہ ہو جاتا ہے کہ کون سے لوگ اور حالات ہمیں ریڈ زون میں دھکیل دیتے ہیں تو ہم ان کے لیے پہلے سے تیار ہو جاتے ہیں تاکہ وہ ہمیں زیادہ پریشان نہ کریں۔ گرین زون فلسفے کے مطابق

Green Zone People ACT, Red Zone People REACT

جوں جوں ہم ان اصولوں پر عمل کرتے ہیں ہم زیادہ سے زیادہ وقت پر سکون گرین زون میں گزارنا شروع کر دیتے ہیں۔ درویش اپنے مریضوں کو مشورہ دیتا ہے کہ وہ چند ہفتوں کے لیے گرین زون ڈائری رکھیں اور ہر رات سونے سے پہلے لکھیں کہ پچھلے چوبیس گھنٹوں میں سے کتنے گھنٹے گرین زون میں، کتنے یلو زون میں اور کتنے ریڈ زون میں گزارے اور اس دوران وہ کیا کر رہے تھے۔ اس طرح وہ آہستہ آہستہ اپنی نفسیاتی تبدیلیوں سے آگاہ ہوں گے اور ان پر قابو پا سکیں گے۔

3 Ways To Deal With Conflicts

جب مریض انفرادی طور پر زیادہ وقت گرین زون میں گزارنے لگتے ہیں تو درویش ان کی توجہ ان کے رشتوں کی طرف مبزول کرواتا ہے اور ان سے ان کے رشتوں کی فہرست بنواتا ہے اور پوچھتا ہے کہ ہر رشتہ کس زون میں ہے۔ وہ ان کو سمجھاتا ہے کہ وہ تین طریقوں سے اپنے یلو اور ریڈ زون رشتوں کو گرین زون میں لا سکتے ہیں

پہلا طریقہ resolve کا ہے۔ اس طریقے سے دو لوگ مل کر اپنے مسئلے کا حل نکالتے ہیں اور رشتے کو گرین زون میں لاتے ہیں

دوسرا طریقہ dissolve کا ہے۔ اگر ایک شخص مسائل کی ذمہ داری لینے سے انکاری ہے تو دوسرا اس رشتے کو خدا حافظ کہہ سکتا ہے۔

تیسرا طریقہ mediate کا ہے۔ اس طریقے میں دو انسان کسی تیسرے انسان کی مدد مانگتے ہیں جو ان کے مسائل کو حل کرنے میں مدد کر سکتا ہے۔ یہ تیسرا انسان ایک دوست ایک رشتہ دار یا ایک تھیریپسٹ بھی ہو سکتا ہے۔

3 Systems: Family, Work And Community

گرین زون فلسفے کے مطابق جس طرح انسان اور رشتے گرین یلو اور ریڈ زون میں ہوتے ہیں اس طرح نظام بھی ان تین میں سے ایک زون میں ہو سکتے ہیں۔ اکثر لوگ تین نظاموں میں زندہ رہتے ہیں

خاندانی نظام۔۔۔ کام کا نظام۔۔۔ سماجی نظام

درویش مریضوں کو بتاتا ہے کہ نظام بہت طاقت ور ہوتے ہیں اور اگر کوئی نظام ریڈ زون میں ہو تو کسی فرد کا

گرین زون میں رہنا بہت مشکل ہو جاتا ہے۔

3 Roads To Green Zone Lifestyle

درویش مریضوں کو بتاتا ہے کہ گرین زون طرزِ زندگی کو تین راستے جاتے ہیں۔

پہلا راستہ Creating

درویش مریضوں کو مشورہ دیتا ہے کہ وہ کوئی مشغلہ اپنائیں۔ اپنے فارغ وقت میں کوئی ایسا کام شروع کریں جن سے انہیں مسرت ملے۔ جب وہ ایسا کریں گے تو وہ مشغلہ آہستہ آہستہ ان کا passion بن جائے گا اور ایک دن ایک خواب dream کی صورت اختیار کر لے گا اور پھر وہ اس خواب کو شر مندہ تعبیر کر لیں گے

درویش کا ایک مریض فوٹو گرافر بن گیا۔۔۔

دوسرے مریض نے اپنے گھر میں باغ بنا لیا

تیسرے مریض نے موسیقی سیکھنی شروع کر دی

دوسرا راستہ Sharing

جب مریض کوئی مشغلہ اپنا لیتے ہیں اور اسے ذوق و شوق سے کرنے لگتے ہیں تو درویش انہیں مشورہ دیتا ہے کہ وہ ہم خیال اور ہم مذاق دوستوں کا ایک حلقہ بنائیں جن سے وہ اپنا مشغلہ شیر کریں۔ درویش دوستوں کے حلقے کو فیملی آف دی ہارٹ کا نام دیتا ہے۔

تیسرا راستہ Serving

درویش کی نگاہ میں تیسرا راستہ خدمتِ خلق ہے جو ان کی زندگی کو بامعنی بناتا ہے۔ درویش کا ایک مریض ہر

ہفتے بے گھروں کو لنگر کھلانے میں مدد کرتا ہے اور بہت خوش ہوتا ہے۔

گرین زون فلسفے پر عمل کرنے سے

مریض پہلے خود گرین زون میں آتے ہیں

پھر ان کے رشتے گرین زون میں آتے ہیں

پھر وہ گرین زون نظاموں کا حصہ بنتے ہیں

آہستہ آہستہ وہ اپنے سماج میں ایک مثبت کردار ادا کرتے ہیں۔ اس طرح ان کی زندگی خوشحال، صحتمند اور پر امن بن جاتی ہے۔

درویش جب دوسروں کو بامعنی زندگی گزارنے میں مدد کرتا ہے تو اس طرح اس کی اپنی زندگی بھی پر معنی بن جاتی ہے۔

درویش مذہبی انسان نہیں ہے لیکن وہ خدمتِ خلق کو عبادت سمجھتا ہے

اے رابعہ! اس طویل خط کی معذرت۔ درویش کا ایک مریض اس کا انتظار کر رہا ہے۔ اس لیے اجازت۔

اکتالیسواں خواب نامہ

درویشوں کو چلہ مکمل کرنے پر مبارکباد

۱۴ جون ۲۰۱۸

اے پردیسی درویش

پہلے تو ہم درویشوں کو چلہ مکمل کرنے پہ مبارک۔ گویا اب سفر کی منزل قریب ہے۔ اگر لڈو والے سانپ نے 99 پہ کاٹ نہیں لیا تو۔

رابعہ نے گرین زون فلسفے کو پڑھا۔ طوالت کا احساس بھی نہیں ہوا۔ اور اچھا بھی لگا کہ اپنی مدد آپ کے تحت علاج ممکن ہے۔ لیکن علاج کے لئے ضروری ہے ہم خود کو مریض بھی تو سمجھیں۔ ہمارا المیہ ہے، ہم سامنے والے کو یا مدِ مقابل کو ہی ذہنی مریض سمجھتے ہیں۔

بہر حال رابعہ اس وقت گرین زون کے سفر پہ ہے۔ اس نے اب تک سمجھ لیا ہے کہ یلیو زون اور ریڈ زون والے قریبی افراد کون کون ہیں۔ وہ یونہی ان سے الگ ہو جانے کی کوشش کرتی ہے۔

رابعہ نے اس کو اپنی لائف میں کچھ یوں سیکھا تھا کہ ہر فرد کے جسم سے مخصوص لہریں خارج ہوتی ہیں۔ جو آس پاس والوں کو متاثر کرتی ہیں۔ اگر اسے کسی کی خارج لہروں سے بے چینی ہو رہی ہو۔ وہ اس کی موجودگی میں ریڈ یا یلیو زون میں جانے لگی ہے تو وہ ایسے افراد سے خاموشی سے دور ہو جاتی ہے۔ کیونکہ اسے محسوس ہوتا ہے کہ فریکوینسی میچ نہیں ہو رہی۔ لہذا آگ کسی وقت بھی بھڑک سکتی ہے۔ چنگاریاں نکل سکتی ہیں۔

رابعہ کا خیال ہے کہ جن سے آپ کی فریکوینسی میچ ہوتی ہے وہاں سے سگنل دونوں طرف خود بخود کیچ ہو جاتے ہیں۔اور ایسے افراد کی موجودگی میں سکون کا احساس ہوتا ہے۔ چاندنی راتوں کی نرمی و میٹھاس کا سا احساس ہوتا ہے۔ جن سے فریکوینسی میچ نہیں ہوتی ان کی موجودگی غصہ اضطراب و بے چینی و بے سکونی کو جنم دیتی ہے۔

رابعہ کو یوں بھی لگتا ہے کہ انسان دوستی سچائی محبت احساس جتنے بھی مثبت جذبوں کے حامل افراد ہیں،ان سے سکون کی لہریں خارج ہوتی ہیں۔ منفی سوچ و منفی رویے والے افراد سے منفی لہروں کا اخراج ہوتا ہے۔جو اپنے ارد گرد کو بھی متاثر کرتا ہے۔

رابعہ اب کل والے موضوع کی طرف آتی ہے۔رابعہ کو یہ بھی یاد نہیں کہ اس نے بات کا اختتام کہاں کیا تھا۔ وہ پچھلے صفحات پہ جا کر پڑھے گی بھی نہیں کیونکہ وہ تحریر کے فطری حسن و روانی کو متاثر نہیں کرنا چاہتی۔ کسی ایک زون سے، کسی اور زون میں جانا نہیں چاہتی۔

رابعہ کو یاد ہے اس نے آج سے کوئی بارہ سال قبل منصورہ احمد سے پوچھا تھا کہ ''آپ نے شادی کیوں نہیں کی؟''،''تو آپاں نے جواب دیا''ہوئی نہیں''۔

رابعہ بہت دیر تک سوچتی رہی۔اس ایک جملے کو فلسفے کو سمجھے کیسے؟مگر کچھ سمجھ نہیں آیا۔کہ دنیاوی کمی بھی کوئی نہیں، حسن، جوانی، دولت، مرتبہ،دنیا دار تو اسی کے طالب ہوتے ہیں۔ کیونکہ رابعہ ابھی تک صرف دنیا داری فلسفے کو سماج میں سفر کرتا دیکھ رہی تھی۔

تب رابعہ کو یہ بات سمجھ نا آئی۔

آج رابعہ یہ بات سمجھ سکتی ہے۔کہ ''ہوئی نہیں کا فلسفہ ہے کیا؟''

آہ۔۔۔۔کسی شاعر کا کیا خوب مصرعہ ہے

کسی کو ہم نہ ملے، کوئی ہمیں نہ ملا

رابعہ آج یہ سمجھ سکتی ہے کہ رشتوں کی بھی فریکوینسی میچ نا ہو تو دہ تعبیر نہیں ہو پاتے۔جب کہ درمیان میں

کوئی رکاوٹ بھی نہیں ہوتی۔

اور جس کو ہونا ہوتا ہے وہ کام لاکھ رکاوٹوں مشکلوں بندشوں کے باوجود ہو جاتا ہے۔ جس کو نہیں ہونا ہوتا اس کے لئے خواہ لاکھ منتر پڑھ لیں، کوشش کر لیں، نہیں ہو پاتا۔ جو اس نظریہ حیات کو سمجھ جاتا ہے، دوسرے کو بلیم نہیں کرتا۔ جو نہیں سمجھتا دوسروں پہ ڈال دیتا ہے۔

رابعہ نے بہت سی ایسی جگہوں پہ بھی والدین کی خاطر ہاں کر دی جہاں اسے محسوس ہو رہا تھا کہ فریکوئینسی بھی میچ نہیں، تہذیب بھی۔ بس زندگی کی گاڑی کو دھکا لگانا پڑے گا لیکن حالات ایسے حسین بنتے چلے گئے کہ کبھی بھی اسے سننا پڑا ''لڑکی خوبصورت نہیں ہے'' کبھی سننا پڑا ''اتنا پڑھ کر گھر بیٹھی ہوئی ہے کیا ڈگری نقلی ہے؟'' کبھی سننا پڑا ''اکلوتی ہے ملے گا کیا کیا؟'' کبھی یوں بھی ہوا کہ ''تیار کر لو'' کبھی یوں بھی ہوا کہ ''بھائی کا روبار سیٹ کر دیں، شہر میں بس، جہیز نہیں چاہئے'' کبھی یوں بھی ہوا ''مر جانا کسے دے کم نہ آنا'' مطلب بہت کچھ ہوا، جو ہو سکتا تھا، رابعہ کو دکھ نہیں ہوا، کیونکہ وہ تو سماج کا، کردار کا، ظرف کا آئینہ دیکھ رہی تھی۔ چونکہ وہ روایت پرست تھی بھی نہیں، اس لئے اس احساس نے اسے تقویت ہی دی کہ وہ کسی بڑے حادثے سے بچی رہی۔

یوں بھی جیسا کہ درویش اپنے کسی گذشتہ خط میں کہہ چکا ہے کہ یہاں شادی ایک پیکج ہے۔ جس میں بہت کچھ شامل ہے۔

لیکن یہاں شادی میں سب سے گھناؤنی چیز ہے وہ ہے۔ فری سیکس پارٹنر ہے۔ پارٹنر بھی نہیں سیکس ڈول، یا سیکس ٹوائے یعنی بیوی کے دو ہی رول ہیں۔ جو اسے خاموشی سے، گلہ کئے بنا، ادا کرنے ہیں۔ سارا دن گھر کی، بچوں کی ملازمہ اور رات کو تھکی ہوئی جنسی ساتھی۔ اسلام میں بیوی پہ جسمانی ذمہ داریوں کا بوجھ نہیں ہے، اسے فکر معاش سے بھی دور رکھا گیا ہے۔ یہ فطرت کا فلسفہ ہے۔ کہ تھکے ہوئے جسم کا دل، ودماغ بھی کام نہیں کر پاتے۔ مگر اسلام ہی کو بنیاد بنا کر ہم اپنی بیویوں کو قیامت کا خوف دلاتے ہیں۔ کہ مجازی میاں ناراض ہوئے تو دوزخ میں جاؤ گی، خیر رابعہ کو یہ بات آدھے فلسفے کے ساتھ قبول نہیں۔ پورے فلسفے کے ساتھ، یہاں روایتی مرد کو قبول نہیں۔

سادہ سے چند لفظوں میں بات بس اتنی سی ہے۔

ایک گھریلو کاموں سے تھکی لڑکی، جاب سے تھکی لڑکی، آپ کی گڈ بیڈ پارٹنر نہیں بن سکتی کیونکہ اس کا جسم اس کا ساتھ نہیں دیتا۔اس کا دل اس پر آمادہ نہیں ہوتا۔ تھکی ہوئی ماں تو بچوں کی تربیت بھی نہیں کر سکتی۔ جو بچے ماں کا دودھ پیتے ہیں۔ ان ماؤں کو اپنی خوراک کا خیال اک رکھنا پڑتا ہے کہ اگر ماں کو بخار ہو تو بچے کو بھی ہو گا، اگر ماں کا پیٹ خراب ہو تو بچے کا بھی ہو گا۔ یونہی ماں کی تھکن نسلوں میں اتر جاتی ہے، ماں کا اضطراب بچے کی پیدائش سے پہلے اور بعد بچے میں اتر جاتا ہے، یونہی ماں کا پیار، اور سکون بھی بچے میں اتر جاتے ہیں۔ گویا نسلوں میں اتر جاتے ہیں۔

امریتا پریتم نے لکھا تھا''مرد نے عورت کے ساتھ سونا تو سیکھ لیا ہے''۔۔۔۔

رابعہ اس سے بھی متفق نہیں۔ رابعہ کو لگتا ہے کہ مرد نے ابھی تک عورت کے ساتھ سونا بھی نہیں سیکھا۔ بس وہ جنگلی جانور کی طرح اس پہ حملہ آور ہوتا ہے اور اسی کو مردانگی سمجھتا ہے۔ اس کے ہاں، عورت ہار جیت کا مسئلہ ہے۔ اس کو ابھی تک علم نہیں کہ دنیا کی کوئی بھی عورت ہو، وہ رومانس سے سیکس کی طرف سفر کرتی ہے براہ راست سفر اس کو مرد سے دور کر دیتا ہے۔

عورت کو کبھی بھی ایسے مردانگی کے روایتی معیاروں پہ کھڑے مرد اچھے نہیں لگتے۔ وہ مجبوراً ان کے ساتھ رہ رہی ہوتی ہے۔

مرد و عورت عمل اور رد عمل ہیں، مرد عمل عورت رد عمل۔

جیسا عمل ہو گا رد عمل بھی ویسا ہی ہو گا۔ اس کی ایک اہم مثال یہ ہے کہ مرد عورت کو جو بھی دیتا ہے۔ نو ماہ بعد رد عمل کے طور پہ وہ اسے لوٹا دیتی ہے۔
عورت کی پوری نفسیات اسی ایک نقطے پہ کھڑی دکھائی دیتی ہے۔

ایک اور افسوس ناک بات کہ یہاں مرد ایک بیوی کے علاوہ سب کے ساتھ وفادار ہوتا ہے۔ کیونکہ اس نے

اسے لائف پارٹنر سمجھتا ہی نہیں۔ وہ اسے صرف سیکس پارٹنر سمجھتا ہے۔ یا اپنے گھر اور بچوں کی ضرورت کی کوئی چیز۔ یہ وہ تالا ہے، جو اکثر فاخر و شاطر مرد بھی نہیں کھول پاتے۔ یوں عمر بھر دونوں پیاسے رہ جاتے ہیں۔

عورت شرم کے مارے کچھ کہہ نہیں پاتی۔ مرد انا کے مارے گرل فرینڈز کی تلاش کامیاب میں گوہر ترتیب دیتار ہتا ہے۔

رابعہ نے ایک این جی او کے ساتھ کسی دور میں ایک پروجیکٹ کیا تھا۔ جس کا موضوع تھا "ماں اور بچے کی صحت" اس دوران بہت زیادہ خواتین سے اس نے انٹرویوز کئے۔ تو اسے اندازہ ہوا کہ ابھی تک مرد کو چاہے، وہ شہری ہے یا دیہاتی عورت کے ساتھ رہنا نہیں آیا۔ اسے علم ہی نہیں عورت کس نفس کا نام ہے۔ وہ دو عورتوں کو جانتا ہے ایک "ماں" دوسری "کاروباری عورت"۔ رابعہ دوسری عورت کے لئے عمومی لفظ استعمال نہیں کرے گی۔ ماں تو چور، ڈکیت کی بھی ماں ہی ہوتی ہے۔ دوسری عورت کو بھی اپنے گھر کا چولہا روٹی چلانی ہوتی ہے۔ کیونکہ ان کے ہاں یہ عورت کی ذمہ داری ہے۔

اسی لئے "پہلی عورت" "ماں" کے ہاں جب لڑکا پیدا ہوتا ہے تو خوشی منائی جاتی ہے۔

اور "دوسری عورت" کے ہاں جب بچی پیدا ہوتی ہے تو خوشی منائی جاتی ہے۔

گویا خوشی کا تعلق معاش سے ہے۔ پہلی عورت مرد کو اپنے سے باہر نہیں نکلنے دیتی، دوسری عورت کی یہ مجبوری ہے۔ اس کے درمیان جتنی بھی خواتین آتی ہیں، مرد سب سے ابھی تک نا آشنا ہے۔ انہیں رکھ سکتا ہے۔ ان کے ساتھ رہ نہیں سکتا۔

عورت پڑھی لکھی ہے یا نہیں دونوں کی نفسیات اس حوالے سے ایک ہی ہے۔

وہ چاہتی ہے کہ مرد اسے وقت دے، اپنی صفائی کا خیال رکھے، اس سے باتیں کرے بہت ساری باتیں، آفس کی، کاروبار کی، ادھر کی ادھر کی، اس سے خواب شیئر کرے، اس سے اپنے دکھ شیئر کرے،

عورت کے احساس کو سننے، اس کی بات کو سننے، بھلے وہ کتنی ہی بے معنی کیوں نہ ہو، اس کے اچھے دنوں کو خواہش کرے، اس سے نرم لہجے و رویے میں بات کرے، یہی عورت کا رومانس ہے اور اس کے بعد کے مراحل خود بخود طے ہو جاتے ہیں۔ مرد اپنی فطری ضرورت کے وقت تو اس کے سامنے موجود ہوتا ہے لیکن اس کی فطری خواہش کی خبر بھی نہیں رکھتا۔ خبر ہو بھی تو یہی وہ وقت ہوتا ہے جب وہ اس پہ مردانگی کا وار کرتا ہے۔ گویا عورت کی خواہش پہ وہ موجود نہیں ہوتا۔ یا انکار کر دیتا ہے۔ اب اس کا ردِ عمل بھی تو ایسا ہی ہو گا۔

انسان زندگی کے بڑے کارناموں سے نہیں چھوٹی چھوٹی کیئر سے زندگی کو حسین بناتا ہے۔ اور اس سے دلوں میں جگہ بنتی ہے۔ جب دلوں میں جگہ ہو تو پھر کوئی منزل مشکل نہیں رہتی۔

رابعہ ابھی چھوٹی تھی یعنی شعور کی کسی وادی میں ابھی قدم نہیں رکھا تھا کہ اس نے ایک کتاب پڑھی. جس میں حضرت خدیجہؓ کی محمد عربی ﷺ سے محبت کی تفاصیل اتنی حسین لکھی تھیں۔ ایک واقعہ وہ بھی تھا جس میں وہ حضرت عائشہؓ سے ذرا خفگی کا اظہار کرتے ہوئے، خدیجہؓ سے محبت کا اظہار کرتے ہیں۔

پھر زلیخا کا یوسف پہ عاشق ہو جانا۔

اس محبت کے بھید نے رابعہ کو برسوں اپنی قید میں رکھا کہ آخر بڑی عمر کی لڑکی کی، بیوی یا عورت کی محبت میں ایسا کیا جادو ہے۔

مستقل مزاجی محبت میں ہو، محنت میں ہو، تلاشِ علم میں ہو، یا کسی بھی اور چیز میں انسان کو اس کا اجر بھی نا کبھی ضرور ملتا ہے. وقتی طور پہ لگتا ہے، ہم ناکام ہو گئے لیکن یہ سب کہیں جمع ہوتا رہتا ہے اور اکٹھے لوٹا دیا جاتا ہے. (کئی گنا کر کے) گویا وجود کے بنا طلب پیدا نہیں ہوتی۔ حصول و لا حاصلی ایک الگ کہانی ہے۔

آخر کار رابعہ کو بھی اس شادی شدہ محبت کا راز گزشتہ برس مل گیا۔ ایک ہی لمحے میں دس منٹ کے اندر۔ کئی برسوں کی ذہنی تپسیا کے بعد، جب وہ ایک ایسے جوڑے سے اتفاقاً ملی۔ جن کی لہروں کے اخراج سے ماحول میں سب سوالوں کے جواب خود بخود پھیل گئے۔

جب مرد عورت سے ذرا کم عمر ہوتا ہے، فریکوینسی بھی میچ ہوتی ہے تو اس محبت میں شفقت کا عنصر خود بخود در آتا ہے۔ مرد کو محبت کے لئے محنت نہیں کرنی پڑتی۔ شفقت بھری محبت میں انا نہیں ہوتی، فاصلہ نہیں ہوتا۔ ممتا ہوتی ہے۔ محبت برائے محبت ہوتی ہے۔ درگزر کرنے کی اہلیت زیادہ ہوتی ہے کیونکہ اب عورت پر پھیلائے کھڑی ہوتی ہے۔ جو مشکل کو پروں سے اندر نہیں آنے دیتی کیونکہ یہ اس کی فطری مامتائی صفت ہے۔ وہ خود میں محبت کو تحلیل ہو جانے کی آزادی دیتی ہے۔ جب کہ اگر مرد بڑا ہو تو وہ یہ سب خوبصورتیاں نچھاور نہیں کر پاتی۔ خواہش بنا لیتی ہے۔

گویا رابعہ نے برسوں کی حیرانی کو ایک لمحے میں پا لیا۔ محبت کی معصوم خوشبو اس کے چاروں اور رات کی رانی یا ٹیولپ روز کی طرح نہ صرف پھیل گئی۔ بلکہ اس میں اپنے سب جوابوں سمیت اتر بھی گئی۔

طوالت آج رابعہ کی طرف سے ہو گئی ہے مگر باتیں ابھی بھی باقی ہیں۔ زندگی کی پٹڑی پہ بہت طویل ترین سفر میں ہے۔ کہ جو تن من کے دریا پہ روشن ہوتے رہے ہیں۔ اب صبح بھی ہو گئی ہے۔ موبائل بھی سونا چاہتا ہے رابعہ کے ساتھ جاگتا رہتا ہے۔

مختصر یہ کہ اب اتنے مشاہداتی، متجسس بندی سے کون شادی کرتا۔ پاگل پن کے حسین مراحل کون طے کر پاتا۔ اس لئے رابعہ آج یہ کہہ سکتی ہے کہ یہ حادثہ ہوا ہی نہیں۔ اس نے تو زندگی کی سڑک پہ چلتی گاڑی کا سٹیئرنگ بھی چھوڑ دیا تھا۔

بشری رحمان کی یہ بات یاد آ گئی جو انہوں نے رابعہ کو ایک سیمینار میں دھواں دار تقریر کے بعد کہی تھی۔ جب تقریب کے بعد چائے پیئے جا رہے تھے۔ روک کر کہا۔ "یہ جو تم نے سب کچھ ابھی کہا ہے ناں لڑکی یہ سب جوانی کا گرم خون ہے۔ "یہاں کا مرد بزدل ہے" تب رابعہ کو یہ بات نا سمجھ آئی، نہ اچھی لگی لیکن آپاں کو کچھ نہیں کہا۔ وہ تقریب کی جج تھیں اور ہر اعتبار سے رابعہ سے سینئر تھیں، اور تجربے کا کوئی مقابلہ نہیں ہوتا۔ یہ زندگی کا سب سے بڑا فلسفہ ہے۔ پھر نیلم احمد بشیر نے بھی یہی بات ایک تقریب میں چائے کے وقفے کے دوران کہی۔

رابعہ اب سمجھ آ گئی ہے۔ وہ کس بزدلی کی بات کرتی تھیں۔ عمر کا تجربہ سب سے بڑا فلسفہ ہوتا ہے، نقطہ نظر تجربے کی بھٹی سے پک کے نکلتا ہے۔ کندن بن چکا ہوتا ہے۔ عمر بھر کا سفر بہادری ہے۔ چھپ کر چند لمحوں کی دلیری کوئی تمغہ نہیں۔

شب بخیر درویش، رابعہ سحر جس زدہ سے اجازت چاہتی ہے

شب بخیر

کبھی اپنے خوابوں کا تذکرہ بھی کیجئے گا جن کے لئے آپ مزے کی نیند سوتے ہیں۔

بیالیسواں خواب نامہ

موت اور خواب

۱۵ جون ۲۰۱۸

نفسیات کے طالب علم درویش کا ادب کی پرستار رابعہ کو آداب

درویش جب بھی رابعہ کے خطوط میں مرد اور عورت کے رشتے کی کہانی پڑھتا ہے تو تھوڑی دیر کے لیے دکھی ہو جاتا ہے لیکن جب رابعہ کی ہمت اور بصیرت کی کہانی پڑھتا ہے تو دوبارہ سکھی ہو جاتا ہے۔ اسے اندازہ ہوتا ہے کہ رابعہ ایک عورت ہی نہیں مشرقی عورت کی جدوجہد کا استعارہ بھی ہے اور بہت سی لڑکیوں کا رول ماڈل بھی جو بظاہر روایتی لیکن در پردہ باغی ہوتی ہیں۔ وہ کبھی ہمت نہیں ہارتیں کبھی غیر انسانی روایت کے آگے گھٹنے نہیں ٹیکتیں۔

رابعہ نے اپنے تجربے، مشاہدے، مطالعے اور تجزیے سے محبت کے بارے میں جو نتائج اخذ کیے ہیں وہ درویش کے لیے food for thought ہیں۔ رابعہ نے جو چھوٹی عمر کے مرد کے بڑی عمر کی عورت سے شادی کے بارے میں شفقت بھری محبت کا فلسفہ بیان کیا ہے وہ بالکل نیا ہے۔ درویش کے لیے یہ خیال بھی نیا ہے کہ مرد عمل اور عورت ردِعمل ہے اور عورت مرد کے تحفے کا جواب نو ماہ بعد دیتی ہے۔ درویش کافی عرصے تک ان خیالات پر غور کرتا رہے گا۔

درویش کی بہت کم ایسے مردوں اور عورتوں سے ملاقات ہوئی ہے جن میں رابعہ جتنی خوداعتمادی موجود ہو۔

درویش سوچ رہا ہے کہ کیا رابعہ کو بھی ایسے لوگوں

کا سامنا ہوا ہے جو اس کی خود اعتمادی کو غرور اور تکبر سمجھتے ہوں۔ بقول عارف

ناداں ہیں جو کہتے ہیں کہ مغرور ہے عارف

ہم نے تو اسے پایا ہے اک بندۂ خود دار

درویش کو تو اندازہ ہو گیا ہے کہ رابعہ خود دار ہے مغرور نہیں ہے۔ نجانے اور لوگوں کو اندازہ ہوا ہے یا نہیں۔

درویش نے جب رابعہ کی نیند کے بارے میں سوال پڑھا تو اسے ایک سنت سادھو اور صوفی سوہن قادری سے ملاقات یاد آ گئی۔ ایک دفعہ درویش نے سوہن قادری سے پوچھا کہ ان کا موت کے بارے میں کیا فلسفہ ہے تو سوہن نے کہا کہ ہم ہر روز مرتے ہیں اور ہر روز جیتے ہیں بلکہ ایک سانس میں دو دفعہ مرتے اور جیتے ہیں۔ سوہن کا کہنا تھا کہ جب ہم سانس inhale کر کے اندر لے جاتے ہیں تو اس بعد چند لمحے رکتے ہیں ان چند لمحوں میں ہم مر جاتے ہیں۔ پھر ہم سانس exhale کر کے باہر نکالتے ہیں تو اس کے بعد ہم چند لمحے پھر توقف کرتے ہیں۔ ان چند لمحوں میں ہم پھر مر جاتے ہیں۔ ایک دن ایسا بھی آئے گا جب ہم سانس اندر لے جائیں گے تو باہر نہ نکال سکیں گے اور یا باہر نکالیں گے اور دوبارہ اندر نہ لے جا سکیں گے۔ اس دن ہم آخری سانس لیں گے اور فوت ہو جائیں گے اور لوگ کہیں گے

He breathed his last breath

اسی طرح جب ہم رات کو سوتے ہیں تو مر جاتے ہیں اور جب ہم اگلے دن جاگتے ہیں تو دوبارہ زندہ ہو جاتے ہیں۔

جب درویش رات بارہ بجے سونے کے لیے اپنے تکیے پر سر رکھتا ہے تو خود کلامی کرتا ہے

آج میں نے تھوڑا سا پڑھا

آج میں نے تھوڑا سا لکھا

آج میں نے دوستوں سے تھوڑی سی محبت کی

آج میں نے تھوڑی سی انسانوں کی خدمت کی

آج جن لوگوں نے مجھ پر احسان کیے میں ان کا شکریہ ادا کرتا ہوں

آج جن لوگوں نے میرا دل دکھایا میں انہیں معاف کرتا ہوں

مجھے زندگی کا کوئی پچھتاوا نہیں

میں نے ایک بھرپور زندگی گزاری ہے

اگر آج میں مر گیا تو بڑے سکون سے مروں گا۔

درویش یہ باتیں کر رہا ہوتا ہے کہ نیند کو اس پر پیار آ جاتا ہے وہ اسے اپنی آغوش میں لے کر خوابوں کی دنیا میں لے جاتی ہے۔

اگلے دن صبح درویش کا ماتھا اور آنکھیں چوم کر اسے بڑے پیار سے جگاتی ہے اور ایک اور دن کی زندگی کا تحفہ دیتی ہے

درویش سوچتا ہے

یوں گزارو ہر ایک دن گویا زندگی کا یہ آخری دن ہے

درویش کا فلسفہ ہے کہ مل جائے تو شکر نہ ملے تو صبر...

رابعہ نے درویش سے اس کے خوابوں کے بارے میں بھی پوچھا ہے۔ درویش سمجھتا ہے کہ خواب دو طرح کے ہوتے ہیں

جاگتی آنکھوں سے دیکھے گئے شعوری خواب

اور

نیند میں آنے والے لاشعوری خواب
درویش نے نوجوانی میں کھلی آنکھوں سے چار خواب دیکھے تھے

پہلا۔۔۔ ماہرِ نفسیات بننے کا خواب

دوسرا۔۔ ایک ادیب بننے کا خواب

تیسرا۔۔۔ دنیا کی سیر کا خواب

چوتھا۔۔۔ بہت سے مرد اور عورت دوست بنانے کا خواب
درویش خوش قسمت ہے کہ اس کے چاروں شعوری خواب شر مندہِ تعبیر ہوئے۔

جہاں تک نیند میں دیکھے گئے لاشعوری خوابوں کا تعلق ہے اس کے بارے میں دو ماہرین کی دو آرا ہیں۔ سگمنڈ فرائڈ کا خیال تھا کہ خواب ہمیں اپنے ماضی سے جوڑتے ہیں جبکہ کارل یونگ کا موقف تھا کہ خواب ہمارا اپنے مستقبل سے تعارف کرواتے ہیں۔ درویش دونوں ماہرین سے اتفاق کرتا ہے۔ اکثر اوقات خواب ماضی کے اور کبھی کبھار فردا کے راز بتاتے ہیں۔ یہ اس بات پر منحصر ہے کہ اس انسان نے اپنے لاشعور کی کتنی تربیت کی ہے وہ کتنا دانا بن چکا ہے۔ اس میں تخلیقی صلاحتیں کتنی رچ بس گئی ہیں کیونکہ فنونِ لطیفہ اور خواب دونوں کا تعلق لاشعور سے ہے۔

درویش نے دو سال پیشتر ایک اہم خواب دیکھا تھا جو وہ رابعہ سے شیر کرنا چاہتا ہے۔ درویش نے نیند میں دیکھا کہ وہ مشرق میں اپنے پرانے گھر میں پہنچ گیا ہے جہاں اس کی ایک بزرگ سے ملاقات ہوتی ہے وہ بزرگ اسے خوش خبری سناتے ہیں کہ درویش کی زندگی میں ایک نیا رول ایک نیا کردار شروع ہونے والا ہے۔ پھر درویش ایک میدان میں داخل ہوتا ہے اور خود کو ایک چلتی ہوئی بس کی چھت پر پاتا ہے اسے یوں لگتا ہے جیسے وہ کسی قافلے کا لیڈر ہے اس کار ہنما ہو کیونکہ اس کے چاروں طرف سینکڑوں ہزاروں لوگ ہیں

جو بس کے ارد گرد اور پیچھے چل رہے ہیں۔ وہ درویش سے بہت خوش ہیں اور درویش ان سے بہت خوش ہے اسے یوں لگتا ہے جیسے وہ ان کی قیادت بھی کر رہا ہو اور خدمت اور یہ خدمت اس کی عبادت ہو۔

درویش کی زندگی میں وہ خواب اہم ثابت ہوا کیونکہ اس خواب کے کچھ عرصہ بعد درویش کے دوست عارف وقار نے غیر متوقع طور پر اس کا تعارف وجاہت مسعود سے کروایا اور مشورہ دیا کہ وہ 'ہم سب' کے لیے کالم لکھے اور اب تک درویش ایک سو سے زیادہ کالم لکھ چکا ہے۔ اس خواب کے کچھ عرصہ بعد درویش نے اپنے دوست ڈاکٹر بلند اقبال کے ساتھ مل کر ایک ٹی وی کا پروگرام 'دانائی کی تلاش' بھی شروع کیا جس کے وہ دونوں بیس سے زیادہ پروگرام کر چکے ہیں۔ اب درویش کو دنیا کے چاروں کونوں سے خط آتے ہیں اور لوگ اس کے کالموں اور پروگراموں کو سراہتے ہیں۔

درویش سے نجانے کتنے لوگ ای میل اور فیس بک میسجز سے نفسیاتی مشورے بھی مانگتے ہیں جن کا جواب دے کر خدمتِ خلق کرتا ہے۔ وہ اس خدمت کو اپنی سیکولر عبادت سمجھتا ہے۔

درویش کو یوں لگتا ہے جیسے اس کا خواب شرمندہِ تعبیر ہو رہا ہے۔ درویش کو یوں محسوس ہوتا ہے جیسے ہزاروں میل دور مشرق میں بسنے والی ایک دیو مالائی رابعہ سے ملاقات بھی اسی خواب کی تعبیر کا حصہ ہے۔ اسی لیے وہ رابعہ اور درویش کے خطوط کو خواب نامے سمجھتا ہے۔

اے رابعہ! جو تیکھے تیکھے اور چبھتے چبھتے سوال پوچھتی ہے۔ یہ ہے درویش کی نیندوں، آدرشوں اور خوابوں کی کہانی۔

اب درویش کو کلینک کا کام کرنا ہے چند مریض دیکھنے ہیں اور ان کے دکھوں کی کوکھ سے سکھ پیدا کرنے ہیں اس لیے اجازت کا طلبگار ہے۔

تینتالیسواں خواب نامہ

خود دار ہے مغرور نہیں

۲۰ جون ۲۰۱۸

اے درویش رابعہ عید کے ہنگاموں کے بعد آداب پیش کرتی ہے۔ وہ ہنگامے جو رابعہ جیسے انسان کے لئے بے معنی وقت کا ضیاع ہیں مگر چونکہ رابعہ روایت کی زنجیر میں بھی اخلاص سے بندھی ہوئی ہے کہ اسے یہ روایت روایت کی طرح نہیں توڑنی، ورنہ رستہ آسان تھا۔

رابعہ کو درویش کا خط پڑھ کر خوشی ہوئی کے اس کی کھلی و بند آنکھوں کے خوابوں کو تعبیر مل گئی۔ اس لئے وہ شانت جی رہا ہے اور شانت رخصت ہو گا۔ اس سے بڑی دولت کوئی نہیں۔ رابعہ سب کو سکون کی دعا دیتی ہے۔ کیونکہ اسے اس کی قیمت معلوم ہے۔

رابعہ آج رنجیدہ بھی ہے کہ ''بڑا لکھاری مرتا نہیں بس لکھنا چھوڑ دیتا ہے'' آج مشتاق احمد یوسفی کے اس دنیا فانی سے رخصت ہو گئے ہیں۔ مگر جب رابعہ کو ان کی علالت کی خبر ملی تو اس نے یہی دعا کہ ''پروردگار تو نے جو بھی لکھا ہے ان کے لئے آسان فرما دے'' رابعہ کسی کو زندگی کی دعا نہیں دیتی کہ اسے کبھی کبھی لگتا ہے یہ دعا، بد دعا کے مترادف ہے۔ رابعہ کی مشتاق احمد یوسفی سے ایک خاموش ملاقات ہے۔ جب وہ کراچی گئی تو اقبال نظر صاحب نے اپنے بھائی انجم ایاز کے ہاں ایک بہت خوبصورت جگہ Creek vista apartments فیز ۴ میں ایک چھوٹی مگر پر تکلف و با وقار دعوت کا اہتمام کیا تھا۔ اس میں مہمانان میں مشتاق احمد یوسفی صاحب بھی موجود تھے۔ انجم ایاز صاحب خود آرٹسٹ ہیں۔ لہذا ان کا گھر ایک آرٹ

گیلری کی طرح سحر انگیز ماحول پر سکون تھا۔اور یہ ان چند ادبی تقریبات میں سے ایک تھی جو رابعہ کبھی نہیں بھول سکتیں۔ یہاں مشتاق احمد یوسفی صاحب سامنے تشریف فرما تھے۔ وہی مسکراتا چہرہ، وہی تاباں آنکھیں۔بس وہ ایک پہلی اور آخری خاموش ملاقات۔

یہ بھی کہا جا رہا ہے کہ ان کی اولاد نے ان کو نظر انداز کیا۔اے درویش کسی کو کیسے سمجھایا جائے کہ تخلیق کار ہونا کس قدر جان لیوا عمل ہے کہ وہ خود تو عمر بھر حالت نزع میں رہتا ہی ہے مگر اس کے ساتھ والے بھی اس درد سے گزرتے ہیں۔ تخلیق کار چونکہ عمر بھر حالت نزع میں ہوتا ہے،اس لئے روایت کے مطابق خاندان تو بنالیتا ہے، نبھا نہیں سکتا۔ چاہتے و سمجھتے ہوئے بھی وقت نہیں دے پاتا۔اور مکافات عمل کے طور پر جب اسے وقت کی ضرورت ہوتی ہے، گھر والے اسے وقت نہیں دے پاتے۔یوں بھی دنیا بھر میں مشاہدہ کر لیجئے جن مشہور و معروف افراد کے بہت سے فینز اور چاہنے والے ہوتے ہیں۔ انہیں گھر سے کبھی پیار نہیں ملا ہوتا، چاہے یہ پیار والدین کا ہو، بہن بھائیوں کا ہو،بیوی، شوہر اور بچوں کا ہو۔ فطرت کی اک الگ ہی تقسیم ہے، جس کے سامنے سماج کے سب فلسفے بے بس ہیں۔اور اندر کی تنہائی ہی تخلیق کا سب سے بڑا موجب ہوتی ہے۔ایک تخلیق کار اپنے لفظوں سے،اپنے رنگوں سے، اپنے فن سے اپنی تنہائی بانٹ رہا ہوتا ہے۔ان میں خود کو اور خود سے پیار کرنے والوں کے خواب بن رہا ہوتا ہے۔جو خواب بعض اوقات قاری کی تعبیر بن جاتے ہیں۔ گھر اور گھرانہ یہاں تخلیق کار اکثر ناکام ہی نظر آتا ہے۔اس لئے ہم مان لیں، بے قدری، وقدر کی اہمیت کچھ اور ہوتی ہے۔اس لئے رابعہ کبھی تخلیق کاروں کے گھرانوں کو بلیم نہیں کرتی۔ وہ سب اس باغ گلستان کے وہ پھول ہیں، جن سے کائنات رواں ہے۔ تخلیق کار باغ من کا وہ بیج ہے، جس کا پھل اس کی فنا کے بعد ملتا ہے۔

رابعہ کو درویش کے والد کا خیال بھی اچانک آ گیا کہ جب وہ صوفی ہو گئے تو ان کی شریک حیات پہ کیا بیتی ہو گی ؟ کیونکہ تخلیق کار درویش، صوفی، فقیر تو توحید مست کیفیات ہیں ناقابل بیان۔ان کے ساتھ والے کرب کا شکار ہو جاتے ہیں۔ چونکہ یہ منصب حساسیت کی انتہاؤں کا غماز ہے۔ شریک کا کرب بھی درویش کا درد بنتا ہے، مگر دونوں بے بس ہو جاتے ہیں۔

رابعہ نے درویش کا جملہ پڑھا تو اچھا لگا کہ وہ خود دار ہے۔ مغرور نہیں، یہ بھی درست کہ اسے مغرور سمجھا جاتا ہے۔ لیکن اب یہ فیصلہ بھی وقت کرے گا۔ انسان کے الفاظ اس کا پردہ ہوتے ہیں۔ اب قاری یا سامع پہ ہے کہ ان پہ لفظوں کا پردہ اٹھتا ہے یا نہیں۔ درویش پہ یہ درواہو جانا اس لئے آسان تھا کہ وہ نفسیات دان بھی ہے، ڈاکٹر بھی درویش بھی۔

رابعہ کو منصور حلاج اور شبلی کا واقعہ یاد آگیا. "لوگوں نے آپ کو (حلاج) کو سنگسار کرنا شروع کر دیا۔ جس کو آپ نہایت خاموشی سے برداشت کرتے رہے۔ لیکن جب شبلی نے مٹی کا ایک چھوٹا سا ڈھیلا مارا تو آپ کے منہ سے آہ کیوں نکل گئی۔ فرمایا کہ پتھر مارنے والے تو میری حقیقت سے ناواقف ہیں لیکن شبلی کو ڈھیلا اس لئے نہیں مار ناچاہئے تھا کہ وہ اچھی طرح واقف ہیں"

تو درویش اگر رموز درویشی سے آشنا نہ ہوتا تو رابعہ مغرور ہی سمجھی جاتی۔

رابعہ درد کے پل صراط سے گزر کر جس زندگی میں قدم رکھ چکی ہے، وہاں راز و بھید کی اک عجب دنیا ہے۔ جو کبھی درویشوں، فقیروں، صوفیوں سے مضطرب خود ہوتی ہے تو کبھی مستی من میں لے جاتی ہے۔

درویش کا یہ بیالیسوں خط آج رابعہ کے سے اسلوب میں ہے۔

درویش نے رابعہ کی جس خود اعتمادی کا اعتبار کیا ہے اور جن نکات کا احترام کیا ہے۔ رابعہ اس کے لئے شکریہ ادا کرتی ہے۔ اور آخر کار اعتراف کرتی ہے کہ یہ خود اعتمادی و دانائی اس کو وراثت میں ملی ہے۔

اسے درویش یہاں سچ میں مرد و عورت کا تعلق افسردہ کر دینے والا ہے، اس لئے رابعہ اس روایت سے بیزار ہے۔ کہ اس راویتی ذہنیت کا نہ تو تعلیم کچھ بگاڑ سکی، نہ ڈگریاں، نہ سیلف گرومنگ و میکنگ کی ٹریننگز، لیکن رابعہ کا کا خیال ہے اسے کوئی بدل سکتا ہے تو ماں کی گود اور سوچ۔

لیکن ہوتا یوں ہے کہ جب بیٹیاں پیدا ہوتی ہیں، تو ماں شعوری ولا شعوری طور پر لبرل ہو جاتی ہے۔ کیونکہ اب یہ اس کی سماجی مجبوری ہے۔ لیکن جو نہی وہ بیٹے کی ماں بنتی ہے، یعنی دنیا کی زینت اس کی گود میں آتی ہے تو

اس کی سوچ یکسر روایتی ہو جاتی ہے۔ کہ ”مرد کو درد نہیں ہوتا“ ”مرد روتا نہیں“، ”مرد عورت کا حاکم ہے“، ”تکبر ہی مرد کا حسن ہے“، ”مرد کی عزت داغ دار نہیں ہوتی“، ”مرد بوڑھا نہیں ہوتا“، ”مرد آزاد ہے“، ”مرد آخر مرد ہے“ وغیرہ وغیرہ۔ لیکن یہ سب جذباتی حربے مرد کو انسانیت سے خارج کرنے کے لئے کافی ہوتے ہیں۔ وہ اپنے فطری جذبات کے اظہار سے قاصر ہو جاتا ہے۔۔ لہذا وہ کسی حد تک بے حس و ظالم ہو جاتا ہے اور اسے خود بھی اس کا احساس نہیں ہو پاتا۔ پھر ہم مرد کے ظلم کا شکوہ کرتے ہیں۔

مرد کو فطری جذبات کے اظہار کو فطری عمل سمجھا جانا چاہئے، اسے بھی رونا آتا ہے۔ اسے بھی کوئی کاندھا چاہئے ہوتا ہے۔ اس پہ بھی کمزور لمحے حملہ آور ہوتے ہیں۔ اس لمحے اسے بھی کوئی محافظ ساتھی چاہئے ہوتا ہے۔ جو اس سب کو اپنے ظرف کے سمندر میں جذب کر لے اور وہ پھر سے زندگی کا مقابلہ کرنے کے قابل بنا دے۔

مرد کو پہلے انسان بننا یا بنانا ہے۔ اس کے بعد ہی کوئی اور توقع کی جا سکتی ہے۔ اصغر ندیم سید ہمیں جی سی یو نیورسٹی میں افسانے و ناول پڑھاتے تھے۔ جب کبھی کوئی دکھی کر دینے والا کردار آتا تو ہمیشہ ان کا جملہ ہوتا ”مرد ہمیشہ گندا اپنے ساتھ گھر میں لاتا ہے،، انہوں نے کبھی عورت کا لفظ اس حوالے سے استعمال نہیں کیا۔ آج رابعہ اس بات کو سمجھ چکی ہے۔

ہم بیٹی کی تربیت گناہ و ثواب و عزت کی سولی پہ کرتے ہیں۔ اسے بھی فطرت سے دور ہی رکھتے ہیں۔ اسے ہم خود روایتی مرد کا تصور دیتے ہیں تاکہ اس کا روایتی مرد کے ساتھ جینا آسان ہو جائے۔ وہ اس سوچ میں ڈھل جائے۔ اور بغاوت نہ کر دے۔ یہ ہمارا لاشعوری خوف ہے۔

اور بیٹے کی تربیت بھی روایتی مرد فارمولے پہ کرتے ہیں۔ تا کہ اس کی بھی زندگی آسان ہو جائے، اسی میں مفاد تربیت کرنے والوں کا ہے۔ کیونکہ ہمارا اصل مسلہ ہے ”لوگ کیا کہیں گے،، یوں یہ سلسلہ گلوبل ویلج کے دور میں بھی جاری و ساری ہے۔ گر اسے نادرست کیا گیا تو اسے والا وقت انقلاب کے نام پہ روایت کیوں توڑے گا کہ عبرت کا نشان بن جائے گا۔

کیونکہ تاریخ گواہ ہے جب کسی بھی طرح کے ظلم کی انتہا ہوئی ہے۔ کوئی ایک ان نون لیڈرا چانک ابھرتا ہے

اور ظلم کی بنیاد پہ تاریخ کا ہیرو بن جاتا ہے۔ یوں کوئی بھی انقلاب اپنے انجام کو پہنچ کر نئی دنیا کو جنم دیتا ہے۔ جہاں پھر سے امن اور محبت کی باتیں ہونے لگتی ہیں۔ امن کی فاختائیں آزاد کی جاتی ہیں لیکن جوں جوں تباہی پھر سے طاقت میں بدلتی ہے۔ اک نئی ظالم تحریک سر اٹھا لیتی ہے۔ یہی سرکشی انسانی فطرت کا حصہ ہے۔ جس پہ قابو پا لینا و جس کی خود تربیتی ہی انسانیت کی معراج ہے۔

تنہائی انسان کو احساس دیتی ہے۔ ہم یہاں ایشیائی سماج کے پھیلے ہوئے پنجوں میں لمحہ بھر تو تنہا نہیں ہو پاتے۔ لہذا احساس و سوچ اضطراب بن کر لڑائی جھگڑوں، غلط فہمیوں، غلط بیانیوں، سیاست چالیوں میں مگن ہو کر اپنا لاشعوری کتھار سس کر رہے ہوتے ہیں۔ مگر اس سے دوریاں، نفرتیں، کدورتیں ہی پیدا ہوتی ہے۔ جیسے دن میں ہمیں قیلولہ کی ضرورت ہوتی ہے۔ اس کے بنا انسان تھک جاتا ہے جسم اپنا کام صحیح طور پہ نہیں کر پاتا۔ سیلز کی ٹوٹ پھوٹ کا عمل تیز ہو جاتا ہے۔ اور زندگی بوجھ بنتی چلی جاتی ہے۔

آج سائنس یہ حقیقت ثابت کر چکی ہے۔ یونہی ہماری زندگی کو بھی وقتا فوقتا قیلولہ کی ضرورت ہوتی ہے۔ انسان اگر یہ سہولت اپنی زندگی کو خود نہ دے تو فطرت اسے بیماری کی صورت میں یا کسی ذہنی عارضہ کی صورت بدل دیتی ہے۔

چھوٹی سی رات بھی گہری ہوتی جا رہی ہے۔ تنہا ہو رہی ہے، قیلولہ کر رہی ہے کہ اسے ایک فن کو جنم دینا ہے۔

رابعہ سات سمندر پار کئی کائناتوں کے اس طرف ایک درویش کو کہتی ہے کہ لوگوں سے کہو خود سے بھی باتیں کیا کریں۔

رابعہ بھی رات کو خود سے بھی باتیں کرتی ہے اور اپنے اللہ سے بھی۔ کیونکہ انسان کو ایک ساتھ کی ضرورت ہی ہے۔ رابعہ نے سب سے حسین ساتھی اس ان دیکھی ہستی کو ہی پایا ہے، جو چھوڑتا بھی نہیں۔ رو لو تو روکتا بھی نہیں، کچھ کہنا چاہو تو خامشی سے سنتا بھی ہے۔ اور سن کر جواب بھی دیتا ہے۔ اپنی ہی بنائی کائنات کی بے توقیری کی بھی نہیں کرتا، دل کی ڈھارس بھی بنتا ہے۔ اور تن من کو روشن بھی کر دیتا ہے۔ کیا

یقین و سکون و امید کی روشنی سے بڑی کوئی زندگی ہے؟ رابعہ کے خیال میں نہیں ہے۔

رابعہ تنہا نہیں ہے۔ ایک زندگی اس کے ساتھ ہے۔ جو اسے پھر سے تھام لیتی ہے۔ کہ وہ سچ میں کچھ دیئے بنا، کچھ لے نہیں لیتا۔ ہمیں بس ملے ہوئے پہ قناعت کرنی ہے کیونکہ وقت ثابت کر دیتا ہے کہ ہر نئی ملنے والی شے، پہلی موجود چیز سے بہتر ہوا کرتی ہے۔ فطرت اسی کا نام ہے۔ اور یہی فطرت کا حسن و ارتقاء ہے۔

صبح کاذب بخیر یاد درویش

چوالیسواں خواب نامہ

والد کے سُکھ اور والدہ کے دُکھ

۲۰ جون ۲۰۱۸

سات سمندر پار رابعہ کو پردیسی درویش کی عید مبارک

درویش رابعہ سے متاثر ہے کہ وہ ایک غیر روایتی ادیبہ ہونے کے باوجود روایتی ذمہ داریوں کو بڑی خوش اسلوبی سے نبھاتی ہے۔ درویش ایسا کرنے سے قاصر ہے۔ وہ کرنا چاہے بھی تو نہیں کر سکتا۔

رابعہ نے پوچھا ہے کہ درویش کے والد کے صوفی ہونے کا اس کی والدہ پر کیا اثر پڑا۔ یہ ایک دردناک کہانی ہے لیکن درویش اس درد اور اس کرب کے لیے مناسب الفاظ تلاش کر رہا ہے۔ یہ وہ مقام ہے جہاں الفاظ اپنی کم مائیگی پر شرمسار ہونے لگتے ہیں۔

درویش نے اپنے ایک خط میں رابعہ کو لکھا تھا کہ اس کے والد چالیس برس کے تھے اور درویش دس برس کا تھا جب درویش کے والد ایک نفسیاتی بحران کا شکار ہو گئے تھے۔ وہ بحران ایک سال رہا۔ درویش کے والد اس بحران سے نکلے تو ایک صوفی بن گئے۔ سادہ لباس، سادھی خوراک اور سادہ طرزِ زندگی۔ انہوں نے کالج کی ملازمت چھوڑ کر ایک ہائی سکول میں نوکری کر لی۔ ان کی تنخواہ آدھی رہ گئی۔ وہ ان سب دنیاوی و مادی و مالی چیزوں سے بے نیاز ہو گئے لیکن درویش کی والدہ بہت متاثر ہوئیں۔ درویش کے والد کے صوفی ہونے کی اس کی والدہ نے بھاری قیمت ادا کی۔

جوں جوں درویش کے والد بہتر ہوتے گئے اس کی والدہ بد تر ہوتی گئیں۔ وہ جنت کی بلندیوں کو چھونے لگیں اور وہ جیتے جی جہنم کی گہرائیوں میں اترنے لگیں۔ درویش کو وہ شب و روز یاد ہیں جب اس کی والدہ کے ہاتھ کانپنے لگے، جسم میں رعشہ پیدا ہوا اور قدم لڑ کھڑانے لگے۔

جب درویش کی والدہ نے ایک سپیشلسٹ سے مشورہ کیا تو اس نے کہا کہ انہیں Thyrotoxicosis کی بیماری ہو گئی ہے جس میں ذہنی پریشانی کی وجہ سے تھائرائڈ گلینڈ زیادہ متحرک ہو جاتا ہے۔ ڈاکٹر نے مشورہ دیا کہ وہ پشاور سے لاہور جا کر ریڈیو تھیریپی سے علاج کروائیں۔ درویش کی والدہ ہر ماہ وہ علاج کروانے لاہور جاتی تھیں۔ علاج ختم ہوا تو ان کی طبیعت قدرے بہتر ہوئی لیکن وہ بہتری عارضی تھی۔

درویش کو وہ رات یاد ہے جب اس کی والدہ اتنی کمزور ہو گئیں کہ وہ بات تک نہ کر سکتی تھیں۔ وہ coma کی حالت میں تھیں۔ درویش، اس کی بہن عنبر اور اس کے والد عبدالباسط ساری رات ان کے بستر کے گرد بیٹھے رہے۔ یوں لگ رہا تھا جیسے ان پر حالتِ نزع طاری ہو اور وہ فوت ہونے والی ہوں۔ وہ ایک رات ایک صدی سے زیادہ لمبی تھی۔ اگلے دن ہسپتال لے کر گئے تو سپیشلسٹ نے کہا انہیں myxedema ہو گیا ہے۔ ان کا تھائرویڈ گلینڈ اب نارمل سے بہت کم کام کر رہا ہے۔ اس کی وجہ ریڈیو تھیریپی کی اوور ڈوز overdose تھی۔ اس کے بعد درویش کی والدہ ساری عمر تھائروکسین Thyroxine کی گولیاں کھاتی رہیں۔

مکسیڈیما کے ساتھ ساتھ وہ ڈیپریشن کا بھی شکار ہو گئیں۔ جوں جوں ذہنی کمزوری بڑھتی گئی وہ توہمات کا بھی شکار ہونے لگیں۔ انہیں یقین ہونے لگا کہ ان کے شوہر پر کسی نے کالا جادو کر دیا ہے۔ درویش کی والدہ کی بیماری وقت کے ساتھ ساتھ پراسرار ہوتی گئی۔ درویش نے اپنے افسانے 'دھرتی ماں اداس ہے' میں اس پراسرار بیماری کا ان الفاظ میں اظہار کیا ہے

میری راتوں کی نیند اڑ گئی

پچھلے چند مہینوں میں میں نے

کئی ڈاکٹروں کئی حکیموں

کئی طبیبوں کئی روحانی پیشواؤں

سے مشورہ کیا ہے

کوئی کہتا ہے بیماری میرے جسم میں ہے

کوئی کہتا ہے میرے ذہن میں ہے

کوئی کہتا ہے میری روح میں ہے

ایسی بیماری

جس کا زہر میرے سراپا میں پھیل گیا ہے

میں مانتی ہوں کہ میری بیماری

ایسی بیماری ہے

جس کا کوئی نام نہیں

جس کی کوئی تشخیص نہیں کر سکتا

جسے کوئی نہیں سمجھ سکتا

جس کا کوئی علاج نہیں

جو زندگی کی شریانوں میں آسیب بن کر پھیل جاتی ہے

ہر امید ہر خوشی اور ہر دعا کو دیمک بن کر چاٹ جاتی ہے

ایک شام درویش کی والدہ نے اس سے کہا میں تمہارے ابو سے بہت مایوس ہو چکی ہوں بہت ناامید ہو چکی ہوں انہوں نے میرے خوابوں پر پانی پھیر دیا ہے اب میری خواہش ہے کہ تم وہ سب کچھ کر دکھاؤ جو تمہارے ابو نہ کر سکے۔ درویش کو یوں لگا جیسے وہ اپنی ماں کے سنہرے خواب کا اسیر ہو گیا ہے۔

درویش نے اپنی امی کی وفات سے پہلے ایک نظم لکھی تھی اور کینیڈا کی ایک محفل میں سنائی تھی۔ نجانے کس نے وہ ریکارڈ کر لی تھی۔۔ درویش کو بتائے بغیر کسی نے درویش کی والدہ کو وہ نظم بھیجی۔ جب انہوں نے وہ نظم سنی تو کافی دیر تک آنسو بہاتی رہیں۔ درویش وہ نظم رابعہ سے شیئر کرنا چاہتا ہے

بوڑھی آنکھیں

میری ماں کی بوڑھی آنکھیں

ان آنکھوں میں جب بھی جھانکا

خوابوں کے ویرانے دیکھے

ویرانے بھی ایسے جن میں

ہر اک حسرت خار بنی تھی

ہر اک خواہش سوکھی ٹہنی

برسوں کی معصوم امنگیں

پژمردہ مرجھائی کلیاں

امیدوں کے کنکر پتھر

بکھرے پڑے تھے

میری ماں کی بوڑھی آنکھیں

ان آنکھوں میں جب بھی جھانکا

ماضی کے آسیب ہی دیکھے

نسلوں کی بیکار کی محنت

مردوں کی دن رات کی خدمت

میری ماں نے

سردی کی راتوں میں اکثر

ٹھنڈے پانی کے نلکے سے

کپڑے دھو کر ہاتھوں پر گٹے بھی ڈالے

گرمی کی اس دھوپ میں ہر دن

آگ جلا کر گھر والوں کی روٹی پکائی

اپنے چہرے کو جھلسایا

قربانی کی ریت نبھائی

لیکن ایسی قربانی کا حاصل

آہیں آنسو

حسرت کے گمنام جزیرے

ایسے جزیرے جن پر تنہائی کا ڈیرا بسیرا

خواب ادھورا

بچوں سے اک اندھی محبت

میری ماں کی اندھی محبت

برسوں میرے پاؤں کی زنجیر بنی تھی

میں نے اس زنجیر کی خاطر

ہجرت کا اک زہر پیا تھا

ہجرت کا وہ زہر کہ جو اک

امرت بن کر شریانوں میں پھیل گیا تھا

میری ماں کی آنکھوں میں اب

محرومی کی دھول تو ہے پر

مایوسی کے خار نہیں ہیں

میری ماں نے زیست کے ہر اک چورا ہے پر

ہمت کے کچھ پھول کھلائے

چاہت کے کچھ گیت سنائے

اس ہمت نے اس چاہت نے

دو کلیوں کا روپ سنوارا

ایک کلی ہے عنبر بیٹی

جس کی خوشبو

قریہ قریہ پھیل گئی ہے

ایک کلی ہے شاعر بیٹا

دنیا بھر کے انسانوں کو پیار کا تحفہ

اپنی ماں کا نادر ورثہ

میری ماں تم خوش قسمت ہو

تیری دونوں آنکھوں کے ان

خوابوں کے ویرانوں میں اب

خوشیوں کے دو پھول کھلے ہیں

اے راتوں کو جاگنے والی رابعہ ۔۔۔ درویش کو بالکل اندازہ نہیں تھا کہ ۔

بات نکلے گی تو پھر دور تلک جائے گی

اب درویش تھک گیا ہے اجازت چاہتا ہے۔

پینتالیسواں خواب نامہ

آفتابی حُسن، ماہتابی حُسن

۲۰ جون ۲۰۱۸

یاد رویش! زندگی کی اک بادلوں بھری صبح کا آداب

سنا ہے یہ بادل کوئی طوفانی بارش لانے والے ہیں۔ کب اس کی کچھ خبر نہیں۔ طوفان کا خوف بھی تب ہوتا ہے، جب کوئی اور منزل منتظر ہو۔ جب انسان کے پاس پانے اور کھونے کو کچھ نہ بچے تو سب تر ڈر خوف ختم ہو جاتے ہیں۔ اور کسی حد تک جنگ جو یا باغی صفت ہو جاتا ہے۔ طوفان اس کے لئے جمود کے دریا میں، اک کنکر سے زیادہ کوئی حیثیت نہیں رکھتے۔

بہرحال آج رابعہ کا من ہے کہ حُسن پہ بات کرے۔ رابعہ جانتی ہے ابھی تو پچھلے بھی کچھ موضوع نامکمل و تشنہ ہیں۔ فلسفہ و فسانہ بیان کرنا آسان ہے، درد کا بیان خود میں بھی درد بھر دیتا ہے۔

درد کی ریاضت کبھی خالی نہیں جاتی، یہ بھی محنت و محبت کی طرح رنگ ضرور لاتی ہے۔ چاند اس کا بھی چڑھتا ہے تو دنیا دیکھتی ہے، کہ اماوس رات بھی شرما جاتی ہے۔

آج نجانے کہاں کون سے ستارے گردش میں ہیں کہ کل کی مسلسل جاگی رابعہ نیند کی منتظر ابھی تک جاگ رہی ہے۔ جب کہ ساری رات گزر کر دن کے ایک حصے کو بھی ساتھ لے گئی ہے۔

حسن دنیا کی بہت بڑی حقیقت ہے۔اور اتنی ہی بے معنی بھی۔اتنا ہی بلند بھی تو اتنی ہی پست بھی۔یہ بیک وقت شریں بھی ہے، ترش بھی، دنیا حسین ہے کائنات حسین ہے۔کائنات کے خالق نے دعویٰ کیا ہے کہ اسے جمال پسند ہے۔تو اس کی مخلوق کو کیوں نہیں بھائے گا۔مگر مخلوق نے اس کی حد و دمقرر کرکے اسے قید کردیا ہے۔جبکہ حسن خوشبو کی مانند ہوتا ہے۔خود ہی پھیل جاتا ہے۔

رابعہ بھی حسن کی اسیر رہی ہے،ان دیکھے اک حسن کی،وہ حسن ہے کائنات کی تخلیق کا۔جوں جوں اس پہ غور کیجئے

توں توں یہ حسین تر ہوتا چلا جاتا ہے،پرت در پرت اس میں اک سحر ہے۔

رابعہ نے کبھی کہیں حسن کی تعریف میں پڑھا تھا حسن دو طرح کا ہوتا ہے۔

ایک آفتابی

دوسرا ماہتابی

دنیا میں جس انسان کو سب سے زیادہ حسن عطا ہوا وہ تھے یوسف علیہ السلام۔رابعہ کی پہلی و مستقل محبت،ان کے حسن کی تعریف میں لکھنے والے لکھتے ہیں کہ آفتابی حسن تھا اور آفتابی حسن پہ نظر نہیں ٹھہرتی۔جیسے آپ سورج کی آنکھوں میں آنکھیں ڈال کر نہیں دیکھ سکتے یونہی آفتابی حسن والے کے سامنے زیادہ دیر رہیں تو تپش کا احساس جاگنے لگتا ہے،زیادہ دیر تک آپ ایسے شخص کو دیکھ نہیں سکتے (جسے خیر سے آج کل کی گلوبل لینگویج نے اور ہی رنگ و لفظ دے رکھے ہیں۔رابعہ اس سے متفق نہیں کہ باڈی لینگویج سائنس نے آج اتنی ترقی کر لی ہے کہ آپ ایک نظر دیکھ کر کسی بھی شخص کا بیک گراؤنڈ جان جاتے ہیں اس کے جینز کی خبر ہو جاتی ہے۔اس کا طبعی نظام تک آشکار ہو جاتا ہے۔سو لفظوں کا ہیر پھیر شخصیت کا آئینہ بگاڑ دیتا ہے۔

(بہر حال آفتابی حسن سورج کی طرح کی خصوصیات کا حامل ہوتا ہے اس میں تپش ہوتی ہے۔گرماہٹ ہوتی ہے، جلال ہوتا ہے، رعب ہوتا ہے، تیز روشنی ہوتی ہے،اس کی کرنیں ہوتی ہیں،جو بیک وقت کچھ کے لئے

فائدہ مند اور کچھ کے لئے نقصان دہ ہوتی ہیں، ایسے حسن کی طرف فطری اپیل زیادہ ہوتی ہے۔ کیونکہ یہ تیز روشن ہے۔ لیکن اس کی تیز روشنی کے باعث اس پہ نظر نہیں ٹھہرتی۔اس کی طرف مسلسل اور زیادہ دیر دیکھا نہیں جا سکتا۔ جیسے سورج کی آنکھوں میں آنکھیں ڈال کر نہیں دیکھا جا سکتا۔اس کی تپش کے باعث، دوسرا شخص بھی جلد تپش محسوس کرتا ہے۔اسی لئے ایسے لوگ اکثر تنہا رہ جاتے ہیں، انہیں زیادہ ناکامیوں کا سامنا کرنا پڑتا ہے۔

ایسی ہی بہت سی جگہیں ہوتیں ہیں۔ان پہ آفتابی حسن کا غلبہ ہوتا ہے۔ وہاں انسان خود کو بے بس محسوس کرتا ہے۔

بالکل یونہی جیسے ہم چاند تک تو پہنچ گئے ہیں لیکن سائنس نے ابھی شمسی سیارے کا سفر نہیں کیا۔ جیسے کہا جاتا ہے کہ قیامت کے قریب سورج زمین کے قریب آ جائے گا یونہی جب ایسے حسن کے مالک فرد کے قریب جائیں تو قیامت سی آ جاتی ہے،ایسی جگہ جائیں تو جلال ورعب کی کیفیت ہوتی ہے کیونکہ اس سے شمسی توانائی جیسی لہریں خارج ہوتی ہیں۔اس کے سامنے والا خود کو اس کشش حسن کی موجودگی میں بے بس محسوس کرتا ہے۔ نا مطمئن سا محسوس کرتا ہے۔اس لئے چاہتے ہوئے بھی ساتھ نہیں رہ پاتا۔

شمسی حُسن کے مالک افراد اکثر نصیب کا گلہ زیادہ کرتے دکھائی دیتے ہیں۔ یہ افراد کسی بھی فیلڈ میں ہوں معروف جلد ہو جاتے ہیں لیکن کامیابی کی اوسط کم ہوتی ہے۔اور کامیاب ہیں تو بھی عمر بھر بہت مشکلات کا سامنا کرنا پڑتا ہے۔ یہ صفت صرف انسانوں تک محدود نہیں، بلکہ فطری نظام کی طرح ہر جا موجود ہوتی ہے۔ کچھ شہروں میں، کچھ ملکوں میں، کچھ قصبوں میں، کچھ جگہوں میں بھی آپ کو یہ صفت محسوس ہوتی ہے۔ یہ دکھائی دینے والی ہی نہیں محسوس کی جانے والی بھی خصوصیت ہے۔

دوسری طرح کا حُسن مہتابی ہے۔ چاند جیسا حُسن، ٹھنڈا میٹھا نرم، خود میں جذب کرتا ہوا کہ چاند کو انسان جی بھر کر دیکھ سکتا ہے۔اس سے باتیں کر سکتا ہے، اس کے موجود ہونے سے ٹھنڈک و نرمی کا احساس ہوتا ہے۔چاند جتنے دن کا بھی ہو مکمل طور پہ نظر آتا ہے۔ چودھویں کا چاند ہوتا ہے تو اس کی کشش بڑھ جاتی ہے۔اماوس کی راتوں میں چھپ بھی جاتا ہے۔ گویا اس حُسن کو سمجھا جا سکتا ہے اس کے سامنے دوسرا بے بسی

محسوس نہیں کرتا۔اس کی مقبولیت کم ہوتی ہے اور قبولیت زیادہ ہوتی ہے۔اسی لئے ایسے افراد زیادہ تر کامیاب نظر آتے ہیں۔ایسے حسن کی موجودگی میں سکون کا احساس بیدار ہوتا ہے۔ایسے افراد سے نرم اور ٹھہری ہوئی خنک جسمانی لہروں کا اخراج ہوتا ہے۔جو دوسروں کو تقویت بخشتی ہیں۔اسی لئے شاعروں نے دیوان کے دیوان چاند کی شان میں لکھ ڈالے ہیں۔ادیب اس سے متاثر ہوئے بنا نہیں رہے۔ محبوب کو ہمیشہ چاند سے تشبیہ دی گئی ہے۔ بہت سی جگہیں بھی ماہتابی حسن کی خصوصیت سے مالا مال ہیں، یہی وجہ ہے کہ لوگ اپنی چھٹیاں ایسی جگہوں پہ جا کر گزار نا پسند کرتے ہیں۔اس کا احساس وجود بے چینی کا سبب نہیں بنتا۔

یہ جو آفتابی و مہتابی حُسن ہے، یہ رویوں میں، جگہوں میں، انسانوں میں، بلکہ جانوروں میں بھی موجود ہے، یہاں ں حُسن کے معنی بہت وسیع تر استعمال ہوئے ہیں۔ صرف وہ معانی نہیں جو ہم عموماً استعمال کیا کرتے ہیں۔ یا وہ معانی نہیں جو شاعر استعمال کرتے ہیں۔ یہ حسن سائنس و نفسیات، روحانیات و سماجیات کا بھی ہے۔ یہ حُسن فطرت، قدرت، کائنات کا بھی ہے۔

رابعہ نے ایک بار درویش سے پوچھا تھا کہ باطنی حُسن یعنی حسن اخلاص و اخلاق کیا ظاہری حُسن پہ اثر انداز ہوتے ہیں؟ درویش آج تک خاموش ہے۔ رابعہ کو علم ہے کہ درویشوں کی خاموشی مصلحت سے خالی نہیں ہوتی، وہ کسی وقت مناسب کے خاموش منتظر ہوتے ہیں۔ کوئی "کن" ان کا رستہ بناتا ہے۔

رابعہ بھی کسی "کن" کی منتظر ہے۔

رابعہ کی طرف سے بھی

اور

درویش کی طرف سے بھی

کیونکہ ہر شخص کی زندگی میں ایسے لمحے ضرور ہوتے ہیں جب وہ خود کو حالات کے سامنے بے بس پاتا ہے، الفاظ کے سامنے بے بس پاتا ہے اور بے بسی کی اک صورت دعا بن جاتی ہے۔

ہر انسان کی زندگی میں ایسے بھی لمحے آتے ہیں، جب اس کی محنت کا ثمر اس کی دعاؤں کا اجر، اس کی لاحاصلی کا کوئی عجب سا، جادوئی سا، ناقابل یقین و منفرد سا حاصل ملتا ہے۔ تب اسے کسی اور کی موجودگی کا احساس ہوتا ہے۔ کسی اور کی شان عظیمی دکھائی دیتی ہے۔ تو وہ اس کی کھوج میں نکل پڑتا ہے۔

گویا اس کا سفر اس کی منزل اس کے مقصد اس کے مطالب اس کا صبر اس کا اجر اس کی رضا اس کے دکھ اس کے سکھ بدل جاتے ہیں۔

زندگی کی اینٹیں کسی انجانے تجربے کی بھٹی میں پک کر تیار ہو جاتی ہیں۔ اب وہ کسی تاج محل کسی نور منزل کسی ڈیرے کسی راہداری کسی کی چھت تو کسی کا فرش بننے کے قابل ہو جاتی ہیں۔

جب زندگی تجربے کی بھٹی سے نکل جاتی ہے۔ اس کو چپ لگ جاتی ہے۔ اب وہ خالی برتن کی طرح بجتی نہیں، نہ ہی رد عمل پہ آمادہ رہتی ہے۔ اب ٹھہراؤ و خامشی میں سحر پیدا ہو جاتا ہے، سحر میں ہمیشہ حیرانی و کشش ہوتی ہے۔ گویا تجربے کی بھٹی اک اور حُسن کو جنم دیتی ہے۔ اور زندگی کا اصل حُسن یہی ہے۔

رابعہ اس وقت اس صبر و منتظر اجر لمحے سے، درویش سے اجازت چاہتی ہے اس وعدے کے ساتھ کہ وہ جلد اپنا پہلا والا ادھورا خط کسی اگلے خط میں مکمل کر دے گی۔

فی امان اللہ۔۔۔۔ یاد رویش

چھیالیسواں خواب نامہ

خوبصورت انسان، حَسِین معاشرے

۲۰ جون ۲۰۱۸

درویش کا مشکل اور چھبتے ہوئے سوال کرنے والی رابعہ کو سلام

درویش رابعہ کے سوالوں کے بارے میں سوچتا رہتا ہے۔ غور کرتا رہتا ہے۔ ذہن میں ادھورے خط لکھتا ہے اور انتظار کرتا ہے کہ وہ خط مکمل ہوں تو وہ الفاظ میں ڈھالے لیکن اسے احساس ہو رہا ہے کہ یہ خطوط عام خطوط نہیں ہیں۔ یہ خواب نامے ہیں اور خواب نامے نہ صرف پراسرار ہوتے ہیں بلکہ نامکمل بھی رہتے ہیں۔ اس لیے آج درویش رابعہ کو ایک نامکمل اور ادھورا خواب نامہ لکھ رہا ہے۔

درویش اس دن سے حُسن کے بارے میں سوچ رہا ہے جس دن رابعہ نے اپنے خط میں حُسن کے بارے میں درویش سے سوال پوچھا تھا۔

درویش سوچتا ہے کہ حُسن ظاہری بھی ہوتا ہے باطنی بھی ہوتا ہے جسمانی بھی ہوتا ہے ذہنی بھی اخلاقی بھی ہوتا ہے سماجی بھی۔

درویش جانتا ہے کہ جب کوئی لڑکا امیروں کے گھر میں پیدا ہوتا ہے جہاں اسے ہر روز دودھ پلایا جاتا ہے سبزیاں اور پھل کھلائے جاتے ہیں اور اسے دیدہ زیب کپڑے پہنا کر سکول بھیجا جاتا ہے تو وہ کتنا خوبصورت دکھائی دیتا ہے۔

لیکن اسی شہر میں جب کسی عورت کے ہاں لڑکی پیدا ہوتی ہے جس کے پاس کھانے کو کچھ نہیں ہوتا اور وہ رات کو بھوکی سو جاتی ہے۔ اس کے پاس پہننے کو کپڑے اور جوتے نہیں ہوتے اور وہ سکول جانے کی بجائے گلی گلی بھیک مانگنے جاتی ہے تو وہ بیمار اور بدصورت دکھائی دیتی ہے۔ درویش کو یہ جان کر دکھ ہوا کہ حُسن کا صحت اور غربت سے گہرا تعلق ہے اسی لیے جون ایلیا نے لکھا تھا

اگر وہ فاقہ کش ہوتی تو بدصورت نظر آتی

اور پریم چند نے ترقی پسند ادب کے بارے میں کہا تھا کہ ہمیں حُسن کا معیار بدلنا ہو گا۔

اے رابعہ! درویش کا مشاہدہ اور تجربہ یہ کہتا ہے کہ جن لوگوں کے دلوں میں خلوص اور محبت کے دیے جلتے رہتے ہیں ان کے چہرے اور آنکھیں روشن ہوتے ہیں اور وہ خوبصورت دکھائی دیتے ہیں لیکن جن کے دلوں میں نفرت اور تعصب کی آگ جلتی رہتی ہے وہ چہرے آہستہ آہستہ کرخت اور بدصورت بن جاتے ہیں۔

درویش اس حقیقت سے بھی باخبر ہے کہ انسانوں کی طرح معاشرے بھی خوبصورت اور بدصورت ہوتے ہیں۔ اور یہ خوبصورتی ان کے اصولوں، خوابوں اور آدرشوں کی مرہونِ منت ہوتی ہے۔ درویش کی نگاہ میں وہ معاشرے داخلی طور پر حسین ہوتے ہیں جہاں بچوں کو food, shelter, education and health care مفت مہیا کرنا حکومت کی ذمہ داری ہو۔ ایسے معاشروں میں بچوں اور نوجوانوں کے سنہرے خواب شرمندہِ تعبیر ہوتے ہیں۔ لیکن وہ معاشرے اندر سے بدصورت بن جاتے ہیں جہاں بچوں کے سنہرے خواب محرومی اور مجبوری کی وجہ سے ڈراؤنے خوابوں میں بدل جاتے ہیں۔ درویش کا شعر ہے

ہر ایک گھر کو جو حیرانیوں سے تکتے ہیں
وہ جس کی چھت ہی نہیں اس مکاں کے بچے ہیں

درویش کا خیال ہے کہ حسن کا فنونِ لطیفہ سے بھی گہرا تعلق ہے۔ اگر انسان میں حسِ جمالیات نہ ہو تو وہ خوبصورت شعروں، تصویروں اور چہروں سے لطف اندوز نہیں ہو سکتا۔

درویش نے ایک ماہرِ نفسیات کی تحقیق پڑھی تھی جس نے یہ واضح کیا تھا کہ سکول کے پہلی جماعت کے بچوں میں creativity ۵۸ فی صد تھی جبکہ دسویں جماعت کے بچوں میں وہ ۱۵ فی صد رہ گئی تھی۔

دنیا کے نجانے کتنے سکول ایسے ہیں جو بچوں کو دفتروں اور فیکٹریوں کے لیے تو تیار کرتے ہیں لیکن ان کے اندر چھپے فنکاروں کو نظر انداز کر دیتے ہیں۔

کیا رابعہ نے کبھی سوچا ہے کہ ایسا کیوں ہے کہ بعض معاشرے شاعروں، ادیبوں اور دانشوروں کی عزت کرتے ہیں اور بعض معاشرے بادشاہو، فوجی جرنیلوں اور آمروں کو ہیرو مانتے ہیں۔

بعض لوگ اور معاشرے اپنے ظاہری حُسن کی وجہ سے اور بعض اپنے داخلی حُسن کی وجہ سے خوبصورت ہیں۔ درویش کبھی کبھار سوچتا ہے کہ یہ ظاہری حسن کہیں سراب تو نہیں۔ شہزاد احمد فرماتے ہیں ؎

شاید کہ وہ قریب سے اتنا حَسین نہ ہو
اک روز اس کو پاس بٹھا کر بھی دیکھیے

سینتالیسواں خواب نامہ

ادبی ہمسفر

۱۲ جون ۲۰۱۸

درویش رابعہ کا شکریہ ادا کرنا چاہتا ہے کیونکہ اس کے خطوط کی وجہ سے درویش نے اپنی ذات اور اپنی زندگی، اپنے خیالات اور اپنے نظریات کے ان گوشوں کے بارے میں سوچنا شروع کر دیا ہے جو ان خطوط کے بغیر ناممکن نہیں تو مشکل ضرور تھا۔ رابعہ کے خطوط درویش کا اپنی ذات سے ازسرِ نو تعارف کروا رہے ہیں۔

رابعہ کے سوالوں کی وجہ سے درویش نے جب اپنے ماضی کے بارے میں غور و فکر کرنا شروع کیا تو اسے اندازہ ہوا کہ زندگی کی صبح سے شام تک وہ تین ادوار سے گزر رہا ہے۔

پہلے دور میں وہ روایت کی شدت سے پیروی کرتا تھا۔

دوسرے دور میں اس نے روایت سے شدت سے بغاوت کرتا تھا۔ اس دور میں اس کے اندر غصہ تھا، نفرت تھی، تلخی تھی۔ اس کا خیال تھا کہ غیر انسانی روایتوں اور غیر منصفانہ نظاموں کو غصہ ہی بدل سکتا ہے۔ اگر اس دور میں درویش کی رابعہ سے ملاقات ہوتی تو شاید دوستی نہ ہو پاتی کیونکہ وہ رابعہ کے خیالوں، سوالوں اور نظریوں سے اکھڑ جاتا۔

پچھلے کئی برس سے اب درویش زندگی کے تیسرے دور میں ہے۔ یہ دانائی کی تلاش کا دور ہے۔ اس دور میں اس میں تحمل، بردباری، عاجزی اور انکساری پیدا ہو رہے ہیں۔ اب وہ جانتا ہے کہ زندگی کے مسائل

نفرت، غصہ اور تلخی سے نہیں پیار، محبت اور انسان دوستی سے حل ہوتے ہیں۔ اب وہ جانتا ہے کہ ہمارے دشمن بھی ہمارے دور کے رشتہ دار ہیں کیونکہ ہم سب انسان دھرتی ماں کے بچے ہیں۔ جن باتوں پہ پہلے درویش اکثر جاتا تھا اب وہ ان پر مسکراتا ہے۔ جن لوگوں اور حالات کو وہ پہلے judge کرتا تھا اب وہ انہیں ہنس کر accept کرتا ہے۔ اب وہ confrontation کی بجائے cooperation کی راہ تلاش کرتا ہے۔ اب اسے سمجھ آ گیا ہے کہ

Winning hearts is as important as winning arguments.

جب درویش اپنے ماضی پر نگاہ ڈالتا ہے تو اسے احساس ہوتا ہے کہ ایک وہ زمانہ تھا جب وہ غصیلے ریڈ زون میں رہتا تھا اب وہ پر سکون گرین زون میں رہتا ہے۔ درویش کا ایک شعر ہے

عجب سکون ہے میں جس فضا میں رہتا ہوں

میں اپنی ذات کے غارِ حرا میں رہتا ہوں

درویش پر آہستہ آہستہ خاموشی، تنہائی اور دانائی کے رشتوں کے راز منکشف ہوتے جا رہے ہیں۔ اسی لیے اس نے شعر لکھا ہے

وہ دریا بن کے بہتا تھا تو کتنا شور کرتا تھا

سمندر میں وہ جب سے آ ملا خاموش رہتا ہے

درویش کا یہ سفر بریک ڈاؤن Breakdown سے بریک تھرو Breakthrough کا سفر ہے۔ درویش کا خیال ہے کہ ہر جینون شاعر، ادیب، سنت، سادھو، فنکار فلاسفر اور دانشور اس راہ سے گزرتا ہے۔ اسے اس سفر میں اندازہ ہوتا ہے تخریب تعمیر کا پہلا قدم ہے۔ یہ علیحدہ بات کہ بعض پہلے قدم سے آگے نہیں جا پاتے۔ پرانی روایت کو توڑنا اور پھر زندگی اور فن کو نئی روایت سے جوڑنا کامیاب فنکار کا کام ہے۔

ہر قوم میں روایتی اکثریت روایت کی شاہراہ پر اور تخلیقی اقلیت من کی پگڈنڈی پر چلتی ہے۔ اور یہ پگڈنڈی

وقت کے ساتھ ساتھ شاہراہ بنتی جاتی ہے۔ایک نسل کے معتوب اگلی نسل کے معززین بن جاتے ہیں۔

پہلے تو درویش کو رابعہ کی دوستی سے صرف خوشی ہوتی تھی اب اسے فخر ہے کہ دونوں تخلیقی ہم سفر بن گئے ہیں۔اگر ایک دن یہ خواب نامے چھپے اور اس کتاب پر دونوں ادبی دوستوں کے نام رقم ہوئے تو درویش کے لیے وہ دن ایک یادگار دن ہو گا۔اس دن درویش کا ادبی خواب شر مندۂ تعبیر ہو گا۔

اگر کسی ادب اور نفسیات کے طالب علم نے درویش سے پوچھا کہ دو ادیبوں کی ایک بھی ملاقات کیے بغیر ۵۰ دنوں میں ۵۰ خطا اور ۵ ہزار سے زیادہ الفاظ لکھنے والی دوستی کا راز کیا ہے تو درویش کہے گا کہ یہ سچ کی تلاش میں خلوص، اپنائیت اور تخلیقیت کی وہ منزل ہے

جہاں ہونا نہ ہونا ہے نہ ہونا عین ہونا ہے۔

درویش رابعہ کا ایک دفعہ پھر شکر یہ ادا کرنا چاہتا ہے کہ اس نے درویش کو کبھی ملے بغیر شرفِ ہم سفری بخشا۔

اب درویش اجازت چاہتا ہے کیونکہ یہ ۱۲ جون ہے جو سال کا سب سے بڑا دن اور سب سے چھوٹی رات ہے۔اب رابعہ کو خوشی ہونی چاہیے کہ آج شب سے ۱۲ دسمبر کی شب تک راتیں لمبی ہونی شروع ہو جائیں گی اور وہ تخلیقی ریاضت دیر تک کر سکے گی۔

اڑتالیسواں خواب نامہ

من کا آئینہ

۲۲ جون ۲۰۱۸

یا درویش! رابعہ رات کی حسین وادی سے سلام کہتی ہے۔

اے درویش رابعہ افسوس کے ساتھ کہتی ہے کہ کھوکھلے معاشرے، کچلے ذہن، احساس برتری میں چھپی کمتری والے معاشرے کبھی اپنے ہیرو آرٹسٹ کو نہیں بناتے۔ ان کے ہیرو جرنیل، بیوروکریٹ، اور آمر ہوا کرتے ہیں۔

درویش کے والد و والدہ والے دُکھی سوال کے لئے رابعہ معذرت چاہتی ہے۔ مگر یہ کرنا ضروری محسوس ہوا۔ کہ طبیب کی مجبوری ہوتی ہے کہ وہ جسم کا کوئی حصہ کاٹ کر ہی اس کے اندر سے علاج کرتا ہے۔ لیکن جب مریض بہتر ہو جاتا ہے تو بس ٹانکوں کے نشان رہ جاتے ہیں۔ یوں دونوں کو خوشی ہوتی ہے۔ اب دیکھئے درویش کے والد کے ساتھ جو ہوا، ایک غیر ارادی عمل تھا اور درویش کی والدہ کے ساتھ جو کچھ ظاہر ہوا وہ سب بھی غیر ارادی در عمل تھا۔ اگر والد کا حال کسی حادثے کے باعث نابدلتا تو والدہ کا مستقبل بھی تغیر پزیر نہ ہوتا۔ اگر والدہ کے خواب والد سے جڑے رہتے تو وہ درویش کو یہ نصیحت نا کرتیں۔

آج رابعہ قاسم علی شاہ کا ایک کلپ سن رہی تھی۔ جس کا عنوان تھا۔۔۔۔ "ولی ساز "۔۔۔۔ رابعہ کو موضوع نے روک لیا ہے۔

''ولی سے بڑا رتبہ ولی ساز کا ہوتا ہے''، ''عشق و مشق کبھی نہیں چھپتے''۔ واصف علی واصف کا قول ہے ''درویش کی سب سے بڑی درویشی یہ ہے کہ وہ درویشی چھپا جائے''۔ درویشی بڑی چمک دار چیز ہے، روحانیت کی اپنی چمک ہوتی ہے۔ خود ہی پھیل جاتی ہے۔ مگر بعض اوقات ہوتا یوں ہے کہ یہ اللہ کی طرف سے چھپ جاتی ہے، بعض اوقات ولی کی دعا ہوتی ہے کہ یا اللہ چھپا لینا۔ بندہ تو اپنی مجازی محبت چھپاتا ہے تو حقیقی کیوں نہیں چھپائے۔ ایسے بندے سے جب آپ ملتے ہیں تو آپ بے خوف ہو جاتے ہیں۔ وہ آپ کو زمان و مکان سے آؤٹ کر دیتا ہے۔

فرید الدین عطار کا واقعہ ہے کہ وہ سودا سلف بیچنے میں مصروف تھے، ایک فقیر آیا، کچھ طلب کیا، تو انہوں نے کہا، جامعاف کر میرے پاس وقت نہیں ہے۔ تو اس نے کہا ''مرے گا کیسے؟'' فرید الدین عطار نے کہا ''جیسے تو مرے گا''۔ ''فقیر لیٹا، انا اللہ انا علیہ راجعون'' پڑھا اور اس کی روح پرواز کر گئی۔ اسی لمحے فرید الدین عطار کی زندگی کا رخ ہی بدل گیا۔''

ولی کی تین اقسام ہیں

پیدائشی، بلھے شاہ، شاہ رکن عالم

بعض اوقات ولایت نے صرف ایکٹو ہونا ہوتا ہے۔ جیسے فرید الدین عطار۔

بعض اوقات تربیت ایسی مل جاتی ہے۔ کہ روحانیت جاگ جاتی ہے۔ یہ ممکن نہیں کہ ولی سے تمہاری محبت ہو اور ولائت نہ جاگے۔ صاحب حال کا تعلق، صاحب حال بنا دیتا ہے۔

آج کی دنیا میں ایمان داری سے زندگی گزار انا ہی پورا چلہ ہے۔ آپ کو اپنے وقت کے ابو جہل سے واسطہ پڑتا ہے تو سمجھ آتی ہے علم کیا ہے۔ اندھیرا ہی بتاتا ہے روشنی کیا ہے۔

اس لیکچر کے نکات سے رابعہ کی نگاہ مشاہدہ کتنے ہی ولی سازوں تک سفر کر گئی، کتنے ہی ابو جہل اس کی نگاہ تصور میں لہرانے لگے۔ درویش کے والد کے حالات نے اسے صوفی بنا دیا۔ اس کی ماں نے حالات کے رد

عمل سے بیٹے کو دنیا بنا تا گنے سے بچا کر خدمت خلق کی طرف لگا دیا۔ یہ دنیا واقعات در واقعات کی وہ کڑی ہے تو مشاہدہ وریاضت مانگتی ہے۔

عورت، مرد کے کسی بھی تغیر سے اسے کہیں گنا زیادہ متاثر ہوتی ہے۔ کیونکہ اس میں لینے اور دینے کی قوت بھی فطرت نے کئی گنا زیادہ رکھی ہے۔ رابعہ نے جس رد عمل کا ذکر نو ماہ بعد والی مثال سے کیا ہے وہ اولاد کی پیدائش ہے ۔۔ جو ایک لحاتی عمل کا رد عمل ہے۔ جو کئی گنا ہے۔ وہ ایک خون کو قطرے جتنا لیتی ہے مگر اسے سینچ کر رد عمل میں پوری جان، پورا سنسار دیتی ہے۔

یہی کلیہ اس کی پوری زندگی پہ حاوی دکھائی دیتا ہے کہ وہ اظہار ذرا لیٹ کرتی ہے۔ احساسات میں بھی دھیرے چلتی ہے۔ جذبات میں بھی آہستگی ہے۔ اس کا پروسس فطری طور پہ slow ہے۔ مگر کئی گنا زیادہ اور مکمل ہے۔ یہی وجہ ہے کہ عورت نے آج تک کبھی نہ خدائی کا دعوی کیا نہ پیامبری و پیغمبری کا۔

یہ دونوں کام جلد بازی کے مرہون منت ہیں۔ مرد جلد باز ہے طاقت کے نشے میں خدا بن بیٹھتا ہے۔ یہی وجہ ہے کہ مردوں کی اکثریت عمر کے آخری حصے میں ذہنی امراض کا شکار خواتین کی نسبت زیادہ ہوتے ہیں۔

رابعہ آج ایک اور نتیجے پہ پہنچی ہے درویش جس دیوانگی سے بچپنے نکلا تھا وہ اس میں مبتلا ہو چکا ہے۔ کیونکہ وہ اس کے جینز میں تھا۔

بظاہر وہ ایک سیکولر درویش ہے، باطن وہ لاشعوری طور پہ اپنے والد کے نقش قدم پہ ہے ۔۔ اس نے ماں کی نصیحت تو نبھا دی مگر باپ کے جینز سے بھی قدم با قدم چلا۔ ورنہ ناتو وہ نفسیات پڑھ کر لوگوں کی خدمت کر رہا ہوتا، نہ ہی بغیر معاوضے کے بہت سے آرٹیکل لکھ کر دوسروں کے اذھان کے در پہ دستک دے رہا ہوتا۔ نہ ہی اس نے بغاوت میں اپنا نام بدلا، نہ ہی انسانیت کے لئے نقصان دہ پیشہ اختیار کیا۔ وہ بغاوت میں منشیات فروشی بھی کر سکتا تھا، بم بلاسٹ بھی کر سکتا تھا۔ ایک صوفی کا بیٹا صوفی نہ بنا مگر اس کے جینز اپنا کام کر رہے ہیں۔

رابعہ ایک بار پھر سر حد پار کر گئی ہے مگر کیا کرے اس کی فکر اسے ہاتھ تھامے لیے پھرتی ہے۔ اور وہ اپنا

بوجھ اتارے بنا رہ نہیں پاتی کہ قلم کار کی فکر اصل میں بوجھ نہیں امانت ہوتی ہے۔ اسے یہ امانت لوٹا دینی چاہئے۔ جو نہیں لوٹاتا تو بے سکون ہو جاتا ہے۔ بے سکونی کسی ذہنی مرض کا پیش خیمہ ہے۔

آہ درویش!

رابعہ نے درویش کا زمینی تلخ حقائق پہ مبنی فلسفہ حسن پڑھا۔ جس سے رابعہ منکر نہیں ہو سکتی۔

رابعہ ایم اے کے سال اول میں تھی ایک دن شاید اسے اپنی چار کتابیں پڑھ لینے کا مان اپنے ایک استاد محترم ڈاکٹر خورشید رضوی کے پاس لے گیا رابعہ نے کتابی علم کو بنیاد بناتے ہوئے کم مشاہداتی سوال کر لیا ۔

''سر نہج البلاغہ اور شکسپئر کو پڑھنے کے بعد یوں لگتا ہے جیسے شکسپئر نے نہج البلاغہ سے بہت کچھ لیا ہو؟'' رابعہ کے نیم فاخرانہ لہجے کے جواب میں ڈاکٹر صاحب نے بہت مطمئن ٹھہرے ہوئے لہجے میں کہا ''یونیورسل ٹروتھ کبھی نہیں بدلتے بیٹا، جس کو آپ مماثلت کہہ رہی ہو وہ کائنات کی غیر متغیر سچائیاں ہیں''

وہ دن تھا کہ رابعہ ہر بات، ہر رویے، ہر چیز کو کائناتی سچائی پہ بھی دیکھنے لگی۔

لہذا درویش کے بیان کی سچائی سے بھی کوئی انکار ممکن نہیں۔ مگر رابعہ کے سوال کا غیر طبعی جواب بھی درویش کے خط میں موجود ہے کہ انسان کی مثبت سوچ و رویہ اس کا حسن بن سکتا ہے اور منفی سوچ و رویہ اس کے حسن کو ماند بھی کر سکتے ہیں۔

جہاں تک درویش کا خیال ہے کہ ظاہری حسن سراب ہے۔

ہو بھی سکتا ہے۔

مگر رابعہ نے اپنی لائف میں دیکھا کہ جوانی تو سب پہ حسین آتی ہے۔ مگر عمر کی پختگی کے ساتھ ساتھ کچھ افراد کا حسن ماند پڑ جاتا ہے، کچھ کا ایسا نکھرتا ہے کہ بچپن و جوانی میں بھی نہیں تھا۔ یہ ان کی اپنے من کی ریاضت کا سبب بھی اور نیت کا بھی۔ اور عمل کا بھی۔ وہ جو جسمانی لہروں کی بات رابعہ کرتی ہے۔ یہ لہریں ایک خاص عمر کے بعد چہرے کے خطوط کو متاثر کرنے لگتی ہیں۔

یہی وجہ ہے کہ ہم کسی کے بولے بنا جان جاتے ہیں کہ یہ بہت سخت مزاج، نرم مزاج، میٹھا، امان دار، دھوکے باز و مکار لگتا ہے۔

اسے فیس ریڈنگ کہہ لیجئے۔ مگر اس کا تعلق رابعہ نے نزدیک اخراجی لہروں پہ ہی منحصر ہے۔ اندرونی نیتوں پہ ہی منحصر ہے۔

کہیں نا کہیں اندرونی کاروائی بیرونی کاروائی بن جاتی ہے اور انسان کو علم ہی نہیں ہوتا۔

رابعہ نے ایک خاص عمر یعنی جوانی گزر جانے کے بعد والے افراد پہ اس حوالے سے جو مشاہدات کئے ان میں ظاہری حسن و کم حسنی آئینہ ہی پایا۔ من کا آئینہ، سوچ کا آئینہ، نیت کا آئینہ، عمل کا آئینہ۔

کچھ افراد کا حسن اخلاق و اخلاص کا ظاہری پن رابعہ کے لئے سوال بنا رہا کہ چہرہ کچھ اور کیوں کہہ رہا ہے اور لفظ و ظاہری کردار مخالف کیوں ہیں؟ لیکن آخرکار اکثر ظاہر کا راز باطن کو کھولتے پایا۔

اس لئے رابعہ کے لئے ظاہر سوفی صد سراب نہیں ہے۔

اور سب سے بڑھ کر اس نے جو دیکھا وہ یہ تھا کہ آنکھیں ان سب کا خلاصہ ہوتی ہیں۔

یاد رویش، رابعہ کو لگا درویش نے زندگی کے کچھ مدارج طے کئے ہیں، رابعہ جاننا چاہتی ہے ارتقا کے اس سفر کو جو والد صاحب کی ذہنی حالت کے بعد آج ڈاکٹر خالد سہیل تک ہوا۔

یہ سفر ایک انسان کا تنہا نہیں انسانیت کا مطالعہ ہے۔

اب یہ درویشوں کے ڈیرے کا سفر بھی اپنے پلیٹ فارم پہ آ کر ٹھہرنے والا ہے۔ مسافر تھکن سے چور ہیں کہ سفر بہت تیز رفتار تھا کیونکہ سفر وجدان کا تھا، معراج کا تھا، سو کسی کرشمہ سے کم نہیں تھا

رابعہ کو ابھی بھی اک سفر کے بعد کوئی نیا سفر دکھائی دے رہا ہے۔ کہ زندگی کی جب تک سانس ہے، ظاہری سفر کی تب تک کوئی حتمی منزل نہیں ہوتی۔

اک گہری رات سے رابعہ کو کچھ باتیں کرنا ہیں، سو درویش سے اجازت چاہتی ہے، نہیں معلوم درویش کی زمین پہ کون سے وقت نے بسیرا کیا ہوگا۔

یہاں تو تہجد کا تارا مسکرا رہا ہے۔ یہ اس لمحے خوب چمک اٹھتا ہے، نجانے کس کا دیدار کر لیتا ہے۔ اس تارے کا ذکر رابعہ نے اپنے ایک افسانے "ساتویں سمت" میں کیا تھا۔ اس تارے کے اسیر اس لمحے جنون کی حالت مست میں آجاتے ہیں۔

تارا تہجد بخیر۔۔۔ یاد درویش!

انچاسواں خواب نامہ

درویشوں کا ڈیرا

۲۲ جون ۲۰۱۸

درویش رابعہ کو الوداع کہنے حاضر ہوا ہے۔

درویش چند ہفتوں کی رخصت لینے آیا ہے۔ اس کی دو وجوہات ہیں۔

پہلی وجہ یہ ہے کہ اسے اپنے دوست بلند اقبال کے ساتھ ٹی وی کے پروگرام ’دانائی کی تلاش‘ کی تیاری کرنی ہے۔ درویش اور بلند اقبال اس پروگرام کے ۳۲ episodes کر چکے ہیں۔ پہلے ۱۶ اپی سوڈ قدیم فلسفیوں کے بارے میں تھے جن میں کنفیوشس ’لاؤزو‘ بدھا ’مہاویرا‘ زرتشت ’بقراط‘ سقراط ’افلاطون اور ارسطو شامل تھے اور پچھلے سات اپی سوڈ مسلم دانشوروں کے بارے میں تھے جن میں الکندی ’الرزی ’بو علی سینا ’الفارابی ’غزالی ’ابن رشد ’ابن تیمیہ ’رومی اور علامہ اقبال شامل تھے۔ اگر رابعہ کو کبھی موقع ملے تو وہ یوٹیوب پر جا کر In Search of Wisdom کو سرچ کر کے یہ پروگرام دیکھ سکتی ہے۔ پچھلے چند ہفتوں میں رمضان اور عید کی وجہ سے وہ پروگرام نہیں دکھائے گئے تھے۔ اب درویش نے اگلے بارہ پروگراموں کی تیاری کرنی ہے جن میں ہم یورپی اور شمالی امریکہ کے فلسفیوں اور دانشوروں پر اپنی توجہ مرکوز کریں گے۔۔

دوسری وجہ یہ ہے کہ درویش چاہتا ہے کہ وہ سارے خواب نامے ایک دفعہ پھر پڑھے اور شعور اور لاشعور

کے تخلیقی بہاؤ میں لکھے گئے خطوں پر غور کرے۔ عین ممکن ہے اس غور و فکر سے وہ اپنی ذات کے چند اور گوشوں سے متعارف ہو جائے۔ درویش نے رابعہ سے تخلیقی دوستی سے یہ جان لیا ہے کہ

Creative friendship brings out the best in both parties.

درویش کی رابعہ سے بھی درخواست ہے کہ اگر اسے وقت ملے تو وہ نہ صرف ان خواب ناموں کو پڑھے بلکہ ان کا اختتامیہ بھی لکھے۔ کیا ہی اچھا ہوا گر ہم ان خطوط کو ادبی دوستوں کے ساتھ شئیر کریں۔ عین ممکن ہے کہ ان خطوط کو پڑھ کر چند اور ادیبوں، شاعروں اور دانشوروں کو ادبی دوستی کرنے اور خواب نامے لکھنے کی تحریک ہو۔ کیا خبر ایک شمع سے کئی اور شمعیں جلیں، ان کی تاریک راتیں روشن ہوں اور ان کا علم اور دانائی کی صبح پر یقین بڑھ جائے۔ درویش کو تو یقین ہے

نہیں ایسی کوئی بھی رات جس کا
کوئی سورج کہیں نہ منتظر ہو

درویش نے جب رابعہ کا پچھلا خط پڑھا تو خود کو رابعہ سے متفق پایا کہ درویش نے اپنے والد کی genes وراثت میں پائی ہیں جن کا اس کی شخصیت پر اثر ہے۔ درویش اور اس کے والد کے راستے مختلف لیکن منزل مشترک تھی۔ درویش کے والد نے مذہبی لیکن درویش نے سیکولر، اس کے والد نے روحانی اور درویش نے نفسیاتی راستہ اپنایا لیکن دونوں کی منزل ایک ہی تھی اور اس منزل کا نام انسانیت کی خدمت ہے۔ درویش کے والد نے وہ خدمت ٹیچر اور پروفیسر بن کر اور درویش نے وہ خدمت رائٹر اور ڈاکٹر بن کر کی۔ درویش نے اپنے والد سے دوسرے انسانوں کی رائے کا احترام کرنا سیکھا جو دوستی کا سنگِ بنیاد ہے۔ اسی سنگِ بنیاد پر درویش کی رابعہ سے دوستی کی عمارت بھی تعمیر ہوئی۔

درویش نے اپنے صوفی والد اور شاعر چچا سے یہ بھی سیکھا کہ اگر کوئی فنکار چاہتا ہے کہ وہ فن اور زندگی میں کامیاب ہو تو اسے اپنے خواب اور آدرش کے لیے قربانیاں دینے کے لیے تیار رہنا چاہیے۔ اپنے دیس میں بھی پر دیسی رابعہ! رخصت ہونے سے پہلے درویش اپنی ایک طویل نثری نظم رابعہ کی خدمت

میں پیش کرنا چاہتا ہے۔ اب چند ہفتوں کے بعد اگلے خطے سے آدھی ملاقات ہو گی۔ پوری ملاقات تو اس وقت ہو گی جب رابعہ مشرق سے مغرب ہجرت کرے گی اور درویشوں کے ڈیرے پر آ کر اپنے خواب نامے سنائے گی یا درویش رابعہ سے شرفِ ملاقات اور خواب نامے حاصل کرنے مغرب سے مشرق پر واز کرے گا۔۔

درویشوں کا ڈیرا

کل شام

درویشوں کے ڈیرے پر

مہمان ادیبوں اور فنکاروں سے ملنے کے بعد

گھر لوٹتے ہوئے

درویش سوچ رہا تھا

جب مہاجر پرندے

کسی نئے شہر کے

نئے باغ میں جاتے ہیں

تو وہ صرف ان شاخوں پر گھونسلے بناتے ہیں

جن سے انہیں اپنائیت کی خوشبو آتی ہے

شاید یہی وجہ ہے کہ جب

دنیا بھر کے شاعر اور ادیب، فلاسفر اور دانشور

ہمارے شہر میں داخل ہوتے ہیں

تو چاہت کے کچے دھاگے سے کھنچے

خضر کی کٹیا میں چلے آتے ہیں
وہ اس کٹیا میں
آتشدان کے گرد بیٹھتے ہیں
اپنی غزلیں، نظمیں، کہانیاں سناتے ہیں
اور اگلے دن
نئے سفر پر روانہ ہو جاتے ہیں
لیکن ان کی باتوں کی خوشبو
چائے کی پیالیوں کے ہمراہ
خضر کے گھر میں رہ جاتی ہے
خضر کا کہنا ہے
ہر فنکار کے دل کے نہاں خانوں میں ایک درویش چھپا ہوتا ہے
جو دوسرے فنکاروں اور درویشوں کی قربت میں پروان چڑھتا ہے
خضر نوجوان فنکاروں کو
بزرگ فنکاروں سے
مشرقی فنکاروں کو مغربی فنکاروں سے ملواتا ہے
اور مختلف فنکاروں کے درمیان
ایک تخلیقی پل بنتا ہے
اس کا ڈیرا
ایک جھیل کے کنارے واقع ہے
جس کی کھڑکی سے
آبی پرندے اور سایہ دار درخت دکھائی دیتے ہیں
اس کا ڈیرا

روشنی کا مینار ہے

جس سے بھولے بھٹکے مسافر اپنی منزل

اور فنکار اپنا ساحل پاتے ہیں

درویش درویشوں کے ڈیرے پر جب بھی جاتا ہے

اور نئی غزلیں نظمیں اور کہانیاں سنتا ہے

تو اس کے ذوق کو جلا ملتی ہے

اسے بھی نئی نظم لکھنے نئی کہانی تخلیق کرنے اور

نئے خواب دیکھنے کی تحریک ہوتی ہے

درویش کو وہ شام یاد ہے

جب اس کے زمانہِ طالب علمی کے بہت سے دوست

اس سے ملنے آئے تھے

ایسے دوست جنہوں نے نوجوانی میں خوابوں کے شیش محل بنائے تھے

وہ ہر ظلم کے خلاف بغاوت

اور

ہر جبر کے خلاف احتجاج

کرنے کو تیار تھے

ان دنوں وہ سب فنکار آپس میں ملتے تھے

ایک دوسرے کو

امن اور آشتی کی نظمیں

اور پیار و محبت کی کہانیاں سناتے تھے

لیکن جب

طالب علمی کا دور ختم ہوا تو

خوابوں کے شیش محل چکنا چور ہونے شروع ہو گئے

پہلا گروہ ان نوجوانوں کا تھا
جنہوں نے والدین کے کہنے پر
شادیاں کیں
بچے پیدا کیے
اور
روایت کی زنجیر میں بندھ گئے
انہوں نے اپنی تخلیقی صلاحیتوں کو
خاندان بنانے کی بھینٹ چڑھا دیا
وہ دن بھر کی محنت
اور
بیوی بچوں کی خدمت سے
اتنے تھک جاتے کہ انہیں
سیر کے لیے جانے
شاعری پڑھنے
اور
موسیقی سننے کا وقت ہی نہ ملتا
ان کی ذمہ داریاں
ان کی تخلیقی صلاحیتوں کو
دیمک کی طرح کھا گئی تھیں

دوسرے گروہ کے اعصاب پر
دولت سوار تھی
انہیں اندازہ ہوا
فنکار خوابوں کا بیوپار کرتے ہیں
اور اس مادی دنیا میں لوگ
بڑے گھر اور گاڑیاں خریدنا چاہتے ہیں
خواب نہیں
ایسے فنکار اور دانشور
دولت اور سونا جمع کرنے لگے
انہوں نے قیمتی پینٹنگز خرید کر
گھروں کی دیواروں پر لگائیں
اور
قیمتی کتابیں خرید کر
میزوں اور شیلفوں پر سجائیں
لیکن ان کتابوں کے لکھاریوں اور پینٹنگز کے فنکاروں سے
کبھی ملنے نہ گئے
تیسرے گروہ کو
شہرت کی بہت آرزو تھی
انہیں شہ پارے تخلیق کرنے کی بجائے
ریڈیو اور ٹیلی ویژن پر
انٹرویو دینے کا زیادہ شوق تھا
وہ فن کی ریاضت سے کتراتے تھے

ایسے لکھاری

مشہور تو ہو گئے

لیکن ساری عمر سستے کالم اور ناول لکھتے رہے

وہ عوام کا ذوق کیا بہتر کرتے

وہ اپنا ذوق ہی بگاڑ بیٹھے

چوتھا گروہ

روایات کی دیوار سے

اتنا زور سے ٹکرایا کہ

اپنا ذہنی توازن ہی کھو بیٹھا

ان کے پاگل پن نے ان کے فن کو گرہن لگا دیا

اس شام درویش کو احساس ہوا

خضر ان مودودے چند فنکاروں میں سے تھا

جو اپنے آپ میں مست

اور

اپنی دنیا میں مگن رہتے ہیں

اسے دولت اور شہرت کی کوئی فکر نہ تھی

وہ روایت کی شاہراہ چھوڑ کر

اپنے من کی پگڈنڈی پر چلتا رہا تھا

ربع صدی کی ریاضت کے بعد

وہ شہہ پارے تخلیق کرنے کے قابل ہوا تھا

اور

ان کے من کے تخلیقی چشمے بہنے لگے تھے

وہ انعام و اکرام سے تو نہ نوازا گیا تھا

لیکن اس نے لوگوں کے دلوں میں گھر بنالیا تھا

نجانے کتنے فنکار اور ادیب، شاعر اور دانشور

دور دور سے اس سے ملنے آتے تھے

وہ ان کے دلوں میں راکھ میں چھپی چنگاریوں کو ہوا دیتا تھا

اور شعلوں میں تبدیل کر دیتا تھا

دھیرے دھیرے درویش کو اندازہ ہوا

خضر کتنا خوش قسمت تھا

اس کا درویشوں کا ڈیرا دھیرے دھیرے

بہت سے بے گھر شاعروں اور دانشوروں کا

گھر بن گیا تھا۔

پچاسواں خواب نامہ

دل کا راستہ

۲۷ جون ۲۰۱۸

رابعہ بھی درویش کو لاہور سے آخری سلام بھیجتی ہے۔ پچھلے سال اس نے اپنی کتاب ''اردو افسانہ عہد حاضر میں '' کے دیباچے میں لکھا تھا '' لیجیے آپ کو آپ کی امانت لوٹا کر جا رہی ہوں۔ کسی نئے دشت کے سفر پر، کہ زندگی سفر کا نام ہے ''

تو آج اس دشت کا بھی ۶۰ دن پہ محیط سفر تمام ہوا

رابعہ نے درویش کی زندگی کے مراحل کے حوالے سے لکھا خواب پڑھا۔ اسے لگا کہ انسان انہی مراحل سے گزر کر انسانیت کی معراج کو پہنچتا ہے۔

کچھ افراد پہلے ہی مرحلے پہ کھڑے اپنی پوری زندگی سفر کر لیتے ہیں۔

اکثریت ارتقاء سے گزرتے ہوئے دوسرے درجے پہ پہنچ جاتی ہے اور پھر یہی قیام پذیر ہو جاتی ہے۔

تیسرے درجے تک کم انسانوں کی رسائی ہو پاتی ہے۔ بلکہ دوسرے درجے پہ ہی قیام پذیر ہوتے ہوئے وہ خود کو تیسرے درجے کا مسافر سمجھ لیتے ہیں۔

تیسرے درجے کی پرکھ اور کسوٹی عمل ہے۔ یہ حسن کی وہ باطنی سطح ہے جو ظاہر تک آتی ہے۔

جس کے بارے میں رابعہ نے کسی خواب میں معاملہ حسن ظاہر و باطن کے بارے میں پوچھا بھی تھا۔

یہ وہ سطح ہے کہ جہاں شمس تبریز کے ''عشق کے چالیس اصول'' عمل بن جاتے ہیں۔

عمل سورج کے راہ میں آ کر چاندنی بکھیر دیتے ہیں۔ گرین زون کا سا کیف بادلوں کی طرح چھا جاتا ہے۔ لیکن زندگی کی یہ بھٹی بہت ریاضت طلب ہے۔ جو شخصیت کو تراش خراش کر ہیرا بنا دیتی ہے۔

شمس تبریز نے کہا تھا ''سچائی کا راستہ اصل میں دل کا راستہ ہوتا ہے دماغ کا نہیں ''

یہ سچائی کا سفر نہ کبھی رکا ہے، نہ رُکے گا۔ اسی سچائی کے ساتھ رابعہ بھی درویش کا شکریہ ادا کرتی ہے کہ اس دشوار رستے پہ وہ ایک تخلیقی خواب کو تعبیر کر چکے ہیں۔ جو انسانیت و دوستی کا ایک بہت بڑا قلمی و عملی ثبوت ہے. یہاں بھی رابعہ کا عمل ورد عمل کا نقطہ نظر عملی صورت آپ سب کی آنکھوں و ہاتھوں میں موجود ہے۔

فی امان اللہ یا درویش کہ رابعہ قلم کی امانت آج بھی لوٹا کر جا رہی ہے۔ کسی نئے دشت کے سفر پہ، کہ زندگی سفر کا نام ہے۔

اختتامیہ

آرٹ تضاد کو حسن میں بدل دیتا ہے

رابعہ الرّبّاء

"مشرق و مغرب شمال جنوب.....ان میں سے کچھ فرق نہیں پڑتا۔ تمہارے سفر کی سمت کوئی بھی ہو، بس یہ دھیان ضرور رہے کہ ہر سفر ذات کا داخلی سفر ضرور بنے۔ اگر تم اپنی ذات کے اندرون میں ایک مقام سے دوسرے مقام تک کا باطنی سفر کرو تو تمہارے ساتھ یہ پوری کائنات اور جو کچھ اس سے ماورا ہے وہ بھی شریک سفر ہو جاتے ہیں،،

شمس تبریز: عشق کے چالیس اصول

یہ تھا سفر ایک صدی کا، جو پچاس خوابوں کی تعبیر بنا۔ جس کو ہم نے "درویشوں کا ڈیرا" نام دیا ہے۔ زندگی کے داخلی سفر سے خارجی سفر کے مشاہدات، مطالعات، تجزیات و تجربات سے کشید خطوط جن کو ہم نے خواب کا نام دیا ہے۔ جن کو انسان دوستی کی ایک عملی مثال بنایا ہے۔ جن کو ناممکن سوال کا ممکن جواب دیا ہے۔ جن کو مرد و عورت سے انسان کا پیکر دیا ہے۔ جسے آپ اشرف المخلوقات کہتے ہیں۔ مگر بناتے نہیں۔

یہ درویش کا ڈیرہ نہ خواب تھا مگر لاشعور سے شعور تک، یہ خواب سے بھی ماورا تھا کیونکہ اس کے ماضی کے تجربات و مشاہدات نے یہ ثابت کر دیا تھا لیکن وجود موجود ہو تو کوئی کلیہ، کوئی خواب جنم لیتا ہے۔ انسانی تاریخ اس کی گواہ ہے۔

رابعہ نے جب ڈاکٹر صاحب سے اپنے کام کے لئے افسانہ تعارف اور تصاویر کے لئے رابطہ کیا تو اسے لگا کہ عرصہ سے اک خواہش تھی کہ کسی نفسیاتی ڈاکٹر کا انٹرویو کرے۔ شاید یہ خواہش تعبیر ہونے والی ہے۔ کہ ڈاکٹر صاحب بیک وقت ادیب، نفسیات دان، کالم نگار، تجزیہ نگار و درویش نکلے۔ پھر تبادلہ خیال نے جو صورت اختیار کی وہ یہ پچاس خطوط ہیں۔ جنہیں ہم خواب نامے کہتے ہیں۔

رابعہ نے جب تذکرۃ الاولیاکا مطالعہ کیا تو اسے کچھ واقعات نے بہت ہانٹ (haunt) کیا آج رابعہ وہ شیئر کرنا چاہتی ہے۔ کیونکہ یہ ممکنات و ناممکنات کی کہانی ہے۔۔۔۔ ''ایک روز جب رابعہ بصریؒ ساحل فرات پر موجود تھیں اچانک حسن بصریؒ بھی وہاں پہنچ گئے اور پانی پر مصلے بچھا کر فرمایا کہ آیئے ہم نماز ادا کریں لیکن رابعہ نے جواب دیا کہ اگر یہ مخلوق کے دکھاوے کے لئے ہے تو بہت اچھا ہے کیونکہ دوسرے لوگ ایسا کرنے سے قاصر ہیں۔ یہ کہہ کر رابعہ نے مصلے کو ہوا کے دوش پر بچھا کر فرمایا کہ آیئے دونوں یہاں نماز ادا کریں تاکہ مخلوق کی نگاہوں سے اوجھل رہیں۔ پھر بطور دلجوئی رابعہ نے فرمایا کہ جو فعل آپ نے سرانجام دیا، وہ تو پانی کی معمولی سی مچھلیاں بھی کر سکتی ہیں اور جو میں نے کیا، وہ ایک حقیر سی شہد کی مکھی بھی کر سکتی ہے لیکن حقیقت کا ان دونوں سے کوئی تعلق نہیں ہے''

رابعہ بھی یہ معمولی مچھلیوں اور مکھیوں والے علم کے تبادلہ خیال یا مکالمہ کی خواہش مند تھی۔ مگر یہ خواہش نا ممکنات کی سولی چڑھ چکی تھی۔

دوسرا واقعہ

''حضرت حسن بصریؒ مکمل ایک شب و روز رابعہ بصریؒ کے یہاں مقیم رہے اور حقیقت و معرفت کے موضوع پر گفتگو کرتے رہے لیکن حسن بصریؒ کہتے ہیں کہ اس دوران نہ تو مجھے احساس ہوا کہ میں مرد ہوں اور نہ یہ محسوس ہوا کہ رابعہ عورت ہے اور وہاں سے واپسی پر میں نے خود کو مفلس اور ان کو مخلص پایا''

رابعہ مرد و عورت کے اس علمی و روحانی تعلق سے بہت متاثر رہی۔

تیسرا واقعہ

"ہفتہ میں ایک مرتبہ آپ (حضرت حسن بصریؒ) وعظ کیا کرتے تھے۔ مگر جب تک حضرت رابعہ بصریؒ شریک نہ ہوتیں تو وعظ نہیں کہتے۔ لوگوں نے عرض کیا کہ آپ کے وعظ میں تو بڑے بڑے بزرگ حاضر ہوتے ہیں تو پھر آپ صرف ایک بوڑھی عورت کے نہ ہونے سے وعظ کیوں ترک کر دیتے ہیں؟ فرمایا کہ ہاتھی کے برتن کا شربت، چیونٹیوں کے برتن میں کیسے سما سکتے ہیں؟

اور جب آپ کو دوران وعظ جوش آیا تو رابعہ بصریؒ سے فرمایا کہ یہ تمہاری ہی جوش و گرمی کا اثر ہے

اب یہ معراج و کمال ہم کسی عورت کو خواب میں بھی، اتنی عزت دینے کا نہیں سوچ سکتے۔

تمام کائنات تضاد کا حُسن ہے۔ یہاں بھی رابعہ و درویش بیک وقت تضاد سے جنم لیتی ایک وجدانی کہانی بن گئے ہیں۔ کیونکہ یہ خطوط پری پلینڈ (pre-planned) نہیں تھے۔ مسلسل ہوتی گئی تحریری و بے اختیار واردات تھی۔ جس پہ مصنوعی بند باندھ کر ان کو روکا نہیں گیا کہ ان کی فطرت اس سے متاثر ہو گی۔ فطرت تضاد سے کائنات کی روانی کا نام ہے۔ اور آرٹ تضاد کو حسن میں بدل دیتا ہے۔ یہی سچائی ہے کہ جس کی جڑیں دل کے نہاں خانوں میں پیوست ہیں اور پھل باہر بانٹ رہی ہے۔

گویا موجود کے وجود کے ظہور کا بھی وقت متعین ہے۔ اور وہ یہی وقت تھا اور یہی مقام تھا۔ جسے آج کی سائنس نے سوشل میڈیا کا نام دیا ہے۔ کہ دو رائٹر سوشل میڈیا کے سبب "ہم سب" کے پلیٹ فارم پہ ملتے ہیں، دونوں کی سوچ الگ، معاشرے الگ، تعلیم الگ، اوقات زیست الگ، سفر الگ، ایک صوفی باپ کا بیٹا، ایک سیکولر باپ کی بیٹی لیکن اس کے باوجود دونوں جانتے اور سمجھتے ہیں کہ جہاں کانٹے ہوتے ہیں، پھول بھی وہیں کھلتے ہیں، جہاں رات ہوتی ہے دن بھی وجود رکھتا ہے اور سمجھتے ہیں کہ کائنات کی سچائیاں نہیں بدلتیں۔

لہذا سفر کی منزل ایک ہی تھی جو ہر انسان کے ارتقاء کی منزل ہے۔ دونوں نے اس منزل پہ بیٹھ کر جو گلستان مرتب کیا ہے۔

درویشوں کا ڈیرہ اسی کا نام ہے۔

اب یہ گلستان آپ کے حوالے

درویش اور رابعہ کو اجازت دیجئے۔

انہیں اپنی اپنی کائناتوں کے کچھ خواب و بھید ابھی سمیٹنے کی جستجو ہے

ایک اور اختتامیہ

دنیا پراسرار اور حیران کن واقعات کا مجموعہ ہے

’’اختتامیہ‘‘ تک ہم اپنی کتاب ’’درویشوں کا ڈیرا‘‘ مکمل کر چکے تو وہ ’’ہم سب‘‘ کے گلستاں کے ’’گوشۂ ادب‘‘ میں بہار بن کر مسکرانے لگی۔ اب ڈاکٹر صاحب کو اور مجھے پوری دنیا سے جو فیڈ بیک آنے لگا اس میں کچھ فیڈبیک ہمیں چونکا دینے والا تھا۔ کچھ احباب کا سوال یہ تھا کہ کیا آپ دونوں نے Elif Shafak کا ناول The Forty Rules of Love پڑھا ہے۔ ان احباب میں ایک کرنل نعیم اشرف بھی تھے جن کا نام شروع کے خواب نامے میں رابعہ نے ایک تصویر کے حوالے سے کیا تھا۔ انہوں نے ڈاکٹر صاحب اور رابعہ کو بتایا کہ انہوں نے اس ناول کا اردو میں ترجمہ کیا ہے اور اس ناول میں بھی ایک رابعہ (ایلا) اور ایک درویش (عزیز) کے ای میلز شامل ہیں جو انہوں نے Sweet Blasphemy ناول کے حوالے سے آپ دونوں کی طرح ہزاروں میل کے فاصلے اور انٹرنیٹ کی وساطت سے ایک دوسرے کو لکھے ہیں۔ ڈاکٹر صاحب اور رابعہ کے لیے یہ حسنِ اتفاق بہت خوش گوار تھا۔ رابعہ نے اگرچہ عشق کے چالیس اصول پڑھے ہوئے تھے جس کا ذکر اس نے خوابوں اور اختتامیہ میں کیا تھا لیکن ناول نہیں پڑھا ہوا تھا جیسے اس نے شاہ عبداللطیف بھٹائی کے عشق کے دس اصول اپنی ایک سندھی دوست سدرۃ المنتہیٰ جیلانی سے سنے ہوئے تھے مگر شاہ بھٹائی کی شاعری نہیں پڑھی تھی۔ اب ہم دونوں قارئین کو بتا رہے ہیں کہ یہ ناول ہم دونوں نے اس کے بعد پڑھا جب آپ سب ہمارے خواب نامے پڑھ رہے تھے۔ زندگی کا ایک رنگ اپنے ساتھ کتنے اور قوسِ قزح کے رنگ سمیٹے ہوئے ہوتا ہے۔ یہی جینے کی تمنا لیے رکھتا ہے۔

درویشوں کا ڈیرا

ادیبوں اور دوستوں کی آرا

اسیمی شاہدہ

درویشوں کے ڈیرے سے گزرنے کا اتفاق ہوا پر میں آگے نہ بڑھ پائی اور وہیں رک گئی۔ اس مکالمے، اس دوستی میں کچھ ایسی خوشبو ہے کہ اس نے مجھے بھی اپنی لپیٹ میں لے لیا۔ زندگی کا سفر حیرتوں سے عبارت ہے۔ اس پراسرار دنیا میں جینے کا عمل رنگ رنگ کے اسرار کے سمندر میں ڈوبتا ابھرتا رہتا ہے۔ کبھی کچھ اور کبھی کچھ کی کیفیت میں قید رہتا ہے۔ رابعۃ الربا درویشوں کے ڈیرے کی پرانی پر شناسا شناسا سی مکین نظر آتی ہیں۔ زندگی کے راز کھوجتی کھوجتی اب وہ ایک درویش سے ہمکلام ہیں اور وہ درویش کہ جس کا نام خالد سہیل ہے اپنے ڈیرے کے دروازے ہر درویش کے لیے کھلا رکھتا ہے اور اس پراسرار کائنات کے سربستہ رازوں سے آگہی کے سفر میں شامل درویشوں کی کتھا کہانی سنتا اور سناتا ہے۔

درویشوں کے ڈیرے پر اک بار اور احساس ہوا کہ یہ دنیا محض اک حیرت کدہ ہے اور زندگی ۔۔۔۔ حیرت در حیرت کا اک سفر محض۔ درویش نے کب سوچا تھا کہ اسے جس "رابعہ" کی تلاش ہے وہ اک دن چلتے چلتے سرِ راہ اسے یوں اتنی سہولت سے مل جائے گی، ہو بہو وہی رابعہ جو اس کے تصور میں تھی، رابعہ بصری کی محبت و عقیدت سے بھری ہوئی۔ اور رابعہ کے بھی، گمان میں بھی نہ ہو گا کہ رابعہ بصری جیسی دیومالائی شخصیت کے سحر میں مبتلا اک درویش کی تلاش اس کی منتظر ہے۔ اور وہ اور درویش، زماں و مکاں کی بندشوں سے آزاد اک دن سچ کی ازلی و ابدی تلاش کے سفر میں ہمسفر ہونے جا رہے ہیں۔ ہے نا یہ بھی مقام حیرت!!!۔ حیرت کی بات تو یہ بھی ہے کہ تضاد جو زندگی کی علامت ہے اور وجہِ حسن بھی وہ اس ساری کہانی کی اساس ہے۔ درویشوں کا ڈیرہ گویا حیرتوں اور اضداد ہی کی آماجگاہ ہے۔ درویش اک نامی گرامی دہریہ اور دھرتی ماں کا بیٹا اور سائنس اور نفسیات کا متوالا، رابعہ وحدانیت کی پرستار اور ولیوں اور پیغمبروں کی فرمانبردار، اللہ کے سامنے سجدہ ریز آسمانی باپ کی یہ بیٹی اس بات کی منتظر کہ کب سائنس اتنی ترقی کرے گی کہ ان دیکھے "اللہ" کے ہونے کا ثبوت دے گی۔ سو ایک کی آنکھ باطنی روشنی سے منور اور دوسرے کی سائنس اور نفسیات کے علم سے خیرہ۔

ایک نے آزادی کے، محبتوں کے، خود مختاری کے، نئی دنیاؤں کے اور آدرشوں کے جو خواب دیکھے تو ان کے

تعاقب میں ایک ہی اُڑان میں مشرق سے مغرب تک کا سفر طے کر لیا۔ دھرتی ماں سے دوران اس نے وہ سب پایا جو اور جب چاہا۔ رابعہ کے خواب خواب ہی رہ گئے، کبھی مذہبی روایات نے اس کے قدم روک لئے اور کبھی معاشرتی اقدار اس کے سامنے اکھڑی ہوئیں اور خاندان کی محبتوں کی تمازتوں نے تو اس کے پر ہی جلا کے راکھ کر دیئے۔ وہ اپنے خوابوں کے تعاقب میں کبھی بھی نہ اُڑ سکی وہ منتظر ہی رہی کہ کب کوئی زمینی خدا اس کی آسمانی خدا کے لئے شب خیز عبادتوں کی تکریم میں اس کے ہاتھ میں آزادی کا پروانہ تھمائے گا۔ ایسا تو نہ ہوا، پر اک اور انہونی ہو گئی۔ پابند رابعہ اور آزاد درویش نے برقی خواب ناموں کے ذریعہ درویشوں کا اک ڈیرہ آباد کر لیا۔

درویش کے ملک سے ہزاروں میل دور شہر لاہور میں بسنے والی رابعہ نے جو چاہا وہ موجودات کی دنیا میں تو نہ ہو سکا لیکن اس کی تصوراتی دنیا جو رات گئے کے سکوت، تنہائی اور اسرار میں جاگ جاتی ہے نے رابعہ کی آرزوؤں کو خوش آمدید کہا۔ لاہور کی گرمیوں کے تیز و تند سورج کی پگھلاتی کرنوں کے موسم میں وہ اس بھید بھری زندگی کی گنجلوں کو رات رات بھر سمجھنے کی سعی کرتی پر اس بھید بھری زندگی نے کب کس کو اپنا بھید دیا ہے؟ کب کس کو حق ملا کہ مرضی سے پیدا ہو۔ ماں باپ، ملک، زبان، مذہب، معاشرت، رہن سہن، ابتدائی تعلیم، مال دولت، خوراک، دوست، رشتہ دار وغیرہ کا انتخاب مجبور و بے بس انسان کے بس میں کہاں۔ بس جو مل گیا جیسا مل گیا قبولنا پڑتا ہے۔ حالات کی اسیر رابعہ کو بھی نامہربان موسموں کا پورا ادراک تھا، دکھ کا بیج ہر انسان کے دل میں مختلف طریقے سے پھوٹتا ہے، رابعہ کے اندر اس نے روحانیت کی لو جلا دی۔ یہ نظامِ ہستی اور اس کے اندر نغمۂ شادی اور نوحۂ غم سب مرد اور عورت کے رشتے کی کرامت ہے۔ محبتوں کی لطافتیں اور نفرتوں کی کلفتیں بھی اسی رشتہ کے زخم ہیں، دنیا میں بس ایک ہی رشتہ ہے اور وہ مرد اور عورت کا رشتہ ہے۔ ساری کائنات نر اور مادہ کے رشتے پر استوار ہے۔ محبت اک ”الوہی جذبہ“ ہے، آسمانی عطا اور اک نعمت۔ محبت کرنا ہر کسی کے بس کا روگ نہی، ہم مشروط محبتوں میں رہن رکھے لوگ اس عطا سے بے خبر ہیں۔ روحانیت کی بارگاہ میں حاضر رابعہ محبت کو عاجزی سے تعبیر کرتی ہے۔ وہ کہتی ہے ”محبت عاجزی ہے۔ روح کی کشش کشش ثقل جیسی ہوتی ہے، دور ہوتے ہوئے بھی انسان میں جذب ہو رہا ہوتا ہے۔ پھر جدائی۔۔۔۔ روح سے جسم کی ماند ہوتی ہے۔ پھر سب کچھ خاموش ہو جاتا ہے۔ روح کے

ساتھ ملنے کے بعد کبھی محبت پھر نہیں ہوتی۔ کیونکہ جنت کے انگور کا مزہ چکھ لینے کے بعد زمین کے انگور کا مزہ چھن جاتا ہے۔ یہ سکون کا سفر ہے۔ چھٹی حس کے آگے ایک ساتواں آسمان ہوتا ہے۔ وہ آپ کے اندر الارم بجار ہا ہوتا ہے۔ چاہے وہ خطرے کا ہو یا امن کا۔ مگر ہم اسے سن نہیں پاتے۔"رابعہ محبت میں بھی توحید کی قائل ہے۔

سات سمندر پار رہنے والا درویش جو رابعہ کے بالکل برعکس پکا"دہریہ" ہے اور برس ہا برس سے ہے اور اس حوالے سے اس کے پائے استقلال میں کبھی بھی لغزش نہی آئی۔ وہ زندگی اور دنیا کی پر اسراریت کو سائنس کے حوالے سے دیکھتا اور پرکھتا ہے۔ بقول اس کے "رابعہ نے سکون و آشتی اور طاقت کے لئے ان دیکھی قوتوں کو اپنا آپ سونپ دیا، جبکہ درویش آدرش، خواب اور امن کی گود میں جا سویا"جب رابعہ رات کے کسی سے گیان دھیان میں محو ہوتی ہے یا تہجد کے تارے کا نظارا کر رہی ہوتی ہے عین اس وقت درویش کے ہاں دن پوری آب و تاب سے چمک رہا ہوتا ہے۔ درویش کو دن کی روشنی سے ویسی ہی تخلیقی تحریک ملتی ہے جیسی رابعہ کو رات کے سکوت بھرے اسرار سے۔ رات رابعہ کی محبت ہے اور دن درویش کی۔ جہاں بے مہر اور آتش بار موسم رابعہ کی رات کو بھی جھلسا دیتا ہے اور وہاں درویش کا دن سورج کی مہربان نرم گرم کرنوں کا تحفہ وصول کرتا ہے۔

عظیم فلاسفر سقراط نے"مکالمہ"کو بہت اہمیت دی اور درویش بھی اس بات پر ایمان رکھتا ہے اسی لئے اپنی نئی ادبی تخلیق کے لئے اس نے اس فارم کا انتخاب کیا جو کہ اردو ادب میں اس لحاظ سے پہلی تخلیق ہے۔

درویش نے کہا اردو اس کی پہلی محبوبہ ہے، پر نہی اس کی اول و آخر محبوبہ، اس کی ہمدم دیرینہ اس کی کریٹیویٹی (Creativity) ہے اس سے عداوت سب کو مہنگی پڑی۔ اس کے سامنے کوئی اور نہ ٹھہر سکا۔ یہی اس کی دمساز ہے یہی سنگی ساتھی۔ وہ ہر دن نئے سرے سے اپنے تخلیقی سفر پر روانہ ہوتا ہے بلکہ ہر دم حالتِ سفر میں رہتا ہے جیسے لوگ حالتِ وضو میں رہتے ہیں۔ اتنا ڈھیر تخلیقی کام کے بعد۔۔۔ بیشمار افسانے، ناولٹ، شاعری، تراجم، نفسیات اور فلسفہ کے موضوع پر بہت سی تصانیف اور بہت سے تحقیقی مقالے کے بعد بھی کریٹیوٹی (Creativity) کی پیاس نہ بجھی تو اک نئے تخلیقی معرکہ کی سوجھی، دو اجنبی مرد و عورت، دو

اجنبی زمینوں کے مکینوں کے درمیان ادبی و تخلیقی مکالمہ کی۔ اس کے لئے ان کو ایک رابطہ کی ضرورت تھی۔ انتظار بسیار کے بعد اک دن خود رابعہ نے ان کے دروازے پر دستک دے ڈالی اور دروازہ کھل گیا۔ یہ وہی رابعہ تھی، ہو بہو وہی جس کا ان کو انتظار تھا۔ عظیم فلاسفر سقراط جس نے سچ کہنے کی پاداش میں زہر کا پیالہ پی لیا تھا اس نے ''ڈائیلاگ''، یعنی مکالمہ کی اہمیت اور عظمت پر بہت زور دیا تھا اور نفسیات اور فلسفہ سے گہری محبت رکھنے والے درویش کو بھی مکالمے کی لطافت اور طاقت کا بھرپور احساس تھا تبھی اس نے برقی خطوط کے ذریعہ ادبی اور تخلیقی مکالمے کی طرح ڈال دی ہے۔ اور وہ بھی اک مرد اور عورت کے بیچ۔ ان دو کے روایتی تعلق سے صرفِ نظر کرتے ہوئے خالص ''دوستی'' کی بنیاد پر۔ یہ مکالمہ آزاد منش درویش اور روایات کے کلچر میں بدنی طور پر محبوس خدا پرست رابعہ کے درمیان ہوا۔ جو کہتی ہے ''لوگ مذہب اور روایات کی قید میں ہیں، اونچی دیواروں والی جیل میں بند''۔

درویش نے اسی رابعہ کے ساتھ ''ست رنگی دوستی'' کی بنیاد رکھی۔ خدا پرست رابعہ کے اک سوال کے جواب میں لکھتے ہیں ''کریٹیوٹی، روحانیت، سپر چوئیٹی (Spirituality) ان سینیٹی (Insanity) پراسرار رشتے ہیں جن میں دیوانے اور صاحبِ دیوان ایک ہی صف میں ہیں'' مزید کہا ''سول اور سائکی کو جدید ٹرمونولوجی میں اب ''مائنڈ'' کہا جاتا ہے

درویش کا آغاز تصوف کی گلی سے ہوا تھا اور تب سے اب تک وہ سچ کی تلاش کے سفر میں ہے۔ اور وہ کارل ینگ کا مؤقف بیان کرتے ہوئے کہتے ہیں ''مذہب، سائنس، روحانیات اور نفسیات ایک ہی حقیقت، ایک ہی سچ کے دو رخ ہیں۔ ان میں بنیادی طور پر کوئی تضاد نہیں۔ ایک حقیقت کو وجدانی اور دوسرا منطقی سطح پر جاننے کا نام ہے۔ ینگ کا مؤقف ہے کہ روحانی تجربہ بنیادی طور پر ذاتی تجربہ ہوتا ہے۔ وہ ساری انسانیت کے لئے اس وقت قابلِ قبول ہوتا ہے جب وہ سائنس اور نفسیات کی کسوٹی پر بھی پورا اترے۔ اسی لئے اس نے اپنے روحانی تجربات کو نفسیات کی کسوٹی پر پرکھنے کے بعد پیش کئے۔ اس کا موقف تھا کہ سائنسدان، فلسفی اور صوفی اگرچہ سچ کی تلاش میں نکلے ہوئے مسافر ہیں اور اپنی تلاش میں محض ہیں تو راستے جدا ہونے کے باوجود وہ ایک ہی منزل پر پہنچیں گے''

تورابعہ اور درویش کے راستے گو کہ جدا جدا ہیں پر سچ کی تلاش کے ان مسافروں کی منزل ایک ہی ہے۔۔''

اک سچا درویش بارش کی دعا کرتا ہے جو ہر کسی پر برسے گی

۲۔ ہما دلاور

میری والدہ کی نصیحت تھی کہ کبھی کسی کو خط لکھ کر اپنے پاگل پن کا تحریری ثبوت مت دینا۔ شکر ہے ایسی نصیحت درویش یا رابعہ کو نہیں کی گئی ورنہ ہم دانش و ادب کے اس خوبصورت مکالمے سے محروم رہ جاتے جو ہم کو ذہن و روح کی اُن دلفریب وادیوں کی یاترا پر لے جاتا ہے جہاں رات کا مہکتا سحر لئے جذبات کی اوس میں بھیگے رابعہ کے الفاظ پر جب درویش کی دانش کی کرن پڑتی ہے تو ہر سو قوس و قزاح کے رنگ بکھر جاتے ہیں۔ جہاں چاندنی رات میں پریاں وجد میں رقصاں ہوتی ہیں تو دن میں تتلیاں محبت اور دوستی کی pollination کرتی ہیں۔

یہ خطوط سفر نامہ ہیں اُن وادیوں تک پہنچنے کا جن کا رستہ یقیناً اُر پیچ اور دشوار گزار ہے۔ جن پر کہیں فرسودہ نظام کے دیو آپ کو ریگمال بنانے کی تاک میں ہیں تو کبھی پاتال میں پڑی سوچ میں گر جانے کا اندیشہ ہے۔ کہیں شعبدہ باز و گر جادو گر عقل و دانش کا لبادہ اوڑھے آپ کو طوطا بنا کر قید کر دینا چاہتے ہیں تو کہیں جہالت کے ایسے غار ہیں جن سے باہر نکلنے کی کوئی تدبیر سُجھائی نہیں دیتی۔

رابعہ دماغ کے دائیں حصّے کی مکین ہے اور اور درویش بائیں حصّے کا باسی۔ رابعہ مشرق ہے اور درویش مغرب۔ رابعہ رات ہے اور درویش دن۔ رابعہ عورت ہے اور درویش مرد۔ رابعہ روح ہے اور درویش ذہن۔

Simulations ۔ دو جز ایک کل۔ Yin Yang کی طرح بر عکس مگر لازم و ملزوم۔ society، religion، colour، race، gender یہ ہے کہ unity/duailty مگر المیہ

culture، language کے نام پر ہماری آنکھوں پر Fragmentation کی ایسی عینک لگا دی گئی ہے کہ ہم کو Totality میں کچھ دیکھنے نہیں دیتی اور فقط اسی پر موقوف نہیں مزید المیہ یہ ہے کہ ہم نے اُن اجزاء (Fragments) کو ایک دوسرے کے مد مقابل بھی کھڑا کر دیا ہے۔ اس مستقل تقابل کا نتیجہ تضاد اور تصادم کی صورت میں ہر طرف نظر آتا ہے۔ چاہے وہ عمومی معاشرتی رویے ہوں یا ہماری اپنی ذات جذبات اور سوچ۔ جبکہ یہ اجزاء کل کا حصہ ہیں ایک دوسرے کی ضد نہیں۔ بالکل ایک Jigsaw Puzzle کے حصوں کی طرح ایک دوسرے سے مختلف ضرور ہیں لیکن مل کر ہی ایک مکمل تصویر تشکیل دیتے ہیں۔ ان اجزاء کو ایک دوسرے سے علیحدہ علیحدہ رکھ کر مشاہدہ کرنے سے تصویر کی نامکمل اور مسخ شدہ شبیہ ہی دکھائی دیتی ہے۔

صد افسوس کہ تقابل کا یہ رویہ ہم نے مرد و عورت کے باہمی تعلق کے ساتھ بھی روا رکھا اور کہا جاتا رہا۔ عورت کمزور ہے مرد طاقتور۔ عورت کم عقل ہے مرد عقلِ کل۔ عورت emotional ہے مرد rational۔ عورت رو سکتی ہے مرد رو نہیں سکتا۔ عورت کو درد ہوتا ہے مرد کو درد نہیں ہوتا وغیرہ وغیرہ۔ نتیجہ وہی تضاد اور تصادم۔

ہم نے مرد کے مرد ہونے اور عورت کے عورت ہونے پر اتنا زور دیا کہ دونوں انسان ہونا بھول گئے۔ جہاں رابعہ ہم کو اِن تضادات کا عکس دکھاتی ہے۔ وہیں درویش مرد و عورت کو اُن کا انسان ہونا یاد دلاتا ہے۔

الغرض یہ تمام یا ترا اُجزے سے کل کی طرف کا سفر ہے۔ ایک ایسے انسان اور معاشرے کی تشکیل کا سفر جہاں مخالف کی بجائے توصیفی طاقتیں ایک ایسا متحرک نظام بنانے کے لئے تعامل کرتی ہیں جس میں کل اپنے اجزاء کے مجموعے سے بڑا ہوتا ہے اور یہ طاقتیں اجزاء کے بیچ توازن کے مظاہر۔

رابعہ اس سفر کو روحانیت کا نام دیتی ہے اور درویش انسانیت کا

۱۴ اکتوبر ۲۰۱۸

۳۴۔ زہرا نقوی

کہتے ہیں گولی اس وقت چلتی ہے جب مکالمہ رک جاتا ہے۔ شاید پاکستان میں بھی اس لئے اتنی گولی چلتی ہے کہ وہاں مکالمے پر جمود طاری ہے ۱۵۰ اہر سطح پر سینسر شپ خیالات کو آگے بڑھنے سے روک رہی ہے۔ خوف کا یہ عالم ہے کہ انسان اپنے سے گفتگو نہیں کر پار ہا دوسروں سے کیا کرے گا۔ اس ماحول میں اگر ایک خاتون اپنے کسی مرد دوست سے مکالمہ کر سکے تو اس کی بہادری پر داد دینی چاہیے۔

انسان کی بنیادی ضرورتوں میں انسانی رشتے بہت اہمیت کے حامل ہیں۔ اگر یہ نہ ہوں تو فرد کو اپنا آپ بھی نہیں دکھائی دے پاتا۔ جب دو افراد مکالمے کی بنیاد پر جڑتے ہیں تو زندگی مکمل لگنے لگتی ہے۔ مرد اور عورت کا مکالمہ تو ویسے بھی بہت ابہام کا شکار ہے۔ نہ مرد عورت کو سمجھ پا رہا ہے اور نہ عورت مرد کو۔ ایسے میں مکالمہ ہو جائے تو جیسے کوئی معجزہ ہو گیا۔

خالد سہیل صاحب اور رابعہ الربا صاحبہ نے اس معرکے کو اس خوش اسلوبی سے نبھایا کہ جیسے لگا کہ کوئی اختلاف رائے تھا ہی نہیں۔ حالانکہ مشرق و مغرب کا فرق، عورت اور مرد کا فرق، نظریات کا فرق، تجربات کا فرق۔ اختلاف الرائے کی بہت سی وجوہات ہو سکتی تھیں۔ مگر جیسے دونوں نے اختلاف الرائے پر اتفاق کر لیا ہو۔ دونوں نے اپنے اپنے خیالات کو اچھی طرح سے بیان کیا اور دوسرے کے خیالات کو اچھی طرح سے سمجھنے کی کوشش کی۔ اگر آپ کوئی بات کہیں اور دوسرا اس کو نہ صرف غور سے سن لے بلکہ سمجھ بھی لے تو اس بات کا مزہ ہی الگ ہے۔ جیسے آپ کی تنہائی دور ہو گئی ہو۔

رابعہ کی تحریر میں سوچ کی آزادی اور قدموں کی بندش کا احساس رہا۔ جو کہ پاکستانی عورت کی صلاحیت اور اس کی سماجی حیثیت کی آئینہ دار رہی۔ ان کی افسانہ نگاری نے ان کو اپنے جذبات کے اظہار میں کافی مدد فراہم کی۔ جس سے انہوں نے پاکستان میں رہنے والی عورت کے خواب اور حقیقت کے درمیان فاصلوں کو اجاگر رکھا۔ سہیل صاحب نے رابعہ کو اپنی تحریروں کے ذریعے وہ دوربین فراہم کی جس سے خواب اور حقیقت کے درمیان فاصلہ کم ہو سکے۔

خالد سہیل کی گفتگو میں زندگی کی جستجو اور تجربے کا امتزاج رہا۔ جیسے ان کو پڑھ لینے کے بعد بھی اور جاننے کی پیاس باقی ہے۔ رابعہ الربانے ان کو وہ پل فراہم کیا جس سے گزر کر وہ اپنے پرانے وطن کی ثقافت کے ماضی حال اور مستقبل سے جڑ سکیں اور اپنی تشنگی کے احساس کو کم کر سکیں۔

مجھ جیسے لوگ خوش نصیب ہیں کہ مغرب میں رہتے ہوئے ہم خیال لوگوں کا حلقہ تشکیل دینے میں کامیاب ہو گئے ہیں۔ کیونکہ جب ہم یہاں آتے ہیں تو وہی ذہنی آزادی اور پیروں کی بندش ذہنی بندش اور قدموں کی آزادی میں تبدیل ہو جاتی ہے جس کو ختم کرنے میں یہی ہم خیال لوگ مکالمے کے ذریعے ایک دوسرے کو ذہنی بالیدگی مہیا کر پاتے ہیں۔ مگر یہ کسک ہمیشہ دل میں رہتی ہے کہ کاش ایسی فضا مشرق سے بھی قائم کر سکیں۔

سہیل صاحب سے میری دوستی ان کی ایک کتاب Love Sex and Marriage سے شروع ہوتی تھی۔ جس میں انہوں نے اس بات کا اظہار کیا تھا کہ مشرقی خواتین سے دوستی میں یہ مسئلہ ہے کہ ان سے منسلک مرد ناراض ہو جاتے ہیں۔ مجھ کو اپنی اس خوش نصیبی کا احساس تھا کہ میرے ساتھ ایسا نہیں ہو گا تو میں نے اسی خیال سے دوستی کا ہاتھ ان کی طرف بڑھایا اور ان سے مرد اور عورت کی دوستی پر مکالمے کا آغاز کیا جس کا ایک مقصد یہ تھا کہ لوگوں کو مرد اور عورت کی دوستی کے امکان پر یقین دلایا جائے۔ خالد سہیل صاحب نے اس بات کا ذکر 'درویشوں کا ڈیرہ' کے خواب ناموں میں بھی کیا ہے۔ اس مکالمے میں میرے اور سہیل صاحب کے خاندان کے لوگ اور احباب شامل ہوتے چلے گئے اور ایک کارواں بنتا چلا گیا۔

مغرب میں آ کر سمجھ آ گیا تھا کہ دوستی، محبت، سیکس، شادی اور بچہ پیدا کرنا جن کو ہم ایک سمجھتے آئے تھے کافی علیحدہ چیزیں ہیں۔ یہ چیزیں ایک جگہ ضرور اکٹھی ہو سکتی ہیں۔ مگر ضروری نہیں کہ اگر ایک موجود ہو تو دوسری بھی موجود ہو۔ اس بات کی جانکاری بھی قدرے آسان تھی مقابلتاً اس خیال کو اپنے جذبات اور زندگی کا حصہ بنا لینا۔ اگر ایسا ہو جائے تو مرد عورت کا کوئی بھی رشتہ بہت آسان ہو سکتا ہے خاص طور پر دوستی کا۔ جو بقول سہیل صاحب ایک کیک کی طرح ہے باقی تو آئسنگ یا ٹوپنگس ہیں تو اچھی بات ہے، نہیں ہیں تو کوئی بات نہیں دوستی کا کیک تو ہے۔

انفار مشن ٹیکنالوجی کی مہربانی جس سے انسان وہ تعلقات تشکیل دے پا رہا ہے جس کی بے انتہا ضرورت تو تھی مگر امکان قدرے کم تھا۔ایک ایسے دور میں جب ہر فرد صرف اپنی کہنا چاہتا ہے اور دوسرے کی سننا نہیں چاہتا خالد سہیل اور رابعہ الرباکا مکالمہ تخلیق کر لینا قابل ستائش ہے اور قابل تقلید بھی۔دونوں سلامت رہیں۔

۴۔ فضلِ ربی راہی

خیالات و افکار کا خوبصورت تبادلہ جس سے علم و آگہی کی روشنی پھوٹ رہی ہے

۵۔ عبدالغفور چودھری

آپ دونوں خوبصورت ہیں اور آپ کی تحریریں بھی خوبصورت ہیں

۶۔ رانا عمر

رابعہ اور درویش ساحر معلوم پڑتے ہیں۔ جکڑ لیا ہے۔

۷۔ اے آر بلال

ڈاکٹر صاحب!

آپ کی تحریریں تو پڑھتے رہتے ہیں۔ آپ کے ذریعے سے محترمہ رابعہ کی بھی کافی تحاریر جن میں افسانوی
نثر نمایاں ہے، پڑھنے کو ملی ہیں۔ ان کے افسانوں میں ایک اپنا پن ہے۔

۸۔ مہ جبیں آصف

واہ کیا روحانی سفر ہے جو رات کی پر اسراریت میں گم ہو جاتا ہے۔ بہت خوب رابعہ۔

۹۔ بیگ احساس

بہت ہی دلچسپ۔ فکشن کی انوکھی زبان۔ سلامت رہیں۔

۱۰۔ شگفتہ دستگیر

رابعہ جی!

آپ کا خط بہت اچھا لگا۔ یوں محسوس ہوا جیسے میں اپنی پرانی سہیلی کا خط پڑھ رہی ہوں۔ عالمِ ارواح کی ملاقات
اور بابا کی گڑیا۔ یہ سب جیسے ہم نے ایک دوسرے کو بتایا ہو۔

۱۱۔ عبدالرحمان ورائچ

واہ ہم مشرقی واقعی آج تک جنس محبت اور شادی میں فرق نہیں کر پا رہے۔ آپ جیسے درویش دماغ کی

کھڑکیاں کھول دیتے ہیں۔ آپ کے لیے میری طرف سے محبتوں کا تحفہ۔

۱۲۔ جاوید دانش

جگر رابعہ الربا!

آپ کی تحریر کسی ڈرامے سے کم نہیں۔ اس پورے ڈسکورس کو کتابی شکل دے دیں ورنہ یہ لازوال جذبے اور تجربے کسی تشنہ خواب کی طرح وقت کے دھندلکے میں کھو جائیں گے۔ خوش باش۔

۱۳۔ تحریم عظیم

عورت ہمیشہ چاہتی ہے کہ اس کا مرد اسے ایک جسم سے بڑھ کر ایک انسان سمجھے لیکن Madonna/whore complex مرض میں مبتلا آدمی اسے صرف ایک جسم سمجھتا ہے جس کا مقصد صرف اس کی جسمانی ضرورت پوری کرنا ہے۔ وہ اس سوچ سے نکلے اور عورت کو انسان سمجھے تو اس کے ساتھ دوستی کا تعلق قائم کرے تو بات ہے۔

۱۴۔ حافظہ سعید

بہت خوب۔ آپ نے مسمرائز (Mesmerize) کر دیا۔ طویل عرصے کے بعد کچھ ایسا پڑھنے کو ملا۔ یقین کیجیے خواب ناموں کا یہ سلسلہ میرے لیے قفس میں بہار کی مانند ہے۔ ڈاکٹر سہیل صاحب اور رابعہ صاحبہ لکھتے رہیں اور ہمیں زندہ رہنے کا سبب مہیا کرتے رہیں۔

۱۵۔ مشتاق احمد نوری

رابعہ میں نے سہیل کا خط پڑھا اور تمہارے دونوں خطوط بھی پڑھے۔ میں نے سہیل کی تحریریں اکثر پڑھی ہیں۔ انہیں ایک ماہرِ نفسیات کے روپ میں جانتا بھی ہوں لیکن تمہاری تحریر پڑھ کر اندازہ ہوا کہ میں کبھی رابعہ کو جانتا ہی نہ تھا۔ رابعہ تو اپنے ان خطوط سے اپنی پوری جولانی کے ساتھ مجھ پر منکشف ہو رہی ہے۔ تمہاری تحریر نے تو مجھ پر جادو کر دیا ہے۔ میں سوچنے لگا کہ یہ جادوئی تحریر والی گڑیا اب تک کہاں چھپی ہوئی تھی۔ تمہارا ہر ایک جملہ تمہاری ذہانت کا پتہ دیتا ہے اور دلوں کو خیرہ کرتا ہے۔ میں بھائی سہیل کو بھی مبارک باد دینا چاہتا ہوں کہ اگر تمہیں نہیں 'چھیڑتے' تو تمہاری شخصیت کا اتنا خوبصورت انکشاف نہیں ہو پاتا۔

۱۶۔ ارم نقوی

پیاری رابعہ! مجھے آپ کی تحریروں نے بہت متاثر کیا ہے۔ آپ کی تحریر بہت پر تاثیر ہے اور گواہی دیتی ہے کہ آپ کا مطالعہ بہت وسیع ہے خصوصاً تصوف کے میدان میں۔ میرا علم اس میدان میں اگرچہ اتنا وسیع و کشادہ نہیں تاہم مجھے اس موضوع پر جب بھی پڑھنے کو ملتا ہے شوق سے پڑھتی ہوں۔ اصل میں انسان کی حقیقت بھی یہی ہے کہ وہ اس دنیا کے ظاہری حسن اور باطنی فریب دونوں کو جب ایک ساتھ پاتا ہے تو تصور خدا اس انسان کی بے بسی اور لاچاری کے لیے بہترین ڈھال قرار پاتا ہے۔

تصوف بھی در حقیقت ایک ڈھال کی مانند انسان کی روح کو مجروح ہونے سے بچائے رکھتا ہے۔ خدائے لوح و قلم آپ کے قلم کو مزید قوت عطا فرمائے۔ آمین

۱۷۔ محسن علی

درویشوں کا ڈیرا پڑھ کر خوشگوار حیرت ہوئی مجھے۔۔۔ آپ کے سوال اور قلم کے انداز از ناول کی طرح طویل نہیں۔ مگر الفاظ خوبصورت اثر کرتے ہیں۔ اس طرز کے خطوط کا سلسلہ وقتاً فوقتاً چلتے رہنا چاہئے۔ تا کہ ہم جیسے لوگوں کو دو دریاوں کے بہنے سے ارد گرد سے کچھ ٹٹول سکنے جن میں اپنے جواب ہوں۔ آپ دونوں قلم کاروں اور وقت کا شکریہ کہ بہتے آبشار کو دریا کی طرف موڑا اور پھر اس دریا کو سمندر گرنا اور اس کے آگے بحرہ میں سمندر کو گرنے کا ہنر سیکھائیں گے۔

۱۸۔ ثمینہ تبسم

گم شدہ صلاحیت نامہ نویسی کا نیا جنم!

اگرچہ مجھے یاد نہیں کہ آخری بار مجھے کس نے اور کب خط لکھا تھا مگر سچ یہ ہے کہ خط لکھنا اور پڑھنا ایک بہت دلچسپ مشغلہ ہے۔ مجھے خطوط نویسی سے ہمیشہ سے بہت محبت رہی ہے!

لڑکپن میں میں اپنی سہیلیوں کو "محبت نامے "لکھ کر دیا کرتی تو جہاں معصوم سا رومانس لکھنا لطف دیتا وہاں عجیب و غریب اشعار مجھے گھنٹوں ہنساتے!

پھر میں اس بات پہ حیران ہوتی کہ بھلا یہ بیوقوف لڑکیاں ایسے اوٹے بونگے اُڑنگ بڑنگ سے لڑکوں کو بھلا کیسے " I love you "کہہ سکتی ہیں!

اب جب سالہا سال بعد پردیس میں روانہ لیٹر باکس چیک کرتی ہوں اور سوائے بلز کے ان میں سے کچھ نہیں نکلتا تو میں ہر روز اپنے آپ سے یہ سوال کرتی ہوں کہ آخر کوئی مجھے خط کیوں نہیں لکھتا اور جواب میں خود پہ ہنستی بھی ہوں کہ بھلا میں کہاں یہ کار خیر سرانجام دیتی ہوں کہ کسی سے کوئی گلہ کروں!

ایسے بے رنگ دنوں میں جب خالد سہیل اور رابعہ کے خطوط کا سلسلہ "ہم سب" میں شروع ہوا تو میں نے بہت خاموشی سے ان کا مطالعہ شروع کر دیا بالکل ایسے ہی جیسا کہ میں بھی ان خطوط میں چھپا ایک کردار ہوں۔ جو کبھی خالد سہیل کی نظمیں پڑھتا اور لطف اندوز ہوتا ہے اور کبھی رابعہ کے تیکھے جملوں پہ سر دھنتا ہے۔ کبھی گنجلک مسائل پہ اٹھائے گئے نوکیلے سوال پڑھ کر سوچنے لگ جاتا ہے اور کبھی متانت سے تحریر کردہ جوابوں کی کڑی سے کڑی جوڑ تا دور تک نکل جاتا ہے!

میرے لئے خالد سہیل کوئی نئے نہیں ہیں۔ میں انہیں کم و بیش تیس سال سے جانتی اور پچھلے سترہ سال سے مانتی ہوں۔ ان کی لکھی ہوئی کتابیں اپنی نوعیت کی انوکھی کتابیں ہیں۔ وہ زندگی سے جیتے جو کرداروں کو اپنے پر شفقت الفاظ کی ایسی چار دیواری کا آسرا دیتے ہیں کہ سماج کی تلخ سچائیاں ان سے سر ٹکرا ٹکرا کر نڈھال ہو جاتی ہیں۔ ان کے کردار ہمارے سامنے چلتے پھرتے ہمیں بڑی امید سے دیکھتے ہیں کہ شائد ہم میں سے کوئی ان کی انگلی تھام کر ان کے من آنگن میں جڑیں پکڑتی نا امیدی کی امر بیل سے ان کو نجات دلا سکے مگر آج تعریف و توصیف کے اونچے اونچے پگڑ پہنے عظیم الشان لکھاری عام انسان کے دکھ کو خاطر میں کہاں لاتے ہیں!

رابعہ الرباء کا انداز تحریر بہت چونکا دینے والا ہے۔ وہ سیدھے سادے لفظوں کا ایسا گھمبیر استعمال کرتی ہے کہ پڑھنے والا تیز رفتاری سے پڑھ کر صفحہ پلٹنا بھول جاتا ہے۔ رابعہ اپنے قاری کو اپنے ساتھ جوڑ کر رکھتی ہے کیونکہ وہ لفظوں کی چڑیاں طوطے اور چیلیں کوئے کاڑھنے کی بجائے سچ لکھتی ہے۔ وہ سچ جو خوابوں کو ایک جھٹکے سے توڑ کر چکنا چور کر دیتا ہے اور پڑھنے والا سچائی کے آگ بر ساتے آسماں تلے کا کھڑا خود کو چٹخیاں کا تارہ جاتا ہے کہ آخر اس کے ساتھ ہوا کیا ہے!

خالد سہیل اور رابعہ کے خطوط پڑھتے ہوئے مجھے انیسویں صدی میں لکھے گئے کچھ خطوط یاد آئے۔ کہ جب اپنے مخاطب کو اس کے نام سے نہیں بلکہ اس کے ٹائٹل یا رشتے سے مخاطب کیا جاتا تھا۔ جب خط کو ایک بہت بڑا تحفہ سمجھا جاتا تھا۔ جب خط کے پہلے جملے سے ہی عورتیں اپنی کم علمی کا اعتراف کرتے ہوئے پڑھنے والے سے احسان مندی کا اظہار کرتی تھیں کہ ان کا لکھا پڑھا جا رہا ہے۔ جب خط کے وصول کرتے ہی اسکا جواب نہ

لکھنے پہ معافی مانگتی تھیں۔ جب خطوں میں مسائل پہ نہیں بلکہ فصلوں، موسموں، جانوروں، پڑوسیوں، فوتگیوں، شادی بیاہوں پہ بات کی جاتی تھی۔ جب آخر کی ایک لائن میں ایک محبوبہ یا بیوی جھکتے ہوئے لکھتی تھی کہ وہ اپنے محبوب یا شوہر کے لئے دعا گو ہے۔ جب خط ایک ہلکے پیلے پیلے سے کاغذ پہ لکھے جاتے تھے اور انھیں سرخ ویکس سے سر بمہر کر دیا جاتا تھا۔

مجھے احساس ہوا کہ آج بیسویں صدی میں ہم نے اپنا خطوط نویسی کا ہنر ٹیکنالوجی پہ قربان کر دیا ہے۔ آج ہم دنیا بھر کے لوگوں سے دن بھر باتیں کرتے ہیں۔ آج ٹیکسٹ میسج اور ای میل جادوئی اثرات رکھتے ہیں۔ ہم کاغذ قلم کے محتاج نہیں رہے۔ ہم انسٹنٹ کافی کی طرح انسٹنٹ فیلنگ (Instant feelin) اور رسپانس (Response) کے عادی ہو چکے ہیں۔ اب ہمیں خوشبودار لفافے اور مہنگے ٹکٹ خرید نازہر لگتا ہے۔ اب ہم کوسے کوسے اشعار کی بجائے اوکھے اوکھے اور بدل جانا ہمیں کو ٹیشن لکھ کر خود کو جینیئس سمجھتے ہیں۔ بد ذوق اور بے صبر بناتا ہے!

کیا خالد سہیل اور رابعہ کے خواب نامے اور جواب نامے آپ کے دل میں اک میٹھی سی کسک نہیں جگاتے؟

۱۹۔ روبینہ یاسمین

کتاب پڑھنے کا صحیح لطف ایک نشست میں پڑھنے میں ہی آتا ہے۔ یہ بھی حقیقت ہے کہ کچھ ہی کتابیں پڑھنے والے کو اپنے آپ سے ایسا جوڑتی ہیں کہ کتاب مکمل پڑھنے کے بعد ایک اداسی سی ہوتی ہے کہ ختم کیوں ہو گئی۔ بلاشبہ خالد سہیل اور رابعہ الرباء نے یہ خواب نامے تحریر کر کے سماں باندھ دیا ہے اور پڑھنے والا اپنے خوابوں اور ان خواب ناموں میں اتنی مماثلت پاتا ہے کہ کتاب کی رو کے ساتھ بہتا چلا جاتا ہے اور ان ہی گہرے پانیوں میں تیرنے لگتا ہے جہاں دو درویش اپنا تخلیقی مکالمہ کرنے میں مصروف ہیں۔ یہ کتاب اس لئے بھی منفرد ہے کہ مرد اور عورت کے درمیان ایک ایسی دوستی والے مکالمے کو رقم کیا گیا ہے جہاں وہ اپنے مرد اور عورت ہونے کو فراموش کر کے اپنی دانش کی بنیاد پر اپنے احساسات، تجربات اور سوالات کو

سانجھا کرتے ہیں۔ دونوں مرد اور عورت کی ایسی دوستی کے خواہاں ہیں جہاں وہ دوست ہوں پر مرد اور عورت نہ ہوں۔

جس طرح اس کتاب کو دونوں دوستوں نے جو کبھی نہیں ملے۔ جن میں سے ایک لاہور اور دوسرا کینیڈا میں ہے۔ ان کا دن رات الگ، رہن سہن جدا اور موسم فرق، کس طرح تخلیق کے سفر کو ساتھ دن تواتر کے ساتھ خواب نامے لکھ کر آگے بڑھاتے ہیں پڑھنے سے تعلق رکھتا ہے۔ درویش اور رابعہ کے خطوط کے سلسلے میں مکالمے، آپ بیتی، جگ بیتی؛ ادب، روحانیت، نفسیات اور دوستی کے رنگ نمایاں نظر آتے ہیں یہ مکالمہ سچ کی تلاش میں نکلے ہوئے مسافر دوستوں کا مکالمہ ہے۔

کتاب میں رابعہ الربا نے جس سہولت سے ایک عورت کی سوچ واضح کی ہے پڑھ کر حیرت ہوتی ہے کہ جو آسان سی باتیں ہر عورت جانتی ہے، سمجھتی ہے اور محسوس کرتی ہے وہ مرد کیوں نہیں سمجھتا، سمجھنا نہیں چاہتا یا سمجھ کر نا سمجھ بن جاتا ہے۔ یہ تو سب جانتے ہیں کہ مرد اور عورت کے دماغ کی بناوٹ مختلف ہے، اس لئے وہ ایک ہی چیز کو مختلف انداز سے سمجھتے ہیں لیکن جس طرح اس مظہر کو قاری ان خواب ناموں میں آمنے سامنے مکالمے کی شکل میں دیکھتا ہے، یہی اس کتاب کی انفرادیت ہے۔ درویش کو اپنی نیند بھی پیاری ہے کیوں کہ وہ خواب لاتی ہے۔ ہر رات سونے سے قبل درویش ایک خواب نامہ لکھتا ہے لیکن اپنی نیند کی قیمت پر نہیں۔ جب درویش کو نیند آتی ہے وہ قلم رکھ کر یا کمپیوٹر بند کر کے سو جاتا ہے۔ کیوں کہ یہ آج کے زمانے کا درویش ہے اس لئے گمان غالب ہے کہ قلم سے نہیں لکھتا ہو گا۔ کی بورڈ پر ٹائپ کرتا ہو گا۔ ادھر رابعہ رات کی نیند کے انتظار میں اپنے محسوسات پر روتی جاتی ہے۔ کسی وقت جب نیند غالب آتی ہے تو اسے بھی نہیں پتا چلتا کب لاشعور نے غالب آ کر کیا کیا لکھوا دیا۔ اگلے روز وہ خود نہیں جانتی یہ کیسے لکھا گیا۔

اس تخلیقی مکالمے کی خوبصورتی اس کے بے ساختہ پن اور تسلسل میں ہے۔ چونکہ دو دوستوں نے دل کی باتیں بر جستگی اور روانی سے کیں، پڑھنے والا بھی اس روانی، بے ساختہ پن اور بر جستگی کا حصّہ بن جاتا ہے۔ رابعہ رات کے اختتام پر سحر نمودار ہونے پر اپنے مالک سے راز و نیاز کر کے نیند کی وادی میں اترنا چاہتی ہے۔ دوسری طرف درویش جو خدا کو نہیں مانتا، اسے نیند خود اپنی آغوش میں لینے کے لئے تیار ہوتی ہے، یوں اس

بڑے تضاد کے باوجود دونوں دوست ذہنی سطح پر ایک ہی فریکوئنسی پر جڑے رہتے ہیں اور ان کے خواب ناموں کا تبادلہ چلتا رہتا ہے۔

رابعہ کو مرد و عورت کی علمی و روحانی دوستی محال لگتی تھی، جب اسے اس مکالمے کا موقع ملا اس نے پوری سہولت سے ایک دانا عورت کی دانش کا بھرپور اظہار کر دیا۔

رابعہ مرد کی محبت پر اعتبار کرنے سے قاصر ہے۔ اس کی دانست میں مرد رومانس اور سیکس کا فرق نہیں جانتا۔ مرد کے لئے محبت محض جسمانی لذت کا حصول ہے۔ جبکہ درویش کا عورت سے رشتہ بنیادی طور پر دوستی کا رہا ہے۔ اس نے اپنی زندگی میں آنے والی ایک اہم عورت سے سیکھا کہ دوستی کیک ہے اور رومانس اس کی آئسنگ۔

درویش کے خیال میں انسانوں کی اکثریت سطحی محبت کرتی ہے جس میں غصّہ، نفرت، تلخی اور حسد کی آلائشیں ہوتی ہیں، جب کہ گہری محبّت ایک خوش قسمت اقلیت ہی کر سکتی ہے جس میں دوستی، امن، سکوں۔ خلوص اور اپنایت ہوتی ہے۔ سطحی محبت رابعہ کر نہیں سکتی تھی اور گہری محبت رابعہ سے کوئی کر نہیں سکا۔

رابعہ کے خیال میں عزت محبت سے بڑی طاقت۔ بڑا جادو ہے۔ اگر محبت عزت کے ساتھ کی جائے تو اس جادو کا توڑ ممکن نہیں، محبت کا حسن، سیکس کی سوچ نے تباہ کر رکھا ہے۔ محبت کے دو حصّے ہیں۔ عورت رومانس کے بغیر دوسرے حصے کے لئے آمادہ نہیں ہوتی۔ مرد کا وقت دینا، باتیں کرنا، ساتھ چائے کافی پینا، تعریف کرنا، منانا، عورت کی خاموشی کو سمجھنا، یہ سب عورت کا رومانس ہے۔ عورت براہ راست اپروچ (approach) کرنے سے چڑ جاتی ہے جب کہ مرد نے محبت کا مطلب ہی سیکس سمجھ رکھا ہے جو عورت کو اپنی بے عزتی لگتا ہے۔ عورت کو ساری عمر رومانس چاہیے ہوتا ہے۔ اسے یہ مل جائے تو دوسرے حصے کی تسکین حاصل کیے بغیر بھی ہنسی خوشی زندگی گزار لیتی ہے۔ جب کہ درویش کا ماننا ہے کہ مرد اور عورت کی نفسیات مختلف ہے، بہت سی عورتیں محبّت کی گلی سے ہو کر جنس تک جب کہ بہت سے مرد جنس کی گلی سے ہو کر محبت تک پہنچتے ہیں۔

رابعہ کے لئے اصل اہمیت روح کے ساتھی کی تلاش ہے۔ روح کے ساتھی کی کشش، کشش نقل جیسی ہوتی ہے۔ انسان، انسان میں دور رہتے ہوئے بھی جذب ہو رہا ہوتا ہے اور اتنا پر سکون تحلیل ہو رہا ہوتا ہے کہ جدائی روح سے جسم کی مانند ہوتی ہے۔ روح کے ساتھی سے ملنے کے بعد کبھی پھر محبتیں ہوتی۔

درویش نے سن رکھا تھا کہ انسان کو چالیس سال کی عمر کے بعد نئے تجربے نہیں ہوتے جب کہ کسی بھی تخلیق کار کے لئے نیا تجربہ بہت ضروری ہے اور رابعہ سے ملاقات اور خط و کتابت کا سلسلہ ایک نیا تخلیقی تجربہ تھا۔ رابعہ اس جمود والے خیال سے متفق نہیں تھی۔ اس کے خیال میں سب الہام کشف و خواب کی طرح اسی عمر میں پھولوں کی طرح کھلنے لگتے ہیں، ریاضت بھی نہیں کرنی پڑتی۔ یہ پہلی ریاضتوں کا ثمر ہوتا ہے لیکن یہ سب ایک اقلیت کے ساتھ ہی ہوتا ہے۔

درویش ان مرد اور عورتوں کو خوش قسمت گردانتا ہے جن کی آپس میں دوستی ہو جاتی ہے۔ اس کی نظر میں دوستی ہر رشتے سے بڑھ کر ہے کیوں کہ وہ معصوم ہوتی ہے۔

درویش، رابعہ کے استفسار پر انسانی رشتوں کے راز پر دو ماہرین نفسیات کی آراء بیان کرتا ہے۔ سگمنڈ فرائیڈ کا کہنا ہے کہ انسان بنیادی طور پر لذّت پسند اور مسرّت پسند ہے۔ جس کی زندگی کا مقصد خوشی کا حصول ہے۔ دوسرے ماہر نفسیات ہیری سٹاک سالیوان کا کہنا ہے کہ انسان مسرت لذت اور خوشی سے زیادہ کسی اور انسان سے ایک خصوصی تعلق۔ ایک جذباتی رشتہ۔ ایک ذہنی رفاقت چاہتا ہے۔ اگر اسے وہ تعلق حقیقت میں نہ ملے تو وہ اسے تصوراتی دنیا میں بنا لیتا ہے جس کی اس کے ارد گرد رہنے والوں کو خبر ہی نہیں ہوتی۔ ناکام محبّت یا شادی والے بھی ایک دوسرے کو احساس تنہائی کے ڈر سے نہیں چھوڑتے جو کہ انسان کا سب سے بڑا جذباتی دکھ ہے۔

درویش اس حقیقت سے واقف ہے کہ تخلیقی اقلیت سے تعلق رکھنے والی اگر عورت ہو تو روایتی لوگ عورت کی عزت، اس کی عصمت کو بہانہ بنا کر اس کی زندگی، اس کے فن اور اس کے مستقبل کو کنٹرول کرنا چاہتے ہیں۔ حقیقت بھی یہی ہے کہ اس رویّے کی بنا پر کتنی ہی تخلیقات عدم سے وجود میں آنے سے پہلے ہی دم توڑ جاتی ہیں۔ گویا معاشرے کی طرف سے عورت کی تخلیق کا اسقاط کر دیا جاتا ہے یا اسے مستقل طور پر بانجھ

بنا دیا جاتا ہے تاکہ وہ کوئی تخلیقی کام نہ کر سکے۔ جب تک عورت کو انسان کے بجائے جسم سمجھا جاتا رہے گا یہ طرزِ عمل جاری رہے گا۔

درویش نے زندگی سے سیکھا ہے کہ ایک مرد اور عورت کی ایسی دوستی ممکن ہے جس میں وہ اپنے عورت اور مرد ہونے کو فراموش کر کے صرف اچھے دوست رہ سکیں۔ درویش نے کئی مغربی اور مشرقی خواتین سے دوستی کی جو کہ دو خاص انسانوں کی دوستی تھی اور جس سے ان کے مرد اور عورت ہونے کا کوئی لینا دینا نہیں تھا۔ جبکہ رابعہ کو لگتا ہے جس معاشرے میں وہ رہتی ہے وہاں انسان نہیں مرد اور عورت رہتے ہیں جو دوست نہیں ہو سکتے۔ وہاں عورت کو انسان نہیں، چیز سمجھا جاتا ہے، ایسی چیز جو نئی اور کم عمر بھی ہو۔

رابعہ سمجھتی ہے کہ ہر انسان کی ایک الگ چابی ہوتی ہے۔ جس سے اس کے اندر کا تالا کھلتا ہے۔ ورنہ ہم انسان ساری عمر ایک بند انسان کے ساتھ گزار دیتے ہیں اور مطمئن نہ ہونے کا عجب گلہ کرتے ہیں کیونکہ ہمارے پاس اس کی چابی نہیں ہوتی اور یہ چابی بھی دینے والے نے جس دوسرے انسان کو دی ہوتی ہے کبھی تو وہ آپ کی زندگی میں آجاتا ہے اور کبھی عمر بھر ایسا نہیں ہو پاتا۔ اور دونوں ایک خالی زندگی گزار کر عالم فانی سے کسی اور عالم منتظر میں منتقل ہو جاتے ہیں۔

دو قسم کے انسان ہوتے ہیں باسکٹ اور ڈائپر۔ باسکٹ وہ ہوتے ہیں جن سے ملنے پر آپ کی قدرتی صلاحیت میں نکھار آنے لگتا ہے۔ یہ فائدہ مند ہوتے ہیں اور دوست ہوتے ہیں۔ ڈائپر وہ انسان ہیں جو آپ سے ملتے ہیں تو آپ کی صلاحیتوں کو کھا جاتے ہیں آپ کی فطری قوتوں کو ضائع کر دیتے ہیں۔ یہ لوگ کبھی بھی دوست ثابت نہیں ہوتے۔ رابعہ کو لگتا ہے زندگی کے ساتھ ایک ان دیکھی چھلنی لگی ہے اس سے چھننے کے بعد آخر میں اپنی مطابقت کے لوگ ہی باقی رہ جاتے ہیں۔

چھوٹی چھوٹی باتوں پر خیال رکھنے سے دلوں میں جگہ بنتی ہے۔ جب دلوں میں جگہ بن جائے تو کوئی منزل مشکل نہیں رہتی۔ مستقل مزاجی محبت میں ہو چاہے محنت میں اس کا اجر ضرور ملتا ہے وقتی طور پر نہ ہی ملے، پھر بھی مناسب وقت پر کئی گنا کر کے لوٹا دی جاتی ہے۔

رابعہ، درویش کو بتاتی ہے کہ مرد عورت سے کم عمر ہو تو اس محبّت میں شفقت شامل ہو جاتی ہے۔ مرد کو محبّت کے لئے محنت نہیں کرنی پڑتی، شفقت بھری محبّت میں انا اور فاصلے کے بجائے محبّت برائے محبّت ہوتی ہے۔ اگر مرد بڑا ہو تو عورت نچھاور نہیں ہوتی اپنی خواہش پوری کروانا چاہتی ہے۔ رابعہ درویش سے اس کے خوابوں کی بابت پوچھتی ہے جس کا جواب اسے یوں ملتا ہے کہ درویش نے جاگتی آنکھوں سے شعوری طور پر ماہر نفسیات بننے، ادیب بننے، دنیا کی سیر کرنے اور بہت سے مرد اور عورت دوست بنانے کے خواب دیکھے۔ لا شعوری طور پر دیکھے ہوئے خواب بھی شر مندہ تعبیر ہوئے اور شعوری طور پر دیکھے ہوئے خواب بھی پورے ہوئے۔

ساٹھ دنوں پر محیط پچاس خواب ناموں کا سفر تمام ہوا۔ رابعہ اور درویش نے ایک تخلیقی خواب کو تعبیر کر کے اسے ''درویشوں کا ڈیرہ'' نام دیا۔ یہ نا ممکن سوالوں کے ممکن جواب دیتی کتاب قارئین کے حوالے کر کے درویش اور رابعہ نئے خواب دیکھنے، نئے بھید سمیٹنے نکل پڑے ہیں۔

۲۰۔ ڈاکٹر سید وجاہت علی

عبدالکریم کی سندھی بیٹیوں میں مخدوم نوح سے سوال جواب ہوں، اقبال کے ''جاوید نامہ'' میں مولائے روم سے سوال جواب ہوں یا رابعہ کے ''درویشوں کا ڈیرا'' راہِ سلوک کے ایک مسافر کو آگہی کی ایک ایسی دنیا میں لے جاتے ہیں جہاں روحانیت اور وجدان کے پر شور سمندر کی پر شکوہ اور بلند بانگ موجیں ساحل سے کھڑے تماشائی کو بھی بھگو کر رکھ دیتی دیں۔ ''درویشوں کا ڈیرا'' ایک کتاب نہیں آبِ حیات ہے جسے پڑھنے کے بعد انسان ابدیت کی ایک لامتناہی شاہ راہ پر گامزن ہو جاتا ہے اور عرفانِ ذات کی راہ کا مسافر بن جاتا ہے جو عرفانِ کون و مکاں تک لے جاتی ہے میں اس کتابِ حیات کی تصنیف پر مصنفہ کو دل کی اتھاہ گہرائیوں سے ہدیہ تبریک پیش کرتا ہوں۔

۱۲۔ شمائلہ حسین

آداب!

آپ کی اور رابعہ کی گفتگو کا سلسلہ ''درویشوں کا ڈیرا'' کی صورت میں ہاتھ لگا۔ اور اسے پڑھتے پڑھتے میں دو درویشوں کی دنیا میں ایسی کھوئی کہ اٹھتے بیٹھتے سوتے جاگتے کسی وظیفے کی طرح دن رات اسے جاپتی رہی۔ اور دو سے تین دن کے اندر اسے ختم کر کے دم لیا۔ لیکن آخری خط پڑھتے وقت میں شدید بے چینی میں مبتلا ہو گئی۔ کہ باتیں تو ابھی بہت سی تھیں جو پو چھنا بتانا باقی تھیں۔ کسی انڈین فلم کا مکالمہ ذہن کی غلام گردشوں میں گھومتا رہا کہ ''پکچر ابھی باقی ہے''۔ لیکن لطف تو اس بات کا رہا کہ ایک طرف خدا اور مذہب کی حقانیت پر مکمل یقین رکھنے والی سادہ طبیعت کی مالک رابعہ ہے اور دوسری طرف ایک ایسا آدمی جو ان نظریات سے ماورا کسی اور ہی دنیا کا مسافر ہے۔ رابعہ کی اپنی ایک خوابوں کی دنیا ہے جس میں وہ اکیلے سفر کرتی ہے۔ اپنے کردار تخلیق کرتی ہے ان سے مکالمہ کرتی ہے زندگی کے رمزیں سمجھتی ہے اور انہیں تحریر میں لا کر پڑھنے والوں کو اس سفر میں شریک کرتی ہے۔ زندگی کے تلخ اور شیریں تجربات و مشاہدات کی روشنی میں جینے کا جتن کرتی ہوئی رابعہ بصریؒ کے آئیڈیل کو سامنے رکھتی ہے۔ یوسفؑ کے تقوٰی سے متاثر ہے جب وہ بات کرتی ہے تو احتیاط کا دامن ہاتھ سے چھوٹنے نہیں دیتی۔ سوال کرتی ہے تو خوبصورتی سے نفس اور خواہش کی سنگت اور تضادات دونوں پر بات کرتی ہے۔ مثلاً تیسرے خواب نامے میں وہ اپنے اور درویش کے مذہبی تضاد پر رقم طراز ہے ''اسے یہ معلوم نہیں کہ درویش اور اس کا اللہ ایک ہی ہے یا الگ الگ؟ مگر وہ درویش کو اپنے اللہ کے حوالے کر رہی ہے کیونکہ جینے کے لیے کسی ان دیکھی طاقت کا سہارا ضروری ہے''۔

سوال جواب کے اس سلسلے میں درویش ایک عالم شخص ہے جس کی تحریریں انسانی نفسیات کے مختلف پہلوؤں کے در وا کرتی ہیں جس کے بارے میں رابعہ، عرفان الحق صاحب کی بات نقل کرتی ہے کہ ''جو انسانوں کو پڑھتا ہے وہ درویش بن جاتا ہے''۔

انسانوں کو پڑھنے کا ایک طویل سفر کرنے والا یہ درویش رابعہ بصریؒ کے کردار سے متاثر ہے اور رابعہ الربا سے مکالمے کا آغاز بھی اسی بنیاد پر کرتا ہے۔ اس مکالمے کے دونوں کردار حضرت رابعہ بصریؒ سے متاثر ہیں۔ دونوں تصوفانہ طرزِ فکر کے حامی، دونوں اپنی زندگی کے معاملات سے پردہ اٹھاتے ہیں ایک دوسرے سے سوال کرتا ہے جواب چاہتا ہے پھر دوسرا سوال کرتا ہے اور پہلا جواب چاہتا ہے، مرد اور عورت کے مابین دوستی، محبت اور جنس جیسے موضوعات پر اپنا اپنا خیال پیش کرتے چلے جاتے ہیں۔ اور مکالمے کی ایک ایسی فضا قائم ہوتی چلی گئی کہ جس میں قاری بہتا ہی چلا جاتا ہے۔ رابعہ پاکستانی معاشرے میں پروان چڑھنے والی عورتوں کے مافی الضمیر کو بہ خوبی سمجھتی ہے اس لیے اس کی ہر بات میرے جیسے پڑھنے والوں کو ان کی اپنی بات اپنے تحفظات اور سوالات ہی محسوس ہوتے ہیں۔ ڈاکٹر خالد سہیل مرد اور عورت کے رشتوں کے مابین الجھنوں کو سلجھانے میں اپنے تجربے اور مشاہدے کو بروئے کار لاتے ہیں۔

خطوط کے ذریعے بہت اہم مضامین پر بات کا انداز نیا نہیں ہے لیکن ایک مرد جو اپنے شعبے میں ماہر ہے ادیب ہے شاعر ہے اور مختلف معاشروں کا مطالعہ رکھتا ہے اور ایک ایسی خاتون جو ادیبہ ہے اور ادیب ہونے کے ساتھ انسانی نفسیات پر غور و فکر کرتی ہے اپنے نظریات رکھتی ہے پر اعتماد ہے اور جنس کے امتیازات سے بالاتر ہو کر مختلف موضوعات پر اپنی رائے دے سکتی ہے، میری اب تک کی معلوم ادبی اور علمی تاریخ میں یہ اپنی طرز کی پہلی تحریری کاوش ہے۔ جو قارئین کے لیے زبان کے چٹخارے کے ساتھ ساتھ ذہنی غذا کا باعث بھی بنے گی۔ اس کتاب کا ایک ایک خط اور ہر خط کے موضوعات پر بات کرنے بیٹھیں تو ایک اور کتاب ترتیب پا جائے۔ میری خواہش ہے کہ یہ دونوں درویش اس سلسلے کو جاری رکھیں۔ کیونکہ آخری خط پڑھتے ساتھ ہی مجھے دکھ ہوا کہ باتیں کیسے ختم کیسے ہو گئیں۔ ہزار راتیں تو ابھی بھی مکمل نہیں ہوئیں کہ مجھے شہر زاد کے قصے کی طرز پر ہر روز سوچنے اور سمجھنے کے لئے ایک نئی بات چاہئے۔ سیکھنے کو نیا ڈھنگ چاہئے اور جینے کے لئے زندگی میں رنگ۔

خیر اندیش

شمائلہ حسین

۲۲۔ حبیب شیخ

خط لکھنے کی روایت اگرچہ بہت قدیم ہے لیکن اس کو اردو ادب میں شامل کرنے کی اہمیت مرزا غالب کے خطوط سے شروع ہوئی ہے۔ میں نے ثانوی اسکول میں غالب کے ادبی خطوط پڑھے تھے۔ اس کے بعد کچھ اور ادیبوں کے بھی اکا د کا خطوط پڑھنے میں آئے۔ چند سال پہلے رتن بائی کے انگریزی میں لکھے ہوئے خطوط پڑھے جو انہوں نے محمد علی جناح کو پیرس سے لکھے تھے جہاں وہ اپنی عمر کے آخری ایام میں سرطان کے مرض کا علاج کروا رہی تھیں لیکن جن خطوط کا میں نے اوپر ذکر کیا ہے وہ سب یک طرفہ تھے۔ "درویشوں کا ڈیرا" اس لحاظ سے منفرد کتاب ہے کہ اس میں دو ادیبوں کے مکالمے ہیں اور یہ سلسلہ اس طرح جاری ہے جیسا کہ ایک پرانے فلمی نغمے کے بول تھے

ایک سوال میں کروں ایک سوال تم کرو۔۔۔۔

ہر سوال کا جواب ہی سوال ہو

یہ دو ادیب ہی نہیں بلکہ اس کتاب میں دو کردار بھی ہیں۔ خالد سہیل کا کردار ایک دہریہ درویش کا ہے جو ادیب بھی ہے، ماہرِ نفسیات بھی ہے، انسانوں کا مطالعہ کرتا ہے اور ان کے مسائل حل کرتا ہے۔ رابعہ الرُّباء کا کردار ایک رابعہ کا ہے جو ادیبہ ہے، رابعہ بصری اور یوسفؑ سے بہت متاثر ہے، رات کی تیسری پہر کی خاموشی اور تنہائی میں خدا سے باتیں کرتی ہے، معاشرے کی روایات کی قید میں ہے اور آزادی سے جینے کی خواہش مند ہے۔

یہ کتاب کئی لحاظ سے منفرد ہے۔ یہ مکالمے جو کہ خواب نامے بھی ہیں دانش اور جذبات سے بھرپور تحریریں ہیں۔ دو شخصیتوں کے درمیان واضح تضاد لیکن اس سے بھی زیادہ دوستی کے جذبات ہیں۔ ایک مغرب میں رہنے والا مرد اور دوسری ایک مشرق میں رہنے والی عورت، ایک دہریہ درویش اور دوسری رات کی خلوت میں خدا سے راز و نیاز کی باتیں کرنے والی عورت، ایک ادیب جس کے تمام خوابوں کی تعبیر اس کی

خواہشات کے مطابق ہوئی اور اپنی مرضی کے مطابق اڑتا پھرتا ہے اور دوسرا ادیب روایتوں میں جکڑی ہوئی عورت ہے جب نے خود کو قسمت کے حوالے کر دیا، ایک ادیب جو ذہنی گرین زون mental green zone میں سکون کے ساتھ رہتا ہے اور وہ ایک ادیبہ جس کے دل میں مزید درد کی جگہ نہیں، ایک ادیب جو ہر شے کو عقل اور سائنس کی عینک سے دیکھتا ہے اور دوسری ایک ادیبہ جو جذبات کو خود پر غالب آنے دیتی ہے، ایک ادیب جو شعور میں رہتے ہوئے ہی خطوط لکھتا ہے اور درد بھی شعور کے دائرہ کے اندر رہ کر ہی بانٹتا ہے اور ایک وہ ادیبہ جو ایک ہی وقت میں شعور اور لاشعور کی دنیا میں رہتی ہے۔ درویش دماغ سے لکھتا ہے جبکہ رابعہ دل سے لکھتی ہے۔ لیکن ان تضادات کے باوجود دونوں کی مظبوط قلمی دوستی ہو گئی ہے اور دونوں ایک دوسرے کا خوب احترام کرتے ہیں۔ درویش کے الفاظ میں

"درویش رابعہ سے کبھی نہیں ملا لیکن پھر بھی اس سے ایک ادبی تعلق محسوس کرتا ہے۔ دوستی کی ایک تعریف یہ ہے کہ اس میں فریقین ایک دوسرے کی بہترین صفات کو اجاگر کرتے ہیں۔"

ان خواب ناموں کی ایک اور خوبصورتی ان کی فکر اور جذبات کی شدت میں ہے۔ ان دونوں ادیبوں نے مل کر ساٹھ دنوں میں پچاس طویل خطوط لکھے اور جیسے جیسے یہ خواب نامے شائع ہوتے رہے انہوں نے قارئین کے تبصروں کا بروقت جواب بھی دیا۔ یہ بلاشبہ لکھنے کی ایک marathon میراتھون دوڑ تھی۔ اسی لئے ان خواب ناموں میں کوئی سقوط یا جمود نہیں پایا جاتا ہے اور خیالات کے اظہار میں بہت ربط ہے۔ لگتا ہے کہ ایک زنجیر کی مانند لڑیو؟ں کی طرح یہ خطوط ایک دوسرے سے جڑے ہوئے ہیں۔

درویش اور رابعہ دونوں ساٹھ دن اکٹھے برق رفتاری سے ایک فکری اور جذباتی سفر کرتے ہیں اور اپنی نیندیں اور آرام قربان کر کے طویل خواب نامے لکھتے ہیں۔ اس دوران سفر میں زندگی کے ہر عنوان پر گفتگو کرتے ہیں اور برجستہ اشعار کا حوالہ بھی دیتے ہیں۔ درویش چونکہ ایک شاعر بھی ہے تو کئی جگہ حسب ضرورت اپنے اشعار کو لکھ کر مضمون کو حسن سے نوازتا ہے، مثلاً

اس درجہ روایات کی دیواریں اٹھائیں

نسلوں سے کسی شخص نے باہر نہیں دیکھا

وصل کی لذتوں کا مزا چھوڑ کر

آؤ کچھ دیر کو آج باتیں کریں

عجب سکون ہے میں جس فضا میں رہتا ہوں

میں اپنی ذات کے غارِ حرا میں رہتا ہوں

وہ دریا بن کے بہتا تھا تو کتنا شور کرتا تھا

سمندر میں وہ جب سے آ ملا خاموش رہتا ہے

"درویشوں کا ڈیرا" اس لئے بھی ایک منفرد پروجیکٹ ہے کیونکہ ٹیلیفون کے دام سستے ہونے کے بعد پوری دنیا میں خط لکھنے کی عادت اور ضرورت تقریباً ختم ہوتی جا رہی ہے۔ پھر ای میل کا سلسلہ شروع ہوا تو ای میل کی فوری ترسیل کی وجہ سے دو چار سطروں سے کام بن جاتا ہے۔ اس کے بعد فون کے ذریعے پیغام بھیجنے کا دور آ گیا۔ ایک آدھ سطر میں acronym استعمال کر کے پیغام مکمل ہونے لگا ہے۔ جملے میں فعل اور فاعل کا ہونا بھی ضروری نہیں رہا۔ اس طرح کے پیغامات نے گرامر کی دھجیاں اڑا دھیر دیں اور صرف مفہوم پر زور دینا ضروری سمجھا گیا۔ ان حالات میں یہ کتاب اس فن کو جگانے کی ایک اہم کاوش ہے۔ مجھے یقین ہے کہ اس کتاب کو پڑھنے کے بعد کچھ اور لوگ بھی خطوط پر مبنی فن پارے لکھیں گے۔

خطوط نویسی کا فن دوسرے نثری فنون کے مقابلے میں زیادہ لچک فراہم کرتا ہے۔ خط نویس کو کسی ایک عنوان سے جڑے رہنے کی ضرورت نہیں ہوتی ہے۔ درویش اور رابعہ نے اس لچک سے پورا فائدہ اٹھایا ہے اور ایک کے بعد ایک عنوانات پر اپنا نقطۂ نظر پیش کیا ہے۔ یہ عنوانات انہوں نے اپنے خواب نامے لکھنے سے پہلے منتخب نہیں کئے بلکہ تبادلۂ خیالات کے فطری بہاؤ کے نتیجے میں پیدا ہوئے ہیں۔ میرے خیال میں یہی اس کتاب کی خوبصورتی ہے۔ ان خواب ناموں میں آپ بیتی بھی ہے اور جگ بیتی بھی، عقل و دانش کی باتیں اور اور

جذبات کی شدت کی عکّاسی بھی۔ مذہب، سائنس، نفسیات، ادب، عشق و محبت، شادی، حسن، تصوف، روحانیت، معاشرہ اور اس سے جڑی روایات گو کہ زندگی کے تعلق سے ہر گوشہ زیرِ بحث آتا ہے اور دونوں ادیبوں نے دل کھول کر اپنے خیالات، مشاہدات اور تجربات کو بیان کیا ہے۔

درویش ان خطوط میں علم اور تجربات کو بیان کرتا ہے۔ وہ ایک فنکار بھی ہے ماہر نفسیات بھی اور خدمت خلق بھی کرتا ہے۔ اس لئے اس نے تصوف، جسمانی لذّت، تخلیق اور جنون جیسے نازک عنوانات پر علم و فہم کی روشنی میں اپنے نظریات کو بیان کیا اور ان کو سائنس کے ذریعے سمجھانے کی کوشش کی۔

درویش نے اپنے تجربات اور مشاہدات کی بنیاد پر انسانوں اور زندگی کو کئی اقسام میں بیان کیا ہے۔

مثلاً شاعروں اور فنکاروں کی چار اقسام (۳۰واں خواب نامہ)، زندگی گزارنے کے تین زون (zones) اور دو فریقوں کے مابین جھگڑا ختم کرنے کے تین طریقے (۴۰واں خواب نامہ)، دانائی کے راز پانے کے تین راستے (چوتھا خواب نامہ)، مرد ادیب کے لیے تین آزمائشیں (۲۸واں خواب نامہ)۔

ایک موقع پر درویش نے تخلیق کار کے درد کو اس طرح بیان کیا ہے۔

’’تخلیق کار ہونا کس قدر جان لیوا عمل ہے کہ وہ خود تو عمر بھر حالت نزع میں رہتا ہی ہے مگر اس کے ساتھ والے بھی اس درد سے گزرتے ہیں۔‘‘

درویش اور رابعہ ان مکالموں کے ذریعے سے پیدا ہونے والی قلمی دوستی سے بہت خوش نظر آتے ہیں۔ درویش لکھتا ہے

’’درویش کا خیال ہے کہ وہ مرد اور عورتیں خوش قسمت ہیں جن کی آپس میں دوستی ہو جاتی ہے۔ وہ دوستی کی محبت، شادی اور جنسی رشتوں سے زیادہ قدر کرتا ہے کیونکہ وہ دوستی کی معصومیت، وقار اور بے ساختگی کو مجروح کر سکتے ہیں۔‘‘

رابعہ کی شخصیت پراسرار ہے۔ وہ رات کی آخری پہر میں تصوف کی باتیں کرتی ہے۔ جذبات کے بیان پر

کوئی بند نہیں باندھتی۔ رابعہ جو ذہنی طور پہ آزاد اور بالغ ہے روائتی معاشرے میں خود کو جکڑا ہوا محسوس کرتی ہے۔ ایک روائتی معاشرے میں تخلیق کار عورت پر جو کچھ گزرتی ہے اس کو بڑی خوبصورتی سے بیان کیا ہے۔ جیسے :

”اب وہ (رابعہ) اپنے خمیر کی تلاش بھی کھو چکی ہے کہ یہ بھی اس کے بس کی بات نہیں رہی۔“

”وہ (رابعہ) خاک نہیں ہے جس کو ہوا اڑا لے جائے۔ یہ وہ خاک ہے جو خاک میں خاک ہونا چاہتی ہے۔“

”رابعہ کے پاس وہ سب کچھ ہے، جس کی بہت سی لڑکیاں خواہش کر سکتی ہیں۔ رابعہ کے پاس بس وہ نہیں ہے جس کی وہ خود خواہش کرتی ہے۔“

”رابعہ درد کے پل صراط سے گزر کر جس زندگی میں قدم رکھ چکی ہے، وہاں راز و بھید کی اک عجب دنیا ہے۔ جو کبھی درویشوں، فقیروں، صوفیوں سے مضطرب خود ہوتی ہے تو کبھی مستی من میں لے جاتی ہے۔"

"رابعہ نے سب سے بڑی زبان بولنا شروع کر دی. خاموشی۔“

رابعہ کو مشرقی مرد سے بہت گلہ ہے اور یہ سچ ہے کہ مشرقی معاشرے کا مرد اپنی مردانگی کے نشے میں مرد زیادہ اور انسان کم ہوتا ہے اور عورت کو ایک جنسی گڑیا (sex doll) سمجھتا ہے۔ مغرب میں مرد کی مردانگی کا غرور ٹوٹ چکا ہے اس لئے عام مردوں میں انسانیت کا پہلو نمایاں ہے۔ جہاں تک مشرق میں عورت کو جنسی گڑیا سمجھنے کا تعلق ہے میری رائے میں وہ مغرب میں اب بھی کچھ حد تک موجود ہے اور اس کی بڑی وجہ مارکیٹنگ کمپنیاں اور celebrity سیلیبریٹی ثقافت ہے۔ کار سے لے کر شیونگ کریم تک عورت کے جسم کا سہارا لے کر بیچی جاتی ہے۔ دوسری وجہ یہ ہے کہ میڈیا نے عورت کی ایک ایسی امیج قائم کر دی ہے کہ عورتوں کی اکثریت خود کو اسی امیج میں فٹ کرنے میں لگی رہتی ہے۔ مغرب میں عورت غلط اور صحیح دونوں روایات سے آزاد ہو گئی ہے لیکن وہ میڈیا کی امیج کی غلام بن گئی ہے۔ پھر بھی یہ بات اپنی جگہ بالکل درست ہے کہ مغرب میں مرد اور عورت کی دوستی بغیر کسی جنسی پہلو کے ایک عام بات ہے اور اس کی وجہ اکثر دونوں کا ایک ہی جنون passion ہوتا ہے۔

رابعہ ہر تضاد میں حسن کا پہلو ڈھونڈ نکالنے کی مہارت رکھتی ہے اور حسن میں تضاد کا پہلو بھی اس کی نظر میں ہے۔ مثلاً

"حسن دنیا کی بہت بڑی حقیقت ہے۔ اور اتنی ہی بے معنی بھی۔"

"یہ حساس ہونا بھی کتنا حسین مرض ہے۔"

رابعہ صرف انسانوں کے لئے ہی نہیں حساس دل رکھتی ہے بلکہ ماحولیات سے بھی اس کو لگاو؟ ہے۔ اس لئے اس نے کئی مرتبہ ایک نہر کا ذکر کیا اور سڑکیں کشادہ کرنے کے لئے درختوں کے کاٹنے پر افسوس کا اظہار کیا۔

اس کتاب کا اس طرح وجود میں آنا ایک ایک کرشمے سے کم نہیں۔ ایک دریا ہے جو شور مچاتا ہوا تیزی سے بہتا چلا جاتا ہے اور پچاسویں خط کے بعد سمندر میں گر کر خاموش ہو جاتا ہے لیکن قاری کے ذہن میں وہ شور ہمیشہ کے لئے نقش کر گیا ہے۔ یہ شور ایک کھوکھلا شور نہیں بلکہ یہ ذہن کے کئی بند دریچے کھول گیا ہے، علم اور ادب کی پیاس اور بڑھا گیا ہے۔ بقول درویش کے "یہ کتاب ایک قوس قزح ہے۔"

پہلا رنگ ایک مکالمے کا ہے

دوسرا رنگ آپ بیتی کا ہے

تیسرا رنگ جگ بیتی کا ہے

چوتھا رنگ ادب کا ہے

پانچواں رنگ روحانیات کا ہے

چھٹا رنگ نفسیات کا ہے

ساتواں رنگ دوستی کا ہے"

"درویشوں کا ڈیرا" کتاب بار بار انسانی سوچ کو جھنجھوڑتی ہے، زندگی میں ارتعاش پیدا کرتی ہے، ذہن کو علم پارے مہیا کرکے علم کی پیاس میں اضافہ کرتی ہے۔ جب میں نے اس کتاب کا اختتامیہ پڑھا تو مجھ پر ایک اداسی کی لہر چھا گئی۔ میں بھی تو ان دو ادیبوں کے ساتھ سفر کر رہا تھا! سفر ختم ہوا تو میں ان سے جدا ہو گیا لیکن میں نے ان دونوں سے اس مختصر عرصے میں زندگی کے بارے میں بہت کچھ سیکھا۔ اگر درویش دہریہ نہ ہوتا تو میں یہ ضرور کہتا کہ یہ مکالمے دور حاضر کی ایک رابعہ بصری اور ایک حسن بصری کے درمیان ہیں۔

نوٹ: میں اس مضمون کی اصلاح کے لئے مسلم حسنی (ٹورونٹو) کا شکر گزار ہوں۔

۲۳۔ ہادیہ یوسف (تیسری آنکھ)

آئیے آج میں آپ کو دو ظالم لوگوں سے ملواتی ہوں۔ جو ظلم تو کرتے ہیں مگر ایسی سفاکی سے کے کیا کہیے۔ جس جام میں یہ زہر گھول کر پلاتے ہیں، وہ ہوش اڑاتی بیخوابی کی آخری دہلیز تلک لے جاتی ہے۔ ارے ظالموں ہم دنیا دار لوگ ہیں ہم صبح کاذب کا نشہ کیا جانیں! ہمیں کیا معلوم جب رات کی چاندنی انگڑائی لیتی صبح کی پہلی کرن کا ہاتھ تھامتی ہے، تو کیسے ان کی خلوت کا احترم کیا جاتا ہے؟

اگر آپ یہ سوچ رہے ہیں کے میں کوئی قصیدہ لکھنے والی ہوں تو ابھی سے معافی طلب کرتی ہوں۔ ارے حضور ظلم کی بھی کوئی انتہا ہوتی ہے۔ ہم سے کوئی پوچھے یہ کیا بات ہوئی کے آپ نے کسی انسان کو اپنی تحریر کے حصار میں قید ہی کر ڈالا؟ نیند میں ڈوبے رابعہ بی بی کے خماری بھرے خطوط، جو خود تو اپنی راتوں میں قلم کی طاقت سے چراغاں کرتی ہیں مگر ہماری نیندیں تو نہ چرائیں۔ جناب محترمہ رابعہ صاحبہ! تمہارے نیند میں ڈوبے خط مجھے کسی اور دنیا میں لے جاتے ہیں مگر ایک بات بتاؤں بھلا تم اس خماری میں اس قدر حقیقت پر مبنی مگر صوفیانہ رنگ میں رنگے وظیفے لکھتی کیسے ہو؟

ظالم لڑکی آج مجھے اس جام کو پینے اور تمہاری تحریروں کو پڑھنے سمجھنے اور ان پر لکھنے کے لیے رات بھر جاگنا پڑا ہے۔ جس کا تاوان تو تمہیں ادا کرنا پڑے گا۔

میرے سوالوں کے جواب دے کر۔ میں بھی دیکھنا چاہتی ہوں دو لمحوں کے ملاپ کی سرخی، سفیدی میں کیسے بدلتی ہے؟ میں بھی تو جانوں صبح کاذب کا ستارہ کسی دوسری زمین پر کیسے چل نکلتا ہے؟

مگر ظاہر ہے اس جرم میں تم تنہا نہیں ہو تمہارا شریکِ کار بلکہ اس مجرمانہ سازش میں تمہارا شریک ایک درویش بھی ہے جو تم سے بھی زیادہ شاطر ہے۔ وہ ہمیں روحانیت اور صوفیانہ اندازِ بیان کی لذتیں دیئے بنا ہی نفسیاتی طور پر ہپناٹائز کرتا ہے اور اپنے طبیب ہونے کا فائدہ اٹھاتے ہوئے کبھی تو سفر خضر پر لیجاتا ہے کبھی مشرق اور مغرب کی سیر کرواتا قوسِ قزح کے رنگ سمجھاتا، پتا نہیں کب اپنی گرین زون تھراپی کے سمندر میں لے ڈوبتا ہے، کہ پتا ہی نہیں چلتا یہ ہوا کیا ہے ہمارے ساتھ۔

جناب آپ نے کب ہمیں ذات کے غارِ حرا سے روشناس کروا دیا یا بتایا تو ہوتا؟ اپنے پر جوش دریا سے نکل کر سمندر میں ملنے کی کہانی ایسے سنائی ہے کہ مجھے زندگی بھر کے نہ سمجھ میں آنے والے رازوں کی گتھیاں سلجھتی محسوس ہونے لگیں ہیں۔ میرے یہ راز کیسے جان لیے اور اپنے تجربوں اور شعروں میں بیان کر دیئے ۔۔۔۔ یہ ظلم ہے

"عجب سکون ہے میں جس فضا میں رہتا ہوں
میں اپنی ذات کے غارِ حرا میں رہتا ہوں"

"وہ دریا بن کے بہتا تھا تو کتنا شور کرتا تھا
سمندر میں وہ جب سے آ ملا خاموش رہتا ہے"

آپ دونوں کے یہ "ادبی محبت نامے" ایک کھلی سازش ہیں مجھ جیسے کوتاہ ذہن انسان کے لیے جیسے عشق کے سمندر میں ڈبکیاں لگانے کا شوق ہے مگر اصولِ عاشقی سے نابلد دل ہر لحظہ شرمندہ اور ناامید ہے۔ اس ادبی محبت نامے کا

ہر ورقہ ہر لفظ مجھے مخاطب کر رہا ہے۔ میرا قصہ بیان کر رہا ہے

دو درویشوں کی یہ کاوش ایک پینٹنگ ہے اسکا ہر رنگ محبت عجز و انکساری، اختلاف رائے اور احترم رائے کی حسین پرتوں میں لپٹا ہے۔ جو سحر انگیز حد تک پر تاسیف ہے۔

قارئین کے لیے ایک سمندر ہے جو علم و دانش کا پر سکون سونامی لیے منتظر ہے۔ جس طرح درویش نے اپنے بچپن کی کہانی سنائی ہے اپنے گھر خاندان خاص کر والد کا سفر ذات، پھر والدہ کی محبت نصیحت اور علالت کا بیان، یہ ایک نوجوان کے لیے سبق اور گہرائی لیے ایک راز ہے، جیسے پڑھنے اور سمجھنے سے ایک نسل کے سنورنے کا انتظام موجود ہے۔ پھر اپنی ذات کو جاننے پہچاننے اور دریا کنارے چلتے چلتے اپنے خوابوں کا چناؤ اور انہیں شر مندہ تعبیر کرنے کا عزم، یہ کہانی نوجوان نسل کے لیے مشعل راہ ہے، جو درویش نے خود اپنے راز افشاں کر کے بہت خوبصورتی سے آشکار کیا ہے۔

پھر رشتے دوستیاں اور زندگی کے رنگ، علم کی کھڑکی سے نکلتی روشنی کی کرن اور کسی دیومالائی کہانی کی طرح حسین سفر جو درویش کا نہیں آپ کا اور میرا ہے۔

دوسری طرف جب رابعہ عورت اور مرد کی نفسیاتی کہانی بیان کرتی ہے، عورت اور مرد کے رشتے کا احوال اور محبتوں کے سائے میں لپٹے نفسانی جذبات کا قصہ سناتی ہے تو میں کیا ہر عورت حیران رہ جاتی ہے۔ رابعہ تم نے بہت ظلم کیا، وہ سب جو عمل اور رد عمل کا فلسفہ تم بیان کرتی ہو، کیا جانتی ہو یہ ایک فلسفہ نہیں ہے یہ ایک بہت کڑوا سچ ہے یہ ایک جواب ہے ان سب سوالوں کا جو ہزاروں سالوں سے مرد کی سمجھ سے بالا تر رہے ہیں۔ تم نے ایسے کیسے سب آشکار کر دیا؟

تمہارے الفاظ چرانا نہیں چاہتی مگر خود کو روک نہیں پا رہی، ہم سب کے پڑھنے والوں کے لیے بس یہ سطریں کاپی کر رہی ہوں تا کہ باقی وہ خود پڑھ سکیں:

"جو جتنا زیادہ ڈگری یافتہ ہے اتنا زیادہ عورت کا استحصال کرتا دکھائی دے گا۔ وہ باقاعدہ جذباتی، زبانی، جسمانی، ذہنی، کردار اطوار استحصال تعلیم کے ستون پہ چڑھ کر سیکھ جاتا ہے اور پھر اس سے تا عمر کھیلتا ہے۔۔۔ یہاں تک کے اس کو علم بھی نہیں ہوتا کہ اس کے آس پاس مکافات عمل شروع ہو چکا۔"

درویش کے لفظوں میں اسکا جواب بھی کیا خوب ہے :

’’درویش جب بھی رابعہ کے خطوط میں مرد اور عورت کے رشتے کی کہانی پڑھتا ہے تو تھوڑی دیر کے لیے دکھی ہو جاتا ہے لیکن جب رابعہ کی ہمت اور بصیرت کی کہانی پڑھتا ہے تو دوبارہ سکھی ہو جاتا ہے۔ ‘‘

کس طرح تم نے عورت کو، اسکے احساسات کو، اسکے جذبات کو اسکے مرد سے رشتوں کو بیان کیا ہے کے ہر خط میں صدیوں کے بنے کئی راز کھول دیئے ہیں جو بلاشبہ غنودگی یا خماری میں ہی ممکن ہے۔ ہوش کی زندگی میں ایسے موتی پرونا ممکن نہیں ہے ۔

آخر میں بس اتنا کہوں گی کے اگر آپ بریک ڈاؤن سے بریک تھرو کے اس سفر کو نہیں جان سکے تو پھر آپ نے زندگی کا بہت حسین باب مس (miss) کر دیا ہے جسکو پڑھے بنا آگا ہی، حکمت اور دانائی کی تلاش کا آپ کا یہ سفر ادھورا ہے۔

درویشوں کا ڈیرا ایک کتاب نہیں یہ خواب نامے ہیں جو تعبیروں سے آراستہ زندگی کی کڑیوں کو جوڑتے، یہ یقیناً تضاد کی خوبصورتی میں لپٹا ایک تحفہ ہے۔ میں اس سحر میں کب سے گرفتار ہوں اور اب آپ کو بھی دیکھنا چاہتی ہوں۔

ناچیز

ہادیہ یوسف

۲۴۔ بینا گوئندی (عکس در عکس)

انسان کا سفر انفرادی نہیں اجتماعی ہے، تہذیب اور خیال یعنی فکر دونوں مل کر انسان کی پرورش کرتے ہیں۔ تہذیب ہر وقت ارتقا میں ہے، کہ اس کی تکمیل اس کی موت ہے۔ ’’حیات‘‘ خاکی جسم میں ہے اور یہ ریت اور ٹیلوں، مٹی اور کیچڑ کے علامتی نشانات میں ظاہر ہو کر رہتی ہے لیکن اس کے باوصف ہمارے

خیالات جن کی وجود کی رفتار تیز بھی ہے اور وہ ارتقاء منازل سے بھی گذرتی ہے مگر رہتی اپنی اصل شکل میں ہے۔ دراصل ''وہ'' ہے تو میں ہوں مگر تبدیلی تو خاک کی صفات میں آتی ہے۔ گویا انسانی حالت میں قوانین کو توڑیں تو سزا پاتے ہیں، لمحہ بھر جو سوچیں کہ فطرت سے ہی منحرف ہوں یا اس کو نا مانیں تو خیال کرتے ہیں کہ وہ بھی ہمیں نہیں پہچانتی۔ تب ہی تو ہم فطرت اور اس کے رویوں سے باغیانہ انداز میں منہ موڑنے کی ناکام کوشش کرتے ہیں، اور پھر درویش در درویش، تخلیق سے خالق، اور خالق سے مالک کا سفر طے کرنے میں مصرف ہو جاتے ہیں۔۔۔۔۔۔ہم بے بس ہیں، مجبور ہیں، جوابدہ ہیں گنہگار نہیں۔ جب محبت کے فلسفۂ زندگی کو ذاتی تجربوں اور واقعات میں تلاش کریں تو پہچان کے کرب سے باہر نکل جاتے ہیں، پھر جواب عذاب نہیں بنتے بلکہ بے حساب علم کے ذخیروں کے در کھول دیتے ہیں۔

فاصلے طویل ہیں مگر مسافر بے کل ؛ تب ہی تو زمان و مکاں ان کی ڈیلیز پر بے بس کھڑا ہے ڈاکیا بن کر۔ یعنی رومانیت کا طوفان برپا ہے اور اس کی لہر کا بہاؤ مغرب سے مشرق کی طرف نہیں بلکہ انسانی ذہن کی مہم جوء، روایت شکنی اور کھلے دل سے سینے میں بند سچ کو کہہ جانے کا انمول نتیجہ ہے۔

یہ تحریر دوستی، حیرت، سچ، محبت، رشتوں کی بنیاد،، دانا، دولت، شہرت، دانا اور کائنات کے نظام کے گرد کسی بھنورے کی مانند گھوم رہی ہے

ڈاکٹر خالد سہیل اور رابعہ الرباء اپنی اپنی کہانیوں میں سچ تلاش کر رہے ہیں۔ مگر دونوں حیرتوں میں گم ہو جاتے ہیں کہ سچ کی شکل وہ نہیں جو ہم خود بناتے ہیں، سچ کی حقیقت ہمارے تخیل سے ہم پر اس طرح ظاہر ہو گی۔ اس کا شاید ان دونوں مسافروں کو بھی ادراک نہ ہوا، اس کے ڈیرے اینٹ اور مٹی کی مضبوطی سے نہیں توکل سے جڑے ہوتے ہیں۔

اس تحریر کے دونوں کردار اپنے اپنے باطنی اور داخلی ماحول اور معاشروں سے جڑے ہوئے ہیں۔ ان کے جڑیں ذہن کی زمین کے اندر اس قدر دردِ حسّی ہیں کہ وہ اعتراف کے نئے سچ کے بیج بو کر ان میں Genetic Engineering کی مدد سے نیا نمونہ دیکھنے کے خواہاں نظر آتے ہیں۔

جذبۂ محبت اور ولولۂ عشق کی تازگی کے واسطے معاشی اور معاشرتی دونوں کے پہرے اس قدر سنگین ہوتے ہیں کہ آرزوؤں کا کرب تصور کی شکل میں نظروں میں گھومتا ہے مگر ذہن کے دریچوں میں گھر نہیں کرتا۔ اگر کرب کو آرزو بنا لیں تو افکار کے چہرے سے ''پردہ'' ماحول نہیں محبوب اٹھاتا ہے۔ ہماری مجبوریاں ہمارے راستے ہیں، ہماری خواہشیں پرندے ہیں اور ہمارے جذبے ہماری تقدیریں ہیں۔ گویا راستوں کو سیدھا، پرندوں جو اڑا کر اور تقریروں کو تعبیروں میں رنگ بھرنے سے عین فطرتی انداز میں محبوب سے ملاپ ممکن ہے۔ اور یہ محبوب ''ہم'' ''خود ہیں۔ یعنی خودشناسی کے سفر پر ہمیں کوئی دوسرا نہیں بلکہ اپنے جیسے ہی تمام چہرے اندر باہر، اوپر نیچے اور آگے پیچھے نظر آتے ہیں۔

ان دونوں مسافروں نے آئینے میں دیکھا تو ایک دوسرے کا عکس ہی بنا!

۲۵۔ ڈاکٹر لبنیٰ مرزا

ڈیر رابعہ!

میں چند ہفتے پہلے کینیڈا میں تھی۔ ڈاکٹر سہیل لکھاری سینئر اور سینئر ڈاکٹر ہونے کی وجہ سے میرے مینٹور (mentor) ہیں۔ انہوں نے مجھے اپنی اردو لکھائی بہتر بنانے کے لیے یہ مشورہ دیا کہ میں رابعہ کی تخلیقات پڑھوں۔ انہوں نے کہا کہ رابعہ کا اردو میں لکھنے کا انداز خوبصورت ہے اور اس سے مجھے اپنے جملے بہتر طریقے سے جوڑنے میں مدد ملے گی۔ میرے اوکلاہوما (Oklahoma) واپس آنے کے بعد انہوں نے اپنے اور آپ کے درمیان لکھے ہوئے خطوط پر بنی ایک پی ڈی ایف فائل بھی بھیجی۔ صبح صبح میں نے اپنا کمپیوٹر آن کیا اور کتاب کھولی۔ ابھی مریض آنا شروع نہیں ہوئے تھے۔ میں نے سوچا کہ بریک روم میں جا کر کافی پیوں۔ دروازہ کھولا تو ایک ڈرگ ریپ خاتون ناشتہ لا کر میز پر بیٹھی ہوئی تھیں۔ میں الٹے پاؤں واپس آ گئی۔ اتنی صبح میرے دماغ میں اتنی طاقت نہیں تھی کہ اس بحث میں الجھا جائے کہ ان کی دوا دوسری کمپنی کی دوا سے کیوں بہتر ہے۔ اس دن کلینک بھی بہت مصروف تھا لیکن مریضوں کے بیچ میں اس پوری

کتاب کو میں نے ایک دن میں پڑھ لیا۔ کچھ خطوط کو واپس جا کر دوبارہ بعد میں پڑھا۔ ان میں سے کچھ خطوط اس سے پہلے بھی ’’ہم سب‘‘ کی ویب سائٹ پر پڑھے تھے۔

آپ کی تحریریں واقعی بہت خوبصورت ہیں۔ مجھے امید ہے کہ آپ آئندہ بھی ایسے ہی لکھتی رہیں گی۔ ’’یقیناً اس سے نہ صرف اور لوگوں کو فائدہ ہوگا، میری اردو بھی امید ہے کہ بہتر ہو جائے گی۔ آپ نے ایک شروع کے خط میں لکھا ہے کہ آپ زندگی کو خود ساختہ قید سے دیکھتی رہی ہیں۔ یہاں پر مجھے ایک انگلش مووی ’’ٹک ایورلاسٹنگ (Tuck Everlasting)‘‘ یاد آ گئی جو کئی سال پہلے دیکھی تھی۔ ٹک اور وینی ایک دوسرے سے محبت کرتے تھے۔ ٹک کے خاندان نے آبِ حیات پی لیا تھا اور اس کا کردار لافانی تھا وہ وینی سے کہتا ہے کہ ’’موت سے مت ڈرو وینی، اس زندگی سے ڈرو جس کو جیانہ گیا ہو!‘‘ میں بھی یہی سمجھتی ہوں کہ زندگی اسی لیے اتنی قیمتی ہے کہ ایک ہی ہے۔ میں آپ سے سیکھنے کی کوشش کر رہی ہوں اور نصیحت سے گریز کرنا چاہوں گی۔ آپ اس بات پر غور کریں کہ کیا آپ کو اپنے ارد گرد رقصاں زندگی کو ایک قید کے اندر سے دیکھتے رہنا چاہیے؟ میں یہ چاہتی ہوں ڈیر رابعہ کہ آپ ’’لی این وامک (Lien Wamuq)‘‘ کا گانا ’’آئے ہوپ یو ڈانس!‘‘ سنیں اور اس کو محسوس کریں۔

I hope you never lose your sense of wonder

You get your fill to eat but always keep that hunger

May you never take one single breath for granted

God forbid love ever leave you empty handed

I hope you still feel small when you stand beside the

ocean

Whenever one door closes I hope one more opens

Promise me that you'll give faith a fighting chance

And when you get the choice to sit it out or dance

I hope you dance

I hope you dance

ترجمہ

میں امید کرتی ہوں کہ آپ کا تجسس کبھی کم نہ ہو گا

آپ کا دل بھر بھی جائے تو تشنگی باقی رہے گی

کاش آپ ایک بھی سانس بے کار سمجھ کرنہ لیں

خدا نہ کرے کہ محبت آپ کو خالی ہاتھ چھوڑ دے

میں امید کرتی ہوں کہ آپ خود کو اب بھی چھوٹا محسوس کریں جب آپ سمندر کے کنارے کھڑی ہوں

جب بھی ایک دروازہ بند ہو جائے تو میری امید ہے کہ آپ کے لیے ایک اور کھل جائے

مجھ سے وعدہ کریں کہ آپ یقین کو ایک موقع دیں گی

اور آپ کو موقع ملے کہ رقص کریں یا باہر سے بیٹھ کر دیکھتی رہیں تو

مجھے امید ہے کہ آپ رقص کریں گی

مجھے امید ہے کہ آپ رقص کریں گی

I hope you never fear those mountains in the distance

Never settle for the path of least resistance

Livin' might mean takin' chances, but they're worth takin'

Lovin' might be a mistake, but it's worth makin'

Don't let some Hellbent heart leave you bitter

When you come close to sellin' out, reconsider

Give the heavens above more than just a passing glance
And when you get the choice to sit it out or dance
I hope you dance (Time is a wheel in constant motion
always rolling us along)
I hope you dance

مجھے امید ہے کہ آپ فاصلوں پر موجود پہاڑوں سے کبھی خوفزدہ نہیں ہوں گی

کبھی بھی آسان راستے پر اکتفا نہیں کریں گی

زندگی کا مطلب شائد خطرے مول لینا ہو، لیکن وہ لینے کے لائق ہیں

محبت کرنا شائد ایک غلطی ہو لیکن وہ کرنے کے لائق ہے

کسی کو بھی اتنی اجازت نہ دیں کہ وہ آپ میں کڑواہٹ چھوڑ جائے

اگر آپ ہمت ہارنے کے نزدیک ہوں تو دوبارہ سوچیئے گا

آسمانوں کو سرسری نگاہ سے کچھ زیادہ توجہ دیں

اور جب آپ کو موقع ملے کہ باہر بیٹھ کر دیکھتی رہیں یا رقص کریں تو

مجھے امید ہے کہ آپ رقص کریں گی!

دو دن پہلے ایک مریض اپنی اپائنٹمنٹ کے وقت پر غیر حاضر تھے جس سے مجھے کچھ منٹ فراغت ملی تو 'ہم سب' پر آپ کا ایک خط پڑھا۔ اس کے نیچے ایک صاحب نے تبصرہ لکھا تھا جو کچھ اس طرح تھا کہ کیا صرف خواتین ہی محبت کو سمجھتی ہیں اور مردوں کے خیالات کے بارے میں بھی لکھا جائے۔ اب اچھی طرح یاد نہیں لیکن کچھ ایسے ہی تھا۔ انہوں نے اس بات کو اپریشئیٹ (appreciate) نہیں کیا کہ آپ کی بدولت خواتین کے خیالات اور احساسات سمجھنے کا موقع مل رہا ہے۔ دیکھئے لوگ کس طرح اپنے وجود میں مقید ہیں جہاں وہ دوسرے انسانوں کو نہ یہ سمجھتے ہیں اور نہ یہ سمجھنے کی کوشش کر رہے ہیں۔ تاریخ بہت لمبی ہے۔

ہزاروں سالوں سے مرد ہی لکھتے اور لکھاتے آئے ہیں۔ آپ کو معلوم ہے کہ تورات صرف باپ بیٹے ہی پڑھتے تھے۔ خواتین کو اسے چھونے یا پڑھنے کی اجازت تک نہیں تھی۔ مردوں نے خود ہی ساری تاریخ، سیاست، نفسیات، طب، مذاہب خود کو ہی دنیا کا مرکز بنا کر لکھے ہیں۔ زبان بھی مردوں نے ہی بنائی ہوئی ہے۔ یہ اتنا گہرا اور پیچیدہ نفسیاتی مسئلہ ہے کہ خواتین کو یہ تک نہیں معلوم کہ ان کے الفاظ اور ان کی سوچ ان کی اپنی نہیں ہے۔ اسی لیے مجھے ان خواتین کو دیکھ کر کچھ حیرانی نہیں ہوتی جو پدرانہ معاشرے کی علمبردار بن جاتی ہیں۔ ان کے خیال میں یقیناً ان کی اپنی زندگی بہت اچھی ہے تو اس کا مطلب یہ ہوا کہ غریب خواتین کو بلاوجہ شکایتیں کرنے کے بجائے کیک کھا لینا چاہیئے۔ آپ کو معلوم ہے کہ ۵۳ فی صدی سفید فام خواتین نے ٹرمپ کے لیے ووٹ ڈالا۔ یہ خواتین تاریخ میں ہمیشہ غلط سمت میں رہی ہیں۔ خواتین ووٹ کے حق کے لیے جدوجہد میں رہیں یا طلاق کے قوانین کو ماؤں کے لیے بہتر بنانے کی کوشش میں، مذہبی اور قدامت پسند بیگمات نے ان کی مخالفت کی کیونکہ ان کی اپنی زندگی میں یہ مسائل نہیں تھے۔ چونکہ ان کے لیے سب ٹھیک ہی چل رہا ہوتا ہے وہ اس کشتی کو جھٹکے نہیں دینا چاہتی ہیں۔ ایسا کرتے ہوئے ان کو یہ یاد نہیں رہتا کہ ان کی اپنی زندگی کی آج اس لیے بہتر ہے کیونکہ ان کو میسر حقوق کے لیے بائیں بازو کی خواتین نے آواز اٹھائی تھی۔ یہ ذہنی بیڑیاں صدیوں پرانی ہیں اور یہ دو دن میں اترنے والی نہیں ہیں۔ خواتین آٹے میں نمک کے برابر ہیں لیکن وہ ہمیشہ سے موجود رہی ہیں۔

پچھلے سال ہم لوگ بک کلب میں فلاسفی کی کتاب پڑھ رہے تھے۔ ۲۰۱۷ میں جیمز کورسی جو نار من کے ہائی اسکول میں فلاسفی کے ٹیچر ہیں، انہوں نے یہ کتاب پڑھنے کا مشورہ دیا تھا۔ گلین جو اب ریٹائرڈ سائیکولوجسٹ ہیں انہوں نے ایک عمدہ نقطہ اٹھایا۔ انہوں نے کہا کہ کافی سارے اقوال قدیم ناموں کے ساتھ مشہور ہیں اور لوگوں نے یہ سمجھا ہوا ہے کہ یہ یورپی مردوں کے نام ہیں حالانکہ وہ خواتین کے بھی ہو سکتے ہیں اور شائد ہیں بھی۔ رابعہ، آپ کی طرح کی خواتین معاشرتی تبدیلی کا حصہ ہیں۔ آپ اپنے احساسات اور تجربات بیان کریں گی تو اس سے لوگوں کو کچھ سمجھ آنا شروع ہو گا کہ خواتین مکمل انسان ہیں۔ ان کے اپنے آدرش اور زندگی کے مقاصد ہیں۔ ان کے اپنے خیالات بھی ہو سکتے ہیں، ہوتے بھی ہیں اور ہونے بھی چاہئیں۔

شائد آپ پاکستان میں رہتی ہیں۔ جس کے لیے مجھے آپ سے ہمدردی ہے۔ صرف معاشرتی، مذہبی اور سماجی طور پر ہی نہیں بلکہ اس ملک میں باقاعدہ قانون کی سرپرستی میں خواتین کے لیے تعصب اور تفریق موجود ہے۔ اس بات کے بارے میں کافی لوگ جانتے تک نہیں ہیں کیونکہ جب کسی نے سمندر نہیں دیکھا ہوتا تو اس کو یہ معلوم نہیں ہوتا کہ سمندر کیا ہوتا ہے؟ ہم نے اپنی اور اپنے بچوں کی بہتر زندگی کے لیے وہ ملک چھوڑ دیا جہاں ہم پیدا ہوئے تھے لیکن مجھے اب اس بات کا افسوس نہیں رہا۔ آپ نے اپنے خطوط میں معاشرے کی منافقت پر بات کی ہے جن پر بات کرنا شجر ممنوعہ ہے۔ ہمارے کالج کے پروفیسر سر زبیری پاکستان سے امریکہ گھومنے آئے اور انہوں نے مجھے بتایا کہ اب یونیورسٹیوں میں باقاعدہ جنسی ہراسانی سے متعلق تعلیم دی جا رہی ہے۔ مجھے یہ سن کر خوشی ہوئی۔ دیر آید درست آید۔ آپ کی طرح خواتین پڑھتی رہیں گی اور ہر شعبے میں آگے آئیں گی تو آہستہ آہستہ دنیا سدھرنے لگے گی۔ خاموشی جنسی مجرموں کے لیے ایک بہت بڑی ڈھال ہے۔ وہ اسی لیے دھڑلے سے یہ جرائم کرتے آئے ہیں کیونکہ ان کو معلوم ہوتا ہے کہ یہ خواتین یا کم عمر لڑکے کبھی آگے آ کر ان کی شکایت نہیں کریں گے۔ ان خواتین کو ہی میلی یا شادی کے لائق نہ ہونا سمجھا جائے گا۔ وہ خود کو بھی ایسا ہی سمجھنے لگتی ہیں۔ کچھ خاندان ان کو جان سے مار دیتے ہیں اور کچھ خود کشی بھی کر لیتی ہیں حالانکہ مجرم کو سزا ہونی چاہیئے نہ کہ مظلوم کو۔ کافی لوگوں نے حج کر لیے ہیں اور بزرگ بن بیٹھے ہیں لیکن ان کا پردہ چاک کرنا اور بل کاسبی کی طرح ان کو بھی جیل میں ڈالنا ضروری ہے تاکہ مستقبل بہتر ہو۔ کتنی خواتین کا کیرئیر ان لوگوں کی وجہ سے تباہ ہو چکا ہے۔ یہ لوگ دنیا کو ایک بدتر جگہ بنانے کے ذمہ دار ہیں۔

میں اپنی فیملی کے ساتھ ۱۹۹۳ میں امریکہ شفٹ ہو گئی تھی۔ اس دن سے لیکر آج کے دن تک میں نے بہت ساری مختلف جگہوں پر کام کیا، پڑھائی کی، اکیلے سفر کیا۔ صرف امریکہ ہی کیا، یورپ اور کینیڈا بھی اکیلے چلی گئی۔ آج تک ہمیں یہاں کسی نے ہراس نہیں کیا۔ یہاں پر خواتین کے حقوق کے لیے ایک صدی سے کام ہو رہا ہے اور میری طرح کی خواتین اور میری بیٹی اس جدوجہد کی بینیفشریز (beneficiaries) ہیں۔ میں پروفیسر انیٹا ہل اور ڈاکٹر فورڈ کی طرح کی ان تمام خواتین کا تہہ دل سے شکریہ ادا کرتی ہوں جن کے آواز اٹھانے سے اور نظام میں تبدیلی لانے سے آج ہم ایک اچھی زندگی گزارنے کے لائق ہیں۔ ساری جنسی

ہر اسانی، سیٹیاں، بدتمیزیاں تو اسلامی جمہوریہ پاکستان میں دیکھی تھیں۔ اسی لیے میں نے کبھی اپنی بیٹی کو پاکستان بھیجنے یا اس کو اپنی مشرقی اقدار یا اردو سکھانے کی کوئی کوشش نہیں کی۔ اس لڑکی کو میں نے اتنا مضبوط بنا دیا کہ اگر آج میں کوشش بھی کروں تو اس کی ارینجڈ شادی یا کیرئیر کا فیصلہ نہیں کر سکتی اور نہ ہی ان بے وقوفانہ کاموں کا میرا کچھ ارادہ ہے۔ اس کو میں نے بتایا کہ تمہارے بارے میں یہ لکھا ہے تو اس نے کہا کہ شائد آپ نے زبردستی نہ کیا ہو لیکن پھر بھی اشاروں کنایوں سے ہم پر یہ دباؤ رہا ہے کہ پڑھائی کرنی ہے اور ڈاکٹر بننا ہے۔ میں نے اس کی بات پر کھلے دل اور دماغ سے غور کیا تو مجھے یہی سمجھ میں آیا کہ بچوں کی تربیت سے زیادہ ہمیں اپنی تربیت کی ضرورت ہے تاکہ ہمیں اپنی اور ان کی حدود سمجھ میں آئیں۔ شائد ہم پرفیکٹ کبھی نہ ہو سکیں لیکن کوشش کر سکتے ہیں۔

آپ کو شائد یہ معلوم نہ ہو کہ یورپ اور امریکہ میں منتقل ہو جانے والے ساؤتھ ایشیائی دوہری زندگی کے اس قدر عادی ہیں کہ ان کو سیدھی اور کھلی زندگی کچھ سمجھ نہیں آتی۔ خاص طور پر جب ان کی بیٹیاں نارمل بلوغت سے گذر رہی ہوتی ہیں تو ان کا دماغ درست طریقے سے کام نہیں کرتا، ان کے لیے یہ ایک تکلیف دہ وقت ہوتا ہے۔ کافی لوگ اپنی بیٹیوں کو مشرقی تہذیب دکھانے واپس لے جاتے ہیں اور یہ امریکی بچے واپس جا کر تجربہ کر آتے ہیں کہ مشرقی تہذیب کیا ہے؟ میری اچھی دوست ڈاکٹر فائزہ بھٹی نے ایک کالم لکھا تھا جس میں انہوں نے بتایا کہ کس طرح جب ان کی عمر ۱۴ سال ہوئی اور انہوں نے اپنی کلاس میں ایک بوائے فرینڈ بنا لیا تو ان کے باپ نے ان سب بہن بھائیوں کو ان کی ماں کے ساتھ لاہور بھیج دیا تھا۔ کینیڈا میں تو وہ محفوظ تھیں، لاہور میں اپنے کزن نے ان کا ریپ کیا اور ماں کو بتانے پر بھی ماں ان کو نہیں بچا سکتی تھیں کیونکہ ان کو صرف خاموشی کی تربیت ملی ہوئی ہے۔ ایسا کوئی نظام موجود نہیں ہے جس سے لوگوں کو معلوم ہو کہ کس طرح شکایت کرنی ہے اور کس طرح ہم خود کو بچائیں؟ حدود آرڈیننس تو ملک میں موجود ہے لیکن نارمل انسانی حدود کیا ہیں اس کی تربیت اسکولوں میں سے غائب ہے۔ آپ کے ملک کے قانون میں نارمل باتیں جرم بنائی ہوئی ہیں اور اصلی جرائم کی پردہ پوشی ہے۔

آپ نے کچھ دلچسپ نقطے اٹھائے ہیں جن میں سے ایک عمر کے بارے میں ہے۔ آپ نے ایک خط میں یہ لکھا

کہ بیوی کا عمر میں اپنے شوہر سے بڑا ہونا بہتر ہے۔ یہ ایک اہم نقطہ ہے اور میں آپ کی بات کی گہرائی کو سمجھ رہی ہوں۔ قریب پانچ ہزار سال سے انسانی معاشرے، خاص طور پر ابراہیمی مذاہب کے پیروکاروں میں شادی کے انسٹیٹیوشن میں ایک ہائرارکی (hierarchy) ہے جس میں شوہر کو بیوی سے بلند درجہ حاصل ہے۔ یہ ایک معاشرتی معاہدہ ہے جس میں ایک مرد ایک خاتون کو معاشی سہارا اس قیمت پر دینے پر تیار ہوتا ہے کہ وہ اس کے بچے پیدا کرے، ان کو پالے اور اس کے گھر کی دیکھ بھال کرے۔ خاندان کے تمام فیصلے شوہر کی مرضی سے طے پائیں گے۔ ہمارے جنوب ایشیائی معاشرے میں خواتین باقاعدہ ملکیت رہی ہیں۔ شادی کے بعد ان کو نیا نام دیا جاتا تھا بلکہ ایسا آج بھی ہوتا ہے۔ اسی طرح عمر کی قدیم زمانے کے معاشرے میں بہت اہمیت رہی ہے۔ پہلے زمانے میں لوگوں کی اوسط عمر اتنی نہیں ہوتی تھی جیسے اب ہے۔ ہم جانتے ہیں کہ صرف دو سو سال پہلے دنیا کی آبادی دو بلین سے کم تھی اور آج صاف پانی، اینٹی بایوٹکس، ویکسینوں، اور انسولین جیسی سائنسی ایجادات کی وجہ سے ساڑھے سات بلین ہو چکی ہے۔ پہلے زمانے میں زیادہ تر لوگ بچپن اور کم عمری میں مر جاتے تھے اور کتابیں اس طرح میسر نہیں تھیں جیسے آج ہیں۔ جو لوگ ان تمام حادثات سے بچ کر بڑھاپے تک پہنچ جاتے تھے وہ اپنے خاندان اور معاشرے کے لیے نہایت قیمتی ٹھہرتے تھے کیونکہ وہ قریبی تاریخ جانتے تھے اور دنیا میں گذارے ہوئے وقت کی وجہ سے معلومات کا خزانہ ہوتے تھے۔ اب کتابوں، اسکولوں، کالجوں اور انٹرنیٹ کی بدولت کم عمر افراد اپنے دادا، پردادا سے زیادہ تعلیم یافتہ ہیں اور اسی لحاظ سے وہ سوال بھی اٹھا رہے ہیں۔ لیکن میں آپ کی بات سمجھ رہی ہوں کہ کس طرح عمر اور تجربے کے سہارے سے ایک عورت اس روایتی شادی میں کچھ برابری محسوس کر پائے گی۔

رابعہ بصری آپ کی پسندیدہ تاریخی شخصیت ہیں۔ کیا آپ نے اس بات پر غور کیا کہ رابعہ بصری، کوئین الزبتھ یا للادیو کی طرح کی خواتین نے اپنی زندگی میں شادی نہیں کی تھی؟ وہ جانتی تھیں کہ شادی سے وہ کسی آدمی کی ملکیت بن جائیں گی، ان کی انفرادیت اور طاقت ختم ہو جائے گی اور اس سے ان کی زندگی ان کی اپنی نہیں رہے گی۔ سوچیے کہ اگر رابعہ بصری ایک شادی شدہ خاتون ہوتیں تو کیا آج وہ ہمارے لیے رابعہ بصری ہوتیں؟ شادی کا روایتی انسٹیٹیوشن آج خطرے میں ہے کیونکہ لوگ اس میں برابری کے رشتے کو نہیں سمجھتے، اسی لیے ہم وہ جنس جوڑوں کی شادی کے خلاف ہیں۔ آپ کی لکھائی سے بھی یہ ظاہر ہے کہ آپ دنیا

میں بہتی ہوئی آج کی اس لہر کا حصہ ہیں جس میں خواتین خود مختار ہیں اور وہ خود کو کسی اور کی کہانی کے کردار کے بجائے اپنی کہانی کا مرکزی کردار محسوس کرتی ہیں۔ تبدیلی تیزی سے آئی ہے اور ابھی لوگوں کا اس کے ساتھ قدم ملانے میں دو تین نسلوں کا فاصلہ ہے۔

آپ کی تحریروں میں اداسی ہے۔ آپ نے ایک خط میں لکھا کہ انارکلی کی طرح آپ کو دیوار میں چنوا دیا گیا۔ میں امید کرتی ہوں کہ یہ صرف ایک عارضی دور ہو گا اور آپ خود کو اس میں سے جلد ہی نکال لیں گی۔ ہمارے لیے ایک بالکل مختلف زندگی کبھی کبھار صرف ایک فیصلے کے فاصلے پر ہوتی ہے۔ سامنے راستہ نہیں ہوتا لیکن قدم اٹھائیں تو خود بخود بن جاتا ہے۔ یہ پڑھ کر بھی میں بہت ہنسی تھی آپ کے ایک ٹیچر نے کہا کہ آپ نے راجہ گدھ کو اپنی پسندیدہ کتاب کیوں کہا؟ قرآن کو کیوں نہیں کہا؟ اس مینز اسپیلنگ (Men's Spelling) کی نفسیات میں آپ کو بتاتی ہوں۔ یہ روز ہی لائق خواتین کے ساتھ ہوتا ہے۔ ڈاکٹر نائلہ خان کو دیکھیے ڈاکٹر نائلہ خان کو دیکھ لیں، کشمیر کے موضوع پر ان کے پائے کے دانشور دنیا میں مشکل سے ملیں گے۔ کافی لوگ ان کو لیکچر دینا شروع ہو جاتے ہیں جن کو یہ بالکل معلوم نہیں ۱۶۰ ہوتا کہ وہ ان سے کہیں زیادہ معلومات رکھتی ہیں۔ ایک مرتبہ میں نے انڈین تہذیب گروپ میں ایک نظم شئیر کی۔ وہ ایک خوبصورت انگریزی کی نظم تھی جو صرف انسانیت کے بارے میں تھی اور اس کا کسی مذہب سے کچھ تعلق نہیں تھا۔ ایک مسلم انڈین انکل نے اس کے نیچے تبصرہ لکھا کہ آپ قرآن پڑھیں۔ میں سمجھ رہی تھی کہ ان کا کیا مطلب ہے لیکن اب صرف تفریح لیتی ہوں۔ میں نے اس کے نیچے لکھا کہ میں نے پہلے سے قرآن پڑھا ہوا ہے، انگلش میں بھی، عربی میں بھی اور اردو میں بھی، شیعہ تفہیم کے ساتھ بھی اور سنی تفہیم کے ساتھ بھی۔ آپ کس نقطے پر بات کرنا چاہتے ہیں؟ انہوں نے کہا کہ بہت خوشی ہوئی کہ آپ نے قرآن پڑھا ہوا ہے۔ ان کو گروپ کے ایڈمن نے کافی اچھا لیکچر دیا کہ یہ گروپ مذہب سے متعلق نہیں ہے اور آپ ایسے ہی کسی اجنبی کو قرآن پڑھنے کا مشورہ کیسے دے رہے ہیں؟ یہ لوگوں کا گہرا نفسیاتی مسئلہ ہے۔ جہاں بھی وہ دیکھیں گے کہ کوئی خاتون خوبصورت ہے یا ان سے زیادہ لائق لگ رہی ہے تو اس کو خود سے کم ثابت کرنے کی کوشش میں لگ جائیں گے جس کے گنتی کے کچھ ہی طریقے ان کی جیب میں ہیں۔ ایک یہ کہ اس کے ساتھ چکر چلا کر سارے محلے کو اس کے بارے میں بتا دیا جائے، یا پھر مذہبی ٹیکسٹ

یاد کرادیا جائے جس کے مطابق آپ کتنی بھی لائق بن جائیں،ان ٹیچر سے کم ہی رہیں گی کیونکہ آپ ایک خاتون ہیں۔

ایک مووی میں ایک آدمی آہستہ آہستہ ٹریکٹر چلاتا ہوا آرہا تھا اور کچھ افراد اس کا مزاق اڑار ہے تھے۔ وہ جب ان کے قریب پہنچا تو ان لوگوں کو اندازہ ہوا کہ ان کے پیر سیمنٹ میں جم چکے ہیں اور ٹریکٹر ان پر سے گذر گیا۔ جو لوگ اپنا قیمتی وقت دوسرے لوگوں پر تنقید پر ضائع کر رہے ہیں ان کو ان کے حال پر چھوڑ کر ہمیں اپنے کام میں لگے رہنا ہوگا۔ آپ ایک ابھرتا ہوا استارہ، ایک رائزنگ اسٹار ہیں۔ اسی طرح پڑھتی رہیں، لکھتی رہیں، کل آپ کا ہی ہے۔

ڈاکٹر سہیل میرے بہت اچھی سہیلی ہیں۔ اقبال لطیف اور ڈاکٹر سہیل کی طرح کے افراد مجھے اس لیے پسند ہیں کیونکہ وہ دونوں دنیاؤں کو جانتے ہیں۔ ان کے ساتھ چکن بریانی بھی کھا سکتے ہیں اور اوپر اپر فار مینس بھی انجوائے کر سکتے ہیں۔ مشرق سے مغرب کا ہو جانے کی وجہ سے ہمارے درمیان کافی ساری باتیں مشترک ہیں۔ ڈاکٹر سہیل کے خطوط میں جو باتیں لکھی ہوئی ہیں، میری خوش نصیبی ہے کہ وہ ہمیں روبرو سننے کا موقع ملا۔ آخر میں آپ کو یہ اچھی خبر سناتے ہوئے میں خوشی محسوس کر رہی ہوں کہ ڈاکٹر سہیل کے مطابق آپ کے خطوط پڑھنے کے بعد اس مضمون میں میری اردو ابھی سے بہتر لگ رہی ہے۔۔ ایل اوایل!

آپ کا بہت شکریہ، رابعہ

26. Salma Awan

It is really wonderful for me to read this dream nama. ? I have heard a lot about Dr Khalid Sohail from Ameer Hussian Jaffary . Where as Rabia is concerned 1 know she is a pretty determined and brave girl. These are her

personal qualities but as a writer she has made herself acknowledged. This sort of makalmma [dialogue] will create something very new and may be unique.

27. Ashfaq Ahmed

Incredible way of putting even controversial thoughts into polite and charming words.

28. Ishrat Popal

Your dialogue is so overwhelming I cannot tell you. My feelings and my emotions are overwhelming. It is a struggle. Believe me. I do not know what to say.

29. Abdul Sattar

Wisdom is the inner light that helps people see in the dark. These are golden words Sir and define inner intellectual self. Thanks a lot to share this wisdom.

30. Abdul Sattar

Just finished reading your book DarveshoN ka Dera/ This book is a masterpiece dialogue between two quite different philosophies (boud ul mashriqain). It is also impressive how you accommodate each other146s ideas and give space to each other to understand the origon of reality and personal truth. This book builds a bridge between religious and scientific worldviews. It reflects a journey of two seekers of truth.

31. Mian Ehsan Javed

Doctor Sahab,

I just finished the book. Letters should not be finished and require more discussion. An excellent experience to read the psychology of spirituality and social issues of two different societies in one place. Letters are full of wisdom and learning. Congratulations that your dream became fulfilled. Regards.

32. Zahir Anwar

My dear Sohail,

Reading your new book. Extremely thought -provoking, appearing to be vast, extracting the juices of all the knowledge and wisdom that you have amassed, depending upon the long arduous experiences and your profound study. The long dreamy letters bring to fore human relationships, your views on friendship, your concept of spirituality and physicality, your ideal way of living and finally your deep concern for humanity. While reading the long letters, I found intrinsic parts of your life and the lives of your acquaintances in this book but it sparkles with gems acquired through your long forgotten study of religions, and the lucidity and spontaneity are so evident. I wish I could have half of your memory. You are so much alive here in these exquisite letters and also responsible for many a living friends to be alive in this book. Great going dear friend.

آپ کی رائے کے منتظر

خالد سہیل

Email: welcome@drsohail.com

رابعہ الربا

Email: rabiaalraba@gmail.com

خالد سہیل کی تخلیقات:

www.drsohail.com

رابعہ الربا کی تخلیقات:

https://www.rekhta.org/poets/rabia-al-raba